U0525083

本书获中国农业农村部全球渔业资源调查监测与评估专项、上海市教委东方学者特评教授跟踪计划（GZ2022011）项目资助。

# 全球区域性渔业管理组织概况

邹磊磊　卢洁　著

中国社会科学出版社

图书在版编目(CIP)数据

全球区域性渔业管理组织概况 / 邹磊磊，卢洁著 . --北京：中国社会科学出版社，2025. 2. -- ISBN 978-7-5227-4652-4

Ⅰ. F316.4-20

中国国家版本馆 CIP 数据核字第 20244QT054 号

| | |
|---|---|
| 出 版 人 | 赵剑英 |
| 责任编辑 | 宫京蕾 |
| 责任校对 | 秦　婵 |
| 责任印制 | 郝美娜 |

| | |
|---|---|
| 出　　版 | 中国社会科学出版社 |
| 社　　址 | 北京鼓楼西大街甲 158 号 |
| 邮　　编 | 100720 |
| 网　　址 | http://www.csspw.cn |
| 发 行 部 | 010-84083685 |
| 门 市 部 | 010-84029450 |
| 经　　销 | 新华书店及其他书店 |
| 印刷装订 | 北京君升印刷有限公司 |
| 版　　次 | 2025 年 2 月第 1 版 |
| 印　　次 | 2025 年 2 月第 1 次印刷 |
| 开　　本 | 710×1000　1/16 |
| 印　　张 | 16 |
| 插　　页 | 2 |
| 字　　数 | 270 千字 |
| 定　　价 | 98.00 元 |

凡购买中国社会科学出版社图书，如有质量问题请与本社营销中心联系调换
电话：010-84083683
版权所有　侵权必究

# 引　言

区域性渔业管理组织的发展历史可以追溯到20世纪上半叶。在20世纪二三十年代，虽然渔业有发展，但有能力开展海洋渔业的国家并不多，仅限于部分较发达的工业国家，国际渔业组织也屈指可数。国际海洋考察理事会是最早成立的国际渔业组织之一，其成立于1906年，本部设在丹麦哥本哈根，主要从事大西洋北部和北海海域有关渔业资源的调查和研究。第二次世界大战之后，国际社会对社会经济发展和资源开发的热情高涨，渔业也有了很大发展。1946年联合国粮农组织成立，1965年粮农组织常务委员会设立，粮农组织渔业委员会也随之成立，在此期间国际渔业组织也随之得到一定发展。20世纪70年代开始，200海里专属经济区等海洋法制度被提上国际海洋法会议议程，随着1982年《联合国海洋法公约》的确定，不同海域法律地位得以确定，国家管辖内外的海洋渔业及渔业资源管理须得到及时调整。在这个过程中，之前成立的国际渔业组织适当调整了其职能以适应社会发展，比如1979年成立的西北大西洋渔业组织的前身就是国际西北大西洋渔业委员会。而更多的区域性渔业管理组织则得以不断成立，以更好地承担公海渔业管理的职责，并提供平台开展国际间渔业协商和合作。有的组织是在联合国粮农组织协调下成立，而有些组织则是通过沿海国、捕捞国、渔业研究国之间的协商与谈判得以成立。

通过整理渔业组织信息，可以发现，20世纪80年代之前建立的渔业组织都是由具有一定政治和经济影响力的沿海国和捕捞国发起而成立，涉及的均是渔业发展迅速的海域，关注的一般是环境和捕捞配额问题。80年代是一个过渡期。捕捞、航海技术与渔船设备长足发展、捕捞海域范围迅速扩大的90年代真正见证了大量渔业组织的成立，大多数情况下，这些组织的成立是为了解决渔业纠纷问题，当然也就不难理解号召成立区域性渔业管理组织的《鱼类种群协定》在1995年得以通过的原因了。

实际上，区域性渔业组织的成立是渔业发展、按需自然选择的过程，其发展的脚步从来没有停止过。比如：北太平洋渔业委员会就是在2015年7月才成立的区域性渔业组织，是由于当时北太平洋沿海国及捕捞国觉得有必要建立一个组织开展针对性的渔业协商和谈判以保证该海域渔业的可持续发展；1993年建立的印度洋金枪鱼委员会则在1999年把管辖区域向西延伸，从而填补了该组织与国际大西洋金枪鱼养护委员会之间的管辖区域空档。我们也注意到，随着海洋权益意识的增强，对渔业资源需求的上升，对社会经济发展的渴望，针对国家管辖外海洋生物资源的争夺也愈演愈烈，资源养护的必要性被提上议程，南方蓝鳍金枪鱼养护委员会就是一个典型的"应运而生"的例子。20世纪60年代开始，南方蓝鳍金枪鱼产量不断创新高，这样的情形一直持续到80年代，南方蓝鳍金枪鱼资源由于连年过度捕捞而遭受重创，1994年南方蓝鳍金枪鱼养护委员会成立，开展对这一资源的统一协调管理；1994年通过的《中白令海狭鳕资源养护与管理公约》也是在同样情形下建立的，由于缺乏管理机制的限制，60年代开始的中白令海狭鳕渔业使资源在90年代初期几乎枯竭，在沿海国与捕捞国的共同协商下，该公约得以签署，而狭鳕禁捕从20世纪90年代持续到现在，几乎三十余年的资源恢复行动还未能使该资源达到可以恢复渔业的水平。

总体而言，不管是在哪个时期，区域性渔业管理组织成立的初衷不外乎解决公海渔业管理问题，协调国家与国家、国家与其他国际组织之间的渔业合作关系，提供沿海国、捕捞国、渔业研究国进行平等谈判和协作的平台。一般而言，区域性渔业管理组织的主要任务是评估管辖区域内的海洋生物资源和海洋生态环境现状，调整渔业政策与制度，制定管理措施、实施步骤、监督检查控制机制等。在具体执行中，区域性渔业管理组织承担很多职责，比如确定总可捕捞量、捕捞配额等。

区域性渔业管理组织在组织构成方面不尽相同。一般而言，在区域性渔业管理组织中，区域性的双边或多边政府间渔业组织占了相当大比例，比如挪威—俄罗斯渔业联合委员会就是协调挪威与俄罗斯在巴伦支海渔业合作的双边政府间组织，南太平洋区域性渔业管理委员会则是由沿海国、捕捞国、渔业研究兴趣国等共同构成的多边政府间组织。另外，粮农组织系统下的国际渔业管理组织也占了一定数量，这些组织管理较大区域范围内的渔业问题，其成员国的背景更多样化。一般而言，粮农组织成员国可以作为不同的利益相关方加入这些组织，亚太渔业委员会、地中海渔业总理事会、中东大西洋渔业委员会、拉丁美洲和加勒比小规模和手工渔业和水产养殖委员会等都是属于该范畴的渔业组织。还有一些粮农组织系统下的国际渔业管理组织更注重科学研究、数据分析、知识累积等，比如20世纪五六十年代成立的渔业统计协调工作组、渔业研究咨询委员会、海洋环境保护科学方面联合专家组等，而且这样的组织还在不断"应运而生"。区域性渔业管理组织的分类有很多标准，有些根据管辖物种的生物习性被归属于跨国大洋性组织行列，比如国际捕鲸委员会、南方蓝鳍金枪鱼养护委员会，然而类似于中东大西洋渔业委员会的渔业组织则可以被看作是针对某一大洋的区域性组织。同时，有些组织则属于民间国际渔业组织、非政府渔业组织、社会团体，比如日本负责任金枪鱼渔业组织、中国远洋渔业协会，其中日本负责任金枪鱼渔业组织是以日本金枪鱼生产、流通民间团体为主倡导成立的非政府民间组织，以推进金枪鱼渔业资源管理为工作宗旨。

随着中国渔业的发展，特别是20世纪80年代开始远洋渔业的起步，中国也越来越关注与区域性渔业管理组织之间的互动，而区域性渔业管理组织也越来越关注中国作为远洋捕捞国的作用和影响。从中国迄今加入区域性渔业管理组织的年份可以大致看出中国远洋渔业的发展轨迹：中国在1996年加入养护大西洋金枪鱼国际委员会，1998年加入了印度洋金枪鱼委员，2004年加入中西太平洋渔业委员会，2007年加入南极海洋生物资源养护委员会，2010年加入美洲间热带金枪鱼委员会，2013年加入南太平洋区域性渔业管理组织，2015年加入北太平洋渔业委员会，2019年加入南印度洋渔业协定。当下，随着对海洋生态环境保护、渔业资源养护的日益重视，远洋捕捞国的增加，海洋和渔业研究的日益关注，《联合国海洋法公约》所规定的"公海自由"已经不再无条件存在，任何参与公海捕捞、公海海洋和渔业研究的实体均需通过一个国际或区域性平台有序开展，而区域性渔业管理组织就是承担该平台管理的作用。也可以预见，未来包括中国在内的其他国家也将越来越多地参与更广泛的区域性渔业管理组织，共同开展全球渔业治理行动。

为了更好地为中国远洋渔业发展服务，也为了更好地应对国际渔业交流和合作，系统的区域性渔业管理组织信息显得很重要。本人带领团队经过了很多年的信息积累，查阅了粮农组织官网关于区域性渔业管理组织的介绍，广泛收集区域性渔业管理组织官网及分散在各个信息源头的各类资讯，采访了从事远洋渔业研究、谈判的专家，最终写成了《全球区域性渔业管理组织概况》一书，期望本书能够为相关政策制定者、研究者、从业者提供一站式的、系统的信息服务。

在编写《全球区域性渔业管理组织概况》时，作者们尽量把所有相关信息囊括在内。除了相关组织，也把一些重要公约、协定、机制等覆盖到；除了粮农组织系统下的组织，也包括其他国际性的、区域性的双边或多边组织、公约、协定和机制；除了针对特定海域的，也有针对特定生物物种或特定管理和研究目的的；除了针对渔业管理的，也有针对渔业研究的；除了现行的组织，也有结束历史使命不复存在的组织。其中，一些信息有限、不复存在、对中国关系不大的组织介绍，统一纳入"其他"章节。另外，考虑到本书主要面向中国读者，对中日、中韩、中越等政府间双边协定关注较多，因此，本书包含了这些协定的介绍。希望本书能为读者提供其他信息源头不一定存在的系统资讯。

《全球区域性渔业管理组织概况》在介绍各个组织、公约、协定、机制时，按照一定的信息构成板块进行介绍，比如发展历史、管辖区域、成员、组织架构、目标和职责、重要养护和管理措施等。对中国已经加入的或虽未加入但相关性比较重大的组织，本书将较为详细进行介绍；对一些组织的特殊信息，比如面临管理"瓶颈"等，本书也将进行介绍。因为本书是用中文撰写，且信息构成相对固定，为了方便相关读者获取更广泛、更针对性的外文信息，本书还会提供相关的网站或文本链接，尽量满足不同读者对不同信息的个性化需求。

在编写《全球区域性渔业管理组织概况》时，作者们面临着很多困难。本人从2018年起开始收集信息，由于相关组织的信息更新太快，比如成员的加入和退出、新的养护和管理措施的制定等，在每一版文本编撰结束时，都需要重新开始信息的核定。现在即将出版的《全球区域性渔业管理组织概况》信息更新是截至2024年2月，未来如果本书有机会再版，本人也将继续对相关信息进行更新和完善。还有部分组织的官网仅提供西班牙语、法语等非英语信息，对本人的信息处理也带来一定挑战。

由于篇幅限制，也由于信息资源限制，《全球区域性渔业管理组织概况》最终呈现的信息还不能以一概全，也不能保证全部准确无误。比如，鉴于非政府渔业组织及民间渔业组织的浩瀚数量及各异背景，本书不涉足上述组织的介绍，但读者必须明了，这类组织在国际渔业管理和资源养护决策中有着不可忽视的影响力，比如，绿色和平组织在南极海洋生物资源养护委员会大会上没有表决权，但是借助其国际环保组织的背景，一定程度上可能影响委员会的决策；另外一些双边或多边政府间组织或协定由于仅涉及沿海国，且区域比较局限，数量较多，或者已经不复存在，本书也没有把它们全部列入，比如日本—苏联西北太平洋渔业委员会、挪威—俄罗斯渔业联合委员会等，但读者必须意识到这些组织在促进区域性渔业合作方面功不可没。本书在称呼公约或协定的缔约方、组织的成员时，为了写作方便，大多数场合下用成员或成员国/地区一统概之。

为了方便读者在本书中寻找到相关区域性渔业管理组织的信息，本书以各组织缩略语的打头字母顺序编排各组织的编写顺序。在本书最后，根据英文字母顺序罗列了所有涉及的国家/地区的英文和对应的中文，其中，英文名是根据粮农组织统一确定的名字（https：//www.fao.org/fishery/en/facp/search）；在本书最后，也根据各区域性渔业管理组织缩略语英文字母顺序罗列了所有涉及的重要组织，同时提供对应的中文名。

本书在编写过程中获得了很多的支持和帮助，在此一并感谢：感谢中国农业农村部全球渔业资源调查监测评估专项及上海市高水平地方高校（上海海洋大学）建设项目对本书出版的资助；感谢多伦多大学张仲杰同学（Hugo Zhang）为本书信息收集和翻译审校所作出的辛勤努力；感谢本人带领的研究生团队对本书内容的认真审校。

本书所存在的信息遗漏或纰漏问题，责任由本书作者承担。欢迎读者提出宝贵修改意见，未来再版时，作者将意见纳入修改版本，并尽力再完善、再更新相关信息。

邹磊磊
2024 年 2 月 24 日

# 目 录

《信天翁和海燕保护协定》(Agreement on the Conservation of Albatrosses and Petrels, ACAP) …………………………………………… (1)

渔业研究咨询委员会(Advisory Committee on Fishery Research, ACFR) ………………………………………………………… (5)

亚太渔业委员会(Asia-Pacific Fishery Commission, APFIC) ………… (7)

《本格拉洋流公约》(Benguela Current Convention, BCC) ………… (12)

大西洋接壤的非洲国家间渔业合作部长级会议(Ministerial Conference on Fisheries Cooperation among African States Bordering the Atlantic Ocean, COMHAFAT-ATLAFCO) ……………………… (15)

孟加拉湾计划政府间组织(Bay of Bengal Programme Inter-Governmental Organization, BOBP-IGO) ……………………… (18)

中亚和高加索渔业和水产养殖委员会(Central Asia and Caucasus Regional Fisheries and Aquaculture Commission, CACFISH) …… (22)

南极海洋生物资源养护委员会(Commission for the Conservation of Antarctic Marine Living Resources, CCAMLR) ………………… (26)

《中白令海狭鳕资源养护与管理公约》(Convention on the Conservation and Management of the Pollock Resources in the Central Bering Sea, CCBSP) ………………………………………………………… (33)

南方蓝鳍金枪鱼养护委员会(Commission for the Conservation of Southern Bluefin Tuna, CCSBT) …………………………………… (36)

中东大西洋渔业委员会(Fishery Committee for the Eastern Central Atlantic, CECAF) ………………………………………………… (42)

非洲内陆渔业和水产养殖委员会(Committee for Inland Fisheries and Aquaculture of Africa, CIFAA) ……………………………………… (45)

拉丁美洲和加勒比小规模和手工渔业和水产养殖委员会（Commission for Small-Scale and Artisanal Fisheries and Aquaculture of Latin America and the Caribbean, COPPESAALC） ……………… (48)

几内亚湾区域渔业委员会（Regional Fisheries Commission for the Gulf of Guinea, COREP） ……………………………………… (52)

南太平洋常设委员会（Permanent Commission for the South Pacific, CPPS） ………………………………………………………… (54)

加勒比区域渔业机构（Caribbean Regional Fisheries Mechanism, CRFM） ……………………………………………………… (56)

海事联合技术委员会（Joint Technical Commission of the Maritime Front, CTMFM） ……………………………………………… (60)

渔业统计协调工作组（Coordinating Working Party on Fishery Statistics, CWP） ………………………………………………………… (62)

欧洲内陆渔业和水产养殖咨询委员会（European Inland Fisheries and Aquaculture Advisory Commission, EIFAAC） ……………… (65)

几内亚湾中西部渔业委员会（Fisheries Committee for the West Central Gulf of Guinea, FCWC） ………………………………… (68)

太平洋岛屿论坛渔业局（Pacific Islands Forum Fisheries Agency, FFA） ………………………………………………………… (71)

渔业和资源监测系统（Fisheries and Resources Monitoring System, FIRMS） ……………………………………………………… (75)

海洋环境保护科学联合专家组（Joint Group of Experts on the Scientific Aspects of Marine Environmental Protection, GESAMP） ……… (78)

地中海渔业总理事会（General Fisheries Commission for the Mediterranean, GFCM） ………………………………………… (81)

五大湖渔业委员会（Great Lakes Fishery Commission, GLFC） ……… (85)

美洲间热带金枪鱼委员会（Inter-American Tropical Tuna Commission, IATTC） ……………………………………………………… (90)

国际大西洋金枪鱼养护委员会（International Commission for the Conservation of Atlantic Tunas, ICCAT） ……………………… (94)

国际海洋考察理事会（International Council for the Exploration of the Sea, ICES） ………………………………………………… (99)

印度洋金枪鱼委员会（Indian Ocean Tuna Commission, IOTC） …… (105)

国际太平洋大比目鱼委员会（International Pacific Halibut Commission,
　　IPHC） ……………………………………………………………… (109)

国际捕鲸委员会（International Whaling Commission, IWC） ……… (115)

乍得湖流域委员会（Lake Chad Basin Commission, LCBC） ……… (119)

坦噶尼喀湖管理局（Lake Tanganyika Authority, LTA） ……………… (123)

维多利亚湖渔业组织（Lake Victoria Fisheries Organization,
　　LVFO） …………………………………………………………… (126)

湄公河委员会（Mekong River Commission, MRC） ………………… (129)

亚太水产养殖中心网（Network of Aquaculture Centers in Asia-Pacific,
　　NACA） …………………………………………………………… (132)

西北大西洋渔业组织（Northwest Atlantic Fisheries Organization,
　　NAFO） …………………………………………………………… (134)

北大西洋海洋哺乳动物委员会（North Atlantic Marine Mammal
　　Commission, NAMMCO） ………………………………………… (142)

北大西洋鲑鱼养护组织（North Atlantic Salmon Conservation
　　Organization, NASCO） …………………………………………… (145)

东北大西洋渔业委员会（North-East Atlantic Fisheries Commission,
　　NEAFC） …………………………………………………………… (150)

北太平洋溯河鱼类委员会（North Pacific Anadromous Fish Commission,
　　NPAFC） …………………………………………………………… (159)

北太平洋渔业委员会（North Pacific Fisheries Commission,
　　NPFC） …………………………………………………………… (163)

拉丁美洲渔业发展组织（Latin American Organization for Fisheries
　　Development, OLDEPESCA） …………………………………… (169)

中美洲渔业和水产养殖组织（Central America Fisheries and Aquaculture
　　Organization, OSPESCA） ………………………………………… (171)

红海和亚丁湾环境保护区域组织（Regional Organization for the
　　Conservation of the Environment of the Red Sea and Gulf of Aden,
　　PERSGA） ………………………………………………………… (175)

北太平洋海洋科学组织（North Pacific Marine Science Organization,
　　PICES） …………………………………………………………… (178)

太平洋鲑鱼委员会（Pacific Salmon Commission，PSC） ……………（183）
美洲水产养殖网（Aquaculture Network for the Americas，RAA）……（186）
渔业区域委员会（Regional Commission for Fisheries，RECOFI）……（189）
东南亚渔业发展中心（Southeast Asian Fisheries Development Center，
　　SEAFDEC） ………………………………………………………（192）
东南大西洋渔业组织（South East Atlantic Fisheries Organization，
　　SEAFO） …………………………………………………………（198）
南印度洋渔业协议（South Indian Ocean Fisheries Agreement，
　　SIOFA） …………………………………………………………（205）
太平洋共同体（Pacific Community，SPC） ………………………（209）
南太平洋区域性渔业管理组织（South Pacific Regional
　　Fisheries Management Organization，SPRFMO） ………………（211）
分区域渔业委员会（Sub-regional Fisheries Commission，SRFC）……（215）
西南印度洋渔业委员会（Southwest Indian Ocean Fisheries Commission，
　　SWIOFC） ………………………………………………………（216）
中西太平洋渔业委员会（Western and Central Pacific Fisheries
　　Commission，WCPFC） …………………………………………（218）
中西大西洋渔业委员会（Western Central Atlantic Fishery Commission，
　　WECAFC） ………………………………………………………（223）
《中华人民共和国政府和大韩民国政府渔业协定》（Agreement between
　　the Government of the People's Republic of China and the Government
　　of Republic of Korea for Fisheries） …………………………………（227）
《中华人民共和国政府和日本国政府渔业协定》（Agreement between
　　the Government of the People's Republic of China and the Government
　　of Japan for Fisheries） ……………………………………………（229）
《中华人民共和国政府和越南社会主义共和国政府北部湾渔业合作
　　协定》（Agreement on Fisheries Cooperation in the Beibu Gulf
　　between the Government of the People's Republic of China and the
　　Government of the Socialist Republic of Vietnam） ………………（231）
其他……………………………………………………………………（233）
附表……………………………………………………………………（236）

# 《信天翁和海燕保护协定》
# (Agreement on the Conservation of Albatrosses and Petrels, ACAP)

《信天翁和海燕保护协定》（Agreement on the Conservation of Albatrosses and Petrels, ACAP）是一项多边协定，旨在通过协调国际活动来保护列入保护名单的信天翁、海燕和海鸥，以减轻对它们的已知威胁。

《信天翁和海燕保护协定》于1999年开始拟定，于2001年6月19日在澳大利亚堪培拉（Canberra, Australia）开放供签署，并于2004年2月1日生效。16个国家和5个国际组织出席了在澳大利亚霍巴特（Hobart, Australia）和南非开普敦（Cape Town, South Africa）举行的协定拟定会议。协定最初生效时，所有南半球信天翁物种和7种海燕物种都在其保护名单内。

协定的总部位于澳大利亚塔斯马尼亚州的霍巴特。《信天翁和海燕保护协定》的第一届成员会议于2004年11月在霍巴特召开，随后举行了为期两天的科学会议。

## 1. 成员国/地区

该协定有13个成员国/地区，分别是：阿根廷（Argentina）、澳大利亚（Australia）、巴西（Brazil）、智利（Chile）、厄瓜多尔（Ecuador）、法国（France）、新西兰（New Zealand）、挪威（Norway）、秘鲁（Peru）、南非（South Africa）、西班牙（Spain）、英国（United Kingdom）和乌拉圭（Uruguay）。此外，一些非成员的国家也定期参加《信天翁和海燕保护协定》会议。

## 2. 管辖区域

《信天翁和海燕保护协定》管辖区域涵盖了鸟类活动的完整范围，即协定"附件1协定适用的信天翁和海燕物种"（Annex 1 Albatrosses and Petrels Species to Which the Agreement will Apply）所列的信天翁或海燕在正常迁徙路线上栖息、临时停留、穿越或飞越的所有陆地或水域。

## 3. 组织架构

《信天翁和海燕保护协定》由一个小型秘书处提供运行支持，该秘书处由一名执行秘书（Executive Secretary）、一名科学干事（Science Officer）和一名名誉信息干事（Honorary Information Officer）组成。

《信天翁和海燕保护协定》设立了一个咨询委员会（Advisory Committee）。咨询委员会下设有三个工作组，即数量和保护状况工作组（Population and Conservation Status Working Group, PaCSWG）、海鸟兼捕工作组（Seabird Bycatch Working Group, SBWG）和分类学工作组（Taxonomy Working Group, TBG）。成员会议通常每三年举行一次，咨询委员会及其下设的数量和保护状况工作组、海鸟兼捕工作组在其间举行会议。

## 4. 目标与职责

《信天翁和海燕保护协定》的目标是通过保护和恢复栖息地，消除或控制对信天翁或海燕有害的非本土物种，以及开展研究、教育、提高认识和传播信息，实现并保持信天翁及海燕的保护地位。

### 4.1 《信天翁和海燕保护协定》保护的物种

《信天翁和海燕保护协定》"附件1协定适用的信天翁和海燕物种"中列出协定保护的信天翁和海燕所属的物种、亚种或种群。目前，它涵盖了世界上所有4属下的22种信天翁，所有巨鹱属（Macronectes）和风鹱属（Procellaria）下的7种海燕，以及鹱属（Ardenna）和剪水鹱属（Puffinus）下的2种海鸥，所有这些鸟类都属于鹱形目（Procellariiformes）。目前纳入协定的物种总数达到31种。

在协定所列物种中，有21种处于国际自然保护联盟（IUCN）认定的濒危状态，其中极度濒危（Critically Endangered）3种、濒危（Endangered）8种，易危（Vulnerable）10种。7种物种被认为是近危物种（Near Threatened），目前只有3种（黑眉信天翁和两种巨型海燕）被列为无危物种（Least Concern）。

## 4.2 信天翁和海燕面临的主要威胁

信天翁和海燕面临的最主要威胁之一是受渔具缠绕而导致的死亡，尤其是在延绳钓和拖网渔业作业中。此外，鸟类在繁殖地可能会受到入侵捕食者、疾病、栖息地丧失和人类的干扰，以及塑料缠绕和摄入的威胁。

《信天翁和海燕保护协定》"附件2行动计划"（Annex 2 Action Plan）为在陆地和海上对这些受威胁的海鸟实施有效的保护措施提供了行动框架。

尽管个别国家正在采取措施保护信天翁和海燕，但也需要国际合作行动。信天翁、海燕和海鸥的迁徙范围广泛，在其跨越国界进入国际水域的过程中容易受到威胁，任何一个国家的单独行动都不太可能有效改善其全球范围内的保护状况。因此，国际合作下的保护行动有助于提高保护措施的有效性。

## 4.3 《信天翁和海燕保护协定》的作用

《信天翁和海燕保护协定》的一个关键工作领域是通过维护全球数据库和编制一系列物种评估，审查所有31个保护物种的种群状况和趋势，提供关于每个物种的分布、个体种群面临的威胁、保护措施等信息，并确定有关该物种的知识缺口。《信天翁和海燕保护协定》还制定了一系列保护措施指南，包括：鸟类繁殖地的生物安全和检疫；鸟类数量的普查；将入侵的哺乳动物从岛屿驱除；就减少渔业作业中海鸟兼捕的最佳行动提出建议；就减少塑料摄入的最佳行动提出建议；以及厄瓜多尔加拉帕戈斯群岛（Galapagos Islands）加岛信天翁（Phoebastria irrorata）保护计划的制订等。

《信天翁和海燕保护协定》还通过小额赠款方案、借调方案等方式资助研究项目，支持能力建设，通过网站发布《信天翁和海燕保护协定》最新发展消息，并通过网站对公众开展海鸟保护教育。

《信天翁和海燕保护协定》一直与金枪鱼区域性渔业管理组织、南极海洋生物资源养护委员会和其他相关渔业管理组织合作，鼓励采取最佳做法降低海鸟死亡率，特别是在国家管辖范围外国际水域（公海）进行延绳钓渔业作业时。《信天翁和海燕保护协定》已经与这些组织和机构签署了谅解备忘录。在过去几年中，5个金枪鱼区域性渔业管理组织采纳了

《信天翁和海燕保护协定》关于在远洋延绳钓渔业中减少海鸟兼捕的最佳行动建议。《信天翁和海燕保护协定》还一直致力于降低拖网渔业作业和其他发生海鸟兼捕的渔业作业中的海鸟死亡率。《信天翁和海燕保护协定》出版了针对渔业观察员的海鸟兼捕识别指南,旨在提高海鸟死亡率信息质量,该指南有6种语言版本。

为了提高人们对海鸟面临威胁的认识,《信天翁和海燕保护协定》于2020年设立了世界信天翁日(World Albatross Day),且定于每年6月19日,即《信天翁和海燕保护协定》开放签署日。

《信天翁和海燕保护协定》面临的一个关键挑战是获得准确的数据,以准确知晓海鸟作为渔业作业兼捕发生的地点和数量,从而有助于开展有效的保护措施。《信天翁和海燕保护协定》面临的另一个挑战是寻求目前没有签署《信天翁和海燕保护协定》的国家的积极参与,因为只有通过广泛的国际合作,才能实现《信天翁和海燕保护协定》的最终目标。

## 相关链接:

《信天翁和海燕保护协定》(Agreement on the Conservation of Albatrosses and Petrels,ACAP)的网址:https://www.acap.aq/documents/instruments/206-agreement-on-the-conservation-of-albatrosses-and-petrels/file

粮农组织介绍《信天翁和海燕保护协定》的网址:https://www.fao.org/fishery/en/organization/acap

# 渔业研究咨询委员会
# (Advisory Committee on Fishery Research, ACFR)

渔业研究咨询委员会（Advisory Committee on Fishery Research, ACFR）最初是由粮农组织总干事根据1961年粮农组织大会第十一届会议决定而设立的，当时被命名为海洋资源研究专家咨询委员会（Advisory Committee of Experts on Marine Resources Research, ACMRR）。海洋资源研究专家咨询委员会的任务仅限于开展与海洋资源有关的研究。然而，1993年，粮农组织修订了《海洋资源研究专家咨询委员会章程》（Statutes of Advisory Committee of Experts on Marine Resources Research），并因此更改了委员会的名称，修订了委员会的范围和职权范围。之所以采取这一行动，主要是因为1990年代初，粮农组织发表了一份重要的《国际渔业研究报告》（Study on International Fisheries Research），从而使人们对国际渔业研究重新产生了兴趣，并且粮农组织渔业委员会（FAO Committee on Fisheries, COFI）同意赋予粮农组织承担渔业和水产养殖研究协调者的新任务。

渔业研究咨询委员会秘书处设在意大利罗马（Rome, Italy）的粮农组织总部。

渔业研究咨询委员会的任务是研究本组织渔业研究方案的制订和执行情况，同时向粮农组织总干事（Director-General）提供咨询建议。这些方案主要针对以下领域：海洋和内陆渔业资源的养护和管理；通过养护和管理野生资源、提高水产养殖从而改善鱼类生产力；改进将渔业资源转化为人类食物的手段；渔业社区动态研究；以及政府渔业政策的社会经济后果。渔业研究咨询委员会特别关注海洋学研究中的渔业研究以及环境变化对渔业可持续性的影响研究。

**相关链接：**

粮农组织介绍渔业研究咨询委员会（Advisory Committee on Fishery Research，ACFR）的网址：https://www.fao.org/fishery/en/organization/acfr

# 亚太渔业委员会
# (Asia-Pacific Fishery Commission, APFIC)

在1948年成立的印度洋—太平洋渔业委员会（Indo-Pacific Fisheries Council, IPFC）基础上，联合国粮农组织根据《亚太渔业委员会协定》（Asia-Pacific Fishery Commission Agreement）设立了亚太渔业委员会（Asia-Pacific Fishery Commission, APFIC）。[①] 亚太渔业委员会是粮农组织应其成员国/地区请求而设立的区域性渔业管理组织。粮农组织为其特设秘书处并予以各项支持。亚太渔业委员会的成立历史可以追溯到70余年前，是现今历史最悠久的区域性渔业管理组织之一。

1948年2月，粮农组织在菲律宾碧瑶市（Baguio City, Philippines）举行会议，粮农组织总干事邀请相关成员国/地区的政府官员参会，会议重点讨论在亚太地区设立一个区域性渔业管理组织以支持该地区的渔业发展。来自缅甸、中国、法国、印度、荷兰、菲律宾、英国、美国的代表出席了本次会议，在会议上上述8国代表共同草拟了《印度洋—太平洋渔业委员会协定》（Indo-Pacific Fisheries Council Agreement）。该协定于1948年11月9日正式生效。1948年11月15—29日，粮农组织大会第四届会议在美国华盛顿特区（Washington DC, USA）召开，大会批准在《印度洋—太平洋渔业委员会协定》下设立一个区域性渔业管理组织，并命名为"印度洋—太

---

[①] 根据《粮农组织章程》（FAO Constitution）第14条原文：（ARTICLE XIV SUPERVISION OF OTHER ORGANIZATIONS）The Conference may approve arrangements placing other public international organizations dealing with questions relating to food and agriculture under the general authority of the Organization on such terms as may be agreed with the competent authorities of the organization concerned; 译文：（第14条对其他组织的监管）按照与有关国际公共组织当局商定的条件，粮农组织大会可以安排这些组织在粮农组织监管下处理与粮食和农业相关的问题，粮农组织可以安排其他国际组织从事与粮农组织工作职责相关的工作。

平洋渔业委员会"。

《印度洋—太平洋渔业委员会协定》分别在1976年、1993年和1996年进行了修订，在1993年该协定更名为《亚太渔业委员会协定》，"印度洋—太平洋渔业委员会"也随之改名为"亚太渔业委员会"。历年的修订使该协定凸显了亚太渔业委员会在亚太地区海洋生物资源可持续发展和管理方面的职能和责任。

亚太渔业委员会致力于促进亚太地区的渔业合作，开展渔业科学研究，增强亚太各国及地区的渔业资源养护意识。亚太渔业委员会秘书处设于泰国曼谷（Bangkok, Thailand）的粮农组织亚太区域办事处（FAO Regional Office for Asia and the Pacific）。

## 1. 成员国/地区

亚太渔业委员会成员国/地区分别为：澳大利亚（Australia）、孟加拉国（Bangladesh）、柬埔寨（Cambodia）、中国（China）、法国（France）、印度（India）、印度尼西亚（Indonesia）、日本（Japan）、马来西亚（Malaysia）、缅甸（Myanmar）、尼泊尔（Nepal）、新西兰（New Zealand）、巴基斯坦（Pakistan）、菲律宾（Philippines）、韩国（Republic of Korea）、斯里兰卡（Sri Lanka）、东帝汶（Timor-Leste）、泰国（Thailand）、英国（United Kingdom）、美国（United States of America）、越南（Viet Nam）。

## 2. 管辖区域

位于亚太地区的亚太渔业委员会管辖区域是全球最大的渔业和水产养殖业生产地。亚太渔业委员会的管辖范围涉及其管辖区域内的海洋和内陆水域。1999年6月，印度洋渔业委员会（Indian Ocean Fishery Commission, IOFC）和孟加拉湾渔业发展和管理委员会（Committee for the Development and Management of Fisheries in the Bay of Bengal, BOBC）相继解散，同时粮农组织理事会将孟加拉湾渔业发展和管理委员会的职能转交给亚太渔业委员会，使委员会更切实地在该区域开展渔业管理。

## 3. 组织架构

亚太渔业委员会是开展亚太区域渔业事务的管理机构，每两年召开一次委员会会议。每个成员国/地区都拥有投票权。除非特别规定，委员会事务一般通过多数票规则决定。亚太渔业委员会下设执行委员会（Executive Committee）、数个附属机构以及秘书处（Secretariat），协助委员会开展亚太渔业管理事务，这些机构在委员会会议闭会期间履行相应的重要职责。

执行委员会每年举行一次例会，协调并指导在委员会会议闭会期委员会的各项实质性事务。

委员会可以设立分委会和工作组以协助委员会更有效地开展渔业管理工作。委员会通过设立临时分委会（Temporary Committee）、特别分委会（Special Committee），或者常设分委会（Standing Committee）以切实开展委员会的各项工作职责。委员会设立的工作组（Working Group）就特定的渔业技术问题开展相应的科学研究，并提出解决措施和方案。工作组会议由亚太渔业委员会主席召集，会议的时间、地点、内容都与其设立时设定的工作目标相符合。

## 4. 目标与职责

亚太渔业委员会的主要工作目标和职责是促进亚太地区水生生物资源的充分和可持续开发。为此，委员会发展并规范该地区的渔业捕捞和养殖作业，促进相应水产品加工业的发展，增进水产品市场的贸易与流通，以此协助各成员国/地区最大程度达成各自的渔业和养殖业发展目标。亚太渔业委员会的工作目标与职责如下：

- 调查亚太地区渔业资源的现状，并掌握基于资源现状所开展的渔业状况；
- 制定渔业管理举措，并向成员国/地区提供建议，同时启动并开展相应的渔业项目，从而：
- 提高渔业和水产养殖业的效率和可持续生产力；
- 养护和管理渔业资源；
- 保护渔业资源不受污染；
- 调查亚太地区渔业和养殖业的经济和社会影响和作用，提出建议举措以改善渔民和其他渔业相关从业人员的生活和工作条件，促进渔业和养殖业对社会和经济目标的贡献；
- 促进和发展海水养殖业和沿海渔业；
- 鼓励、推荐、协调亚太地区渔业技术培训和推广的开展，并酌情开展相关的培训和推广活动；
- 鼓励、推荐、协调亚太地区渔业科学研究的开展，并酌情开展相关的科学研究活动；
- 收集、出版或以其他方式传播有关水生生物资源现状和基于资源现状所开展的渔业活动的信息；
- 开展有助于委员会实现上述目的其他必要或有用的行动。

## 5. 养护与管理措施的科学依据

亚太地区是世界最大的渔业和水产养殖业生产地，意味着该地区的水产品产量关系到世界粮食安全，也意味着该地区的渔业和水产养殖业发展关系到广大渔民及渔业相关从业人员的生计。为了促进亚太地区渔业及水产养殖业的可持续发展，亚太渔业委员会开展了广泛的渔业养护与管理措施，这些措施遵循以下科学依据：

- 渔业生态系统管理方法。渔业及海洋资源不是孤立存在的。为了最大限度地养护这些资源，亚太渔业委员会努力推广渔业生态系统管理办法。委员会合作开发了有关生态系统平衡的区域培训课程，以使渔业及海洋资源方面的管理人员能更全面地践行这一理念，减少用户群之间的冲突，帮助释放财政资源，与其他利益相关者合作，以更好地应对行业问题与挑战。

- 水产养殖业可持续集约化发展。委员会认识到亚太区域水产养殖业机遇良多，而水产养殖生产日益集约的挑战也日益严峻。编制咨询材料、打造区域共识、开发针对区域需求的管理工具已成为委员会核心工作之一。

为了更好地践行上述科学的渔业管理理念，亚太渔业委员会为政策制定者提供渔业资源管理、水产养殖业等方面的信息，帮助他们更好地认识合理的渔业与水产养殖业政策在消除贫困、建设农村、发展经济及保护环境方面可能发挥的作用与潜力。同时，委员会通过培训课程、研讨会、修习班及刊物出版等形式提升各成员国/地区渔业政策制定与管理人员的能力。区域渔业专家参与上述活动，活动主题涉及生态系统管理、港口检查培训、拖网渔船管理、水产养殖业管理等。另外，得益于与各区域组织、学术机构及诸多学科领域专家的良好关系，亚太渔业委员会帮助亚太区域政策制定者分析渔业及水产资源管理所面临的重大挑战，并提供探讨平台。委员会协调开展科研活动，分析非法、未报告和无管制捕捞（Illegal, Unreported and Unregulated Fishing, IUU Fishing)、气候变化对渔业与水产养殖业的影响，开展和支持生计渔业，制定区域与国家政策、水产养殖业管理及规划工具等。

## 6. 国际合作

近年来，亚太渔业委员会会议主要关注如下问题：如何促进委员会以区域性咨询组织的角色与其他区域性组织、安排和成员开展合作；如何以信息经纪人的角色促进国际社会增进对亚太渔业及养殖业的了解，并为各项亚太渔业决策提供支持。

### 相关链接：

亚太渔业委员会（Asia-Pacific Fishery Commission，APFIC）的网址：http://www.fao.org/apfic/en/

《亚太渔业委员会协议》（Asia-Pacific Fishery Commission Agreement，APFICA）：http://www.fao.org/apfic/background/apfic-agreement/en/

粮农组织介绍亚太渔业委员会的网址：https://www.fao.org/fishery/en/organization/apfic

# 《本格拉洋流公约》
# (Benguela Current Convention, BCC)

《本格拉洋流公约》(Benguela Current Convention, BCC) 是安哥拉 (Angola)、纳米比亚 (Namibia) 和南非 (South Africa) 成立的一个多部门政府间组织,旨在促进对本格拉洋流大型海洋生态系统 (Benguela Current Large Marine Ecosystem, BCLME) 的长期养护、保护、恢复、增强和可持续利用采取协调一致的区域方法,从而促进该地区的经济、环境和社会效益。

《本格拉洋流公约》的发展可以追溯到 20 世纪 90 年代初,当时殖民和种族隔离政权灭亡,安哥拉、纳米比亚和南非开启了在海洋资源管理和环境监测方面合作的新时代。自 90 年代中期以来,这三个国家的海洋科学家一直在合作,首次开始分享对本格拉洋流大型海洋生态系统的知识和理解。1995 年起,三国设想启动本格拉环境渔业培训互动项目 (Benguela Environment Fisheries Training Interactions),该项目于 1997 年正式启动,并于次年作为南共体项目 (Southern African Development Community Project) 获得通过。1997 年至 2007 年,本格拉环境渔业培训互动项目侧重于对海洋生物资源、海洋环境进行全区域评估,并致力于培训和能力建设。项目的成功使管理者和决策者联合起来开展对本格拉洋流大型海洋生态系统及其丰富海洋生物资源的研究、监测和评估,也使这三个曾经处于冲突中的国家之间迅速开展了成功的合作。1999 年,三国确定了本格拉洋流大型海洋生态系统的生态系统边界,以促进大型海洋生态系统管理框架的实施。2002 年,三国制定了 2003—2008 年本格拉洋流大型海洋生态系统方案,该方案是多部门设计的,旨在进一步促进环境无害的本格拉洋流大型海洋生态系统可持续发展,专注于渔业、航运、海洋采矿、石油和天然气勘探与生产、沿海开发和污染等人类活动对海洋环境和海洋生物多样性的影响研究。2007 年,三国签署一项临时协议,成立了本格拉洋流委员会（Benguela Current Commission，BCC）。2013年3月18日，三国签署了《本格拉洋流公约》，巩固了本格拉洋流委员会作为常设政府间组织的地位；该公约于2014年7月由三国批准，并于2015年12月10日生效。从2007年到2013年，BCC的首字母缩写代表本格拉洋流委员会（Benguela Current Commission，BCC）；2013年3月起，BCC不再代表本格拉洋流委员会，而是代表《本格拉洋流公约》（Benguela Current Convention，BCC）。

安哥拉、纳米比亚和南非均紧邻本格拉洋流大型海洋生态系统海域。该生态系统拥有丰富的生物和非生物资源——从巨大的石油和天然气储量到丰富的渔业资源。该生态系统是世界四大东部边界流系统之一，与加利福尼亚洋流系统、洪堡洋流系统和加那利洋流系统一样，本格拉洋流系统由海岸上升流系统主导。《本格拉洋流公约》为该地区各国引入"海洋治理的生态系统方法"提供了一个工具，也鼓励三国共同努力以可持续方式开展海洋环境管理。

## 1. 成员国/地区

《本格拉洋流公约》有3个成员国/地区，分别是：安哥拉、纳米比亚和南非。

## 2. 管辖区域

《本格拉洋流公约》适用区域包括根据《联合国海洋法公约》属于成员国国家主权和管辖范围内的所有领域。边界从双方海岸的高水位线延伸至各自专属经济区的外边界。南部/东部边界围绕好望角（Cape of Good Hope）延伸，季节性地向东延伸至东经27°（伊丽莎白港（Port Elizabeth）附近），而北部边界设置在南纬5°，位于安哥拉北部边界附近和几内亚洋流大型海洋生态系统（Guinea Current Large Marine Ecosystem，GCLME）南部范围内。

## 3. 组织架构

《本格拉洋流公约》下召开部长级会议（Ministerial Conference）。部长级会议是提供政策指导的理事机构，会议至少每两年召开一次。

《本格拉洋流公约》下设委员会（Commission），主要任务是提供工作的战略方向。各成员国均为委员会成员,各成员国应任命一名专员(Commissioner)和一名候补专员。会议至少每年召开一次。委员会下设3个分委会:生态系统咨询委员会(Ecosystem Advisory Committee),向会员国提供最佳的科学咨询和信息;财务和行政委员会(Finance and Administration Committee),负责监督财务和责任;履约委员会(Compliance Committee),负责确保所作决定得到履行。委员会也设立区域工作组和工作队(Regional Working Groups and Task Team),负责在国家和区域两级层面执行与各自项目有关的活动。它们向生态系统咨询委员会报告工作进展。

秘书处(Secretariat)负责协调工作,向委员会及其下设各个分委会提供秘书服务。

**相关链接:**

粮农组织介绍《本格拉洋流公约》(Benguela Current Convention, BCC)的网址:https://www.fao.org/fishery/en/organization/bcc

# 大西洋接壤的非洲国家间渔业合作部长级会议
# (Ministerial Conference on Fisheries Cooperation among African States Bordering the Atlantic Ocean, COMHAFAT-ATLAFCO)

大西洋接壤的非洲国家间渔业合作部长级会议（Ministerial Conference on Fisheries Cooperation among African States Bordering the Atlantic Ocean, COMHAFAT-ATLAFCO）是由22个国家于1989年联合建立的一个政府间组织。1991年7月5日在塞内加尔达喀尔（Dakar, Senegal）会议上通过了组织公约《大西洋接壤的非洲国家间渔业合作区域公约》（Regional Convention on Fisheries Cooperation among African States Bordering the Atlantic Ocean），规定了成员国/地区之间区域性渔业合作的领域和方式。该公约自1995年7月在佛得角普拉亚（Praia, Cape Verde）举行的大会第三次会议起开始生效。

大西洋接壤的非洲国家间渔业合作部长级会议的主要目标是促进成员国/地区之间积极有效的合作，以有效养护与管理管辖区域内的渔业资源，促进渔业的可持续发展。

根据该组织与摩洛哥王国政府于2009年10月24日在摩洛哥贾迪达（El Jadida, Morocco）签署的《总部托管协议》（Headquarters Hosting Agreement），其总部设在摩洛哥拉巴特（Rabat, Morocco）。

## 1. 成员国/地区

大西洋接壤的非洲国家间渔业合作部长级会议组织的成员国/地区如下：安哥拉（Angola）、贝宁（Benin）、佛得角（Cabo Verde）、喀麦隆（Cameroon）、刚果（金）（Democratic Republic of Congo）、刚果（布）

(Congo)、科特迪瓦（Côte d'Ivoire）、赤道几内亚（Equatorial Guinea）、加蓬（Gabon）、冈比亚（Gambia）、加纳（Ghana）、几内亚（Guinea）、几内亚比绍（Guinea-Bissau）、利比里亚（Liberia）、毛里塔尼亚（Mauritania）、摩洛哥（Morocco）、纳米比亚（Namibia）、尼日利亚（Nigeria）、圣多美和普林西比（Sao Tome and Principe）、塞内加尔（Senegal）、塞拉利昂（Sierra Leone）、多哥（Togo）。

## 2. 管辖区域

大西洋接壤的非洲国家间渔业合作部长级会议的管辖区域为：从奥兰治河（Orange River）河口的纳米比亚-南非边界（Namibian-South African Boundary）开始，从南纬30°向西到西经20°，再从西经20°向北到赤道，再从赤道向西到西经30°，再从西经30°向北到北纬5°，再从北纬5°向西到西经40°，再从西经40°向北到北纬36°，再从北纬36°向东至非洲大陆海岸的斯帕特尔角（Cape Spartel）。因此，其管辖区域涵盖各成员国/地区的专属经济区海域。

## 3. 组织架构

大西洋接壤的非洲国家间渔业合作部长级会议的组织架构如下：

部长级会议（Conference of Ministers）：政策和决策机构；每两年举行一次会议；

主席团（Bureau）：协调和监督机构；每年举行一次会议；

秘书处（Secretariat）：执行机构，执行所有行政相关事务，并执行部长级会议和主席团会议所决定的组织和协调任务，从而有效实施并推动该组织的相关活动。

## 4. 目标和职责

大西洋接壤的非洲国家间渔业合作部长级会议旨在：
- 促进渔业管理和发展的区域性国际合作；
- 发展、协调和统一成员国/地区在养护、利用和发展渔业资源方面的行动和能力；
- 加强该区域内的非洲内陆国家与地理不利国之间的协作。

大西洋接壤的非洲国家间渔业合作部长级会议开展的具体举措包括：

- 加强海事职业与技术培训；
- 发展渔业和海洋科学研究；
- 促进水产品贸易，提高水产品的价值；
- 执行负责任渔业相关的法律和法规。

**相关链接：**

大西洋接壤的非洲国家间渔业合作部长级会议（Ministerial Conference on Fisheries Cooperation among African States Bordering the Atlantic Ocean, COMHAFAT-ATLAFCO）的网址：http：//www.comhafat.org/en/

大西洋接壤的非洲国家间渔业合作部长级会议的各个法律文本的网址：https：//www.comhafat.org/en/publications.php？id=1

粮农组织介绍大西洋接壤的非洲国家间渔业合作部长级会议的网址：https：//www.fao.org/fishery/en/organization/atlafco

# 孟加拉湾计划政府间组织
# (Bay of Bengal Programme Inter-Governmental Organization, BOBP-IGO)

孟加拉湾计划政府间组织(Bay of Bengal Programme Inter-Governmental Organization, BOBP-IGO)是基于粮农组织的孟加拉湾计划(Bay of Bengal Programme)而成立的。早在1994—2000年孟加拉湾计划第3阶段期间就提出了成立该组织的构想,1999年10月在泰国普吉岛(Phuket, Thailand)举行的孟加拉湾计划咨询委员会第24次会议上通过了成立该组织的决议。

孟加拉湾计划政府间组织是具有一定独特性的区域性渔业管理组织。该组织的重要职责是协助各成员国/地区为孟加拉湾地区小规模/手工渔民提供更多的生计机会并改善他们的生活质量。

孟加拉湾计划政府间组织的核心工作目标可以概括如下:
- 增强沿海渔业管理必要性的意识,增长沿海渔业管理举措的知识;
- 通过培训和教育提高渔业技术;
- 为小规模渔业提供适当的技术支持;
- 建立区域性渔业信息网络;
- 促进女性参与沿海渔业发展的各个环节。

孟加拉国、印度和斯里兰卡政府于2003年4月26日在印度泰米尔纳德邦金奈(Chennai, India)正式签署了《孟加拉湾计划政府间组织协议》(Agreement On the Institutionalisation of the Bay of Bengal Programme as an Inter-Governmental Organization),马尔代夫政府于2003年5月21日在印度金奈(Chennai, India)也正式签署了该协议。

孟加拉湾计划政府间组织总部设于印度金奈。

## 1. 成员国/地区

孟加拉湾计划政府间组织成员国/地区为：孟加拉国（Bangladesh）、印度（India）、马尔代夫（Maldives）、斯里兰卡（Sri Lanka）。

合作非缔约国为：印度尼西亚（Indonesia）、马来西亚（Malaysia）、缅甸（Myanmar）、泰国（Thailand）。

## 2. 管辖区域

孟加拉湾计划政府间组织管辖区域。

## 3. 组织架构

目前，由孟加拉湾计划政府间组织委员会（Governing Council）主席和负责委员会出版事务人员所组成的工作组负责开展秘书处（Secretariat）的日常工作。孟加拉湾计划政府间组织委员会是根据《孟加拉湾计划政府间组织协议》中的相关规定而成立的，委员会成员来自各成员国/地区内的相应政府部门。秘书处按照委员会制定的相关章程开展工作。

## 4. 重要的养护与管理举措

根据成员国/地区需求，孟加拉湾计划政府间组织主要开展下列重要的渔业养护与管理举措：

- 确保孟加拉湾手工及小规模渔民及渔民团体海上安全的区域性计划

在孟加拉湾地区，渔民安全问题尤为突出，手工及小规模渔民及渔民团体的海上安全措施极不完善或根本不存在。危害渔民海上安全的因素包括：过剩的渔业捕捞能力；日益激烈的渔业捕捞竞争；低劣的船舶维修；落后的渔船装备；不合格的渔业劳动力；不规范的渔业捕捞行为；忽视渔民生命安全的渔业管理举措；匮乏的渔民培训等。

早在孟加拉湾计划政府间组织成立之前，孟加拉湾计划已经提出为手工及小规模渔民及渔民团体制订区域性海上安全计划（Regional Program on Sea Safety for Artisanal and Small-Scale Fishermen），在该计划下制定全面、长期举措以提高上述渔民的海上安全。这些举措包括：分析事故数据；对渔业培训人员、技术推广人员、渔民和渔业检查人员进行教育与培训；改善渔业管理及执法；加强渔民、渔民组织和政府之间的合作。

- 开展孟加拉湾渔业资源评估的区域性计划

关于孟加拉湾渔业资源状况的信息少之又少。孟加拉湾渔业的特点集中体现在以下两点：开放入渔；过剩的捕捞能力和资源数量匮乏之间的矛盾。各国对近海渔业资源现状了解甚多，认为近海资源既未被合理开发，也未被过度开发，然而各国普遍缺乏近海渔业资源及资源开发的信息。据报道，来自其他国家的船队在孟加拉湾的非法捕捞行为十分猖獗，部分地区的渔业资源已经受到严重威胁。

孟加拉湾计划政府间组织提议开展渔业资源评估项目，以提供工作机制使成员国/地区能够参与区域性渔业资源评估活动，提高各国的资源调查和数据分析能力，并提高各国的渔业管理能力。

- 加强孟加拉湾渔业发展和渔业管理的能力建设和信息服务

人们对孟加拉湾渔业的未来发展总抱着乐观的态度。加强渔业管理是显著提高该地区渔业产量的关键。除了改善渔业技术，当务之急是进行渔业管理机构的能力建设和制度建设，提高管理意识，采用以渔民团体为基础的渔业参与方式。

- 落实粮农组织《负责任渔业行为守则》（Code of Conduct for Responsible Fisheries，CCRF）

在孟加拉湾计划政府间组织成立之前，孟加拉湾计划已经积极向政府机构和包括渔民团体在内的其他渔业利益相关方推广粮农组织《负责任渔业行为守则》，除了把该守则翻译成当地语言（比如：孟加拉语、迪维希语、僧伽罗语、泰语、奥利亚语、泰米尔语、泰卢固语、古吉拉特语、印地语、马拉地语等），也翻译了该守则的简易版，方便该地区的渔业基层人员阅读并理解。此外，通过在成员国/地区举办讲习班/研讨会以及组织"渔民周"活动，也使得守则在该地区被进一步推广。

- 建立区域性渔业信息网

该项目旨在通过构建渔业信息网为成员国/地区提供渔业发展、规划、科学研究和技术培训等方面的信息。由此，成员国/地区可以加强本国的沿海渔业发展和管理能力。

**相关链接：**

孟加拉湾计划政府间组织（Bay of Bengal Programme Inter-Governmental

organization，BOBP-IGO）的网址：http：//www.bobpigo.org/

《孟加拉湾计划政府间组织协议》（Agreement On the Institutionalisation of the Bay of Bengal Programme as an Inter-Governmental Organization）的网址：http：//bobpigo.org/html_site/dnload/agreement.pdf

粮农组织介绍孟加拉湾计划政府间组织的网址：https：//www.fao.org/fishery/en/organization/bobp-igo

# 中亚和高加索渔业和水产养殖委员会
# (Central Asia and Caucasus Regional Fisheries and Aquaculture Commission, CACFISH)

中亚和高加索渔业和水产养殖委员会（Central Asia and Caucasus Regional Fisheries and Aquaculture Commission, CACFISH）是一个区域性渔业管理组织。在中亚和高加索地区建立一个区域性内陆渔业和水产养殖业管理组织的谈判始于2008年底。在亚美尼亚，吉尔吉斯斯坦和塔吉克斯坦签署相关成立协议后，中亚和高加索区域渔业和水产养殖委员会于2010年成立。

中亚和高加索渔业和水产养殖委员会秘书处设在土耳其安卡拉（Ankara, Türkiye）。

## 1. 成员国/地区

中亚和高加索渔业和水产养殖委员会现有5个成员国/地区，分别为：亚美尼亚（Armenia）、塔吉克斯坦（Tajikistan）、吉尔吉斯斯坦（Kyrgyzstan）、土耳其（Türkiye）和阿塞拜疆（Azerbaijan）。

## 2. 管辖区域

中亚和高加索渔业和水产养殖委员会的管辖区域为中亚国家领土范围内的内水及其他区域。这些中亚国家包括：哈萨克斯坦、吉尔吉斯斯坦、塔吉克斯坦、土库曼斯坦和乌兹别克斯坦；以及高加索区域，即：亚美尼亚、阿塞拜疆、格鲁吉亚、土耳其；就内陆渔业所涉及的管辖区域，还包括中亚和高加索地区与领土接壤的跨国界流域内的水域。

## 3. 组织架构

图1是中亚和高加索渔业和水产养殖委员会的组织架构图。

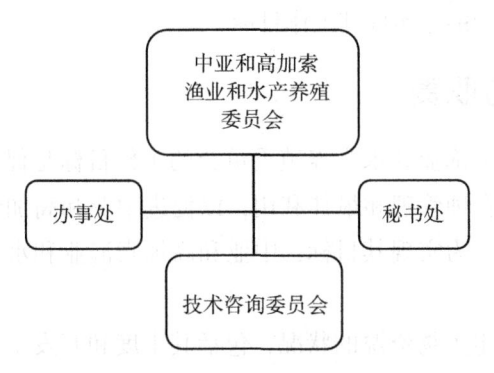

**图 1　中亚和高加索渔业和水产养殖委员会的组织架构图**

粮农组织为中亚和高加索渔业和水产养殖委员会提供秘书处（Secretariat）。粮农组织总干事（Director-General）任命 1 名秘书，该秘书协调粮农组织和中亚和高加索渔业和水产养殖委员会之间的行政事务。秘书处执行行政、预算、组织责任和职能；同时，秘书处还需执行委员会的五年工作方案。

中亚和高加索渔业和水产养殖委员会下设技术咨询委员会（Technical Advisory Committee，TAC），委员会也可以根据需要设立临时、特别或常设委员会和工作组，就有助于实现委员会工作目标的事务、特定的技术问题进行深入研究，并作出书面报告，且向委员会提供相应的意见和建议。

技术咨询委员会成立于 2011 年 12 月，是中亚和高加索渔业和水产养殖委员会目前唯一的附属机构，负责向中亚和高加索渔业和水产养殖委员会提供技术和科学方面的建议。技术咨询委员会的具体职责如下：

- 使委员会的政策和决定付诸实施；
- 为委员会制定并提供技术和科学建议；
- 在秘书处的协助下，向委员会提出五年工作方案；
- 提供独立的技术和科学建议以及专家意见，以协助委员会执行其工作方案，并监测和评估工作方案的执行；
- 对委员会的各项工作项目和活动方案进行技术监督、监测和评估；
- 结合渔业和水产养殖业管理的生物、社会和经济因素，就水生生物资源养护和合理管理措施的决定和建议，向委员会提供技术和科学建议；
- 建议设立附属机构，以处理特定的技术问题，或就某问题提供具体的解决方案；
- 提供有关渔业和水产养殖生产的信息以及与委员会职能相关的其

他数据，使委员会能够实现其工作目标。

## 4. 目标与职责

中亚和高加索渔业和水产养殖委员会的工作目标是促进水生生物资源的开发、养护、合理管理和最佳利用，以促进中亚和高加索地区水产养殖业的可持续发展。为实现其目标，中亚和高加索渔业和水产养殖委员会开展以下职责：

- 审核水生生物资源的状况，包括其丰度和开发水平，以及渔业和水产养殖业的状况；
- 制定并建议适当的养护措施，以合理管理水生生物资源，并落实这些建议的执行；
- 鼓励、推荐、协调、并酌情开展培训和推广、研发和开发相关的活动，包括渔业和水产养殖业领域的合作项目；
- 汇集、发布或传播水生生物资源开发以及渔业和水产养殖业相关的信息；
- 推广促进水产养殖业和渔业发展的项目；
- 促进妇女参与渔业和水产养殖业发展；
- 传播和推广科技和技术，以发展小规模渔业和水产养殖业；
- 增进中亚和高加索地区的渔业和水产养殖业知识，提高人们对渔业和水产养殖业的认识；
- 促进政府组织内部和政府组织间的联系与合作，同时促进政府组织和非政府组织之间的联系与合作；
- 开展实现上述目标的其他活动。

## 相关链接：

《中亚和高加索渔业和水产养殖委员会协议》（Agreement on the Central Asian and Caucasus Regional Fisheries and Aquaculture Commission）的网址：http：//www.fao.org/docrep/meeting/020/al945e.pdf

《中亚和高加索渔业和水产养殖委员会议事规则》（Rules of Procedures of the Central Asian and Caucasus Regional Fisheries and Aquaculture Commission）的网址：https：//www.fao.org/fileadmin/user_upload/faoweb/FI_Meetings/CACFish/RoP-Eng.pdf

《中亚和高加索渔业和水产养殖委员会财务规则》（Financial Regulations of the Central Asian and Caucasus Regional Fisheries and Aquaculture Commission）的网址：https：//www.fao.org/fileadmin/user_upload/faoweb/FI_Meetings/CACFish/Financial_regulations-ENG.pdf

粮农组织介绍中亚和高加索渔业和水产养殖委员会（Central Asia and Caucasus Regional Fisheries and Aquaculture Commission，CACFISH）的网址：https：//www.fao.org/fishery/en/organization/cacfish

# 南极海洋生物资源养护委员会
# (Commission for the Conservation of Antarctic Marine Living Resources, CCAMLR)

20世纪70年代起，国际社会掀起对南极磷虾资源商业开发的极大热情。为了规范日益发展的南极磷虾渔业，也为了避免重蹈南大洋部分生物资源过度开发的覆辙，澳大利亚、新西兰、美国等国于1980年5月20日签署了《南极海洋生物资源养护公约》（Convention for the Conservation of Antarctic Marine Living Resources，CCAMLR）。1982年4月7日，公约正式生效，南极海洋生物资源养护委员会（Commission for the Conservation of Antarctic Marine Living Resources，CCAMLR）也在《南极海洋生物资源养护公约》下正式成立，成为《南极条约》体系（Antarctic Treaty System）里管理海洋生物资源的唯一多边机构。

2006年10月中国加入《南极海洋生物资源养护公约》，并于2007年8月2日申请成为委员会成员，2007年10月2日中国成为委员会的正式成员。

南极海洋生物资源养护委员会秘书处位于澳大利亚塔斯马尼亚州霍巴特（Hobart，Australia）。

## 1. 成员国/地区

截至本书编写（2024年2月），南极海洋生物资源养护委员会拥有26个成员国/地区，另有10个国家签署了《南极海洋生物资源养护公约》。26个成员国/地区为：阿根廷（Argentina）、澳大利亚（Australia）、比利时（Belgium）、巴西（Brazil）、智利（Chile）、中国（China）、欧盟（European Union）、法国（France）、德国（Germany）、印度（India）、意大利（Italy）、日本（Japan）、韩国（Republic of Korea）、纳米比亚（Namibia）、荷兰（Kingdom of the Netherlands）、新西兰（New Zealand）、挪威（Norway）、波兰（Poland）、俄罗斯（Russian Federation）、南非（South Africa）、西班牙（Spain）、瑞典（Sweden）、乌克兰（Ukraine）、英国（United Kingdom）、美国（United States of America）、乌拉圭（Uruguay）。另外，10个签署了公约并要求加入南极海洋生物资源养护委员会的国家为：保加利亚（Bulgaria）、加拿大（Canada）、库克群岛（Cook Islands）、芬兰（Finland）、希腊（Greece）、毛里求斯（Mauritius）、巴基斯坦（Pakistan）、巴拿马（Panama）、秘鲁（Peru）、瓦努阿图（Vanuatu）。

《南极海洋生物资源养护公约》向对公约适用的海洋生物资源的研究或捕捞感兴趣的国家/地区均开放。

## 2. 管辖区域

南极海洋生物资源养护委员会管辖范围为南纬60°以南区域以及该纬度与构成部分南极海洋生态系统的南极辐合带之间的区域。也即，该区域为南极大陆以南海域，其中管辖海域北部界线如下：以南纬50°、西经50°为起点向东至东经30°，向北至南纬45°，向东至东经80°；向南至南纬55°；向东至东经150°；向南至南纬60°；向东至向西经50°；最后向北到起点。

南极海洋生物资源养护委员会管辖区域约占地球海洋的10%，表面积为35716100平方千米。

## 3. 组织架构

南极海洋生物资源养护委员会秘书处（Secretariat）设于澳大利亚塔斯马尼亚州霍巴特。委员会下设有科学分委会（Scientific Committee，SC-CAMLR）。委员会和科学分委会均可以根据需要设置附属机构。目前，委员会下设2个附属机构，它们分别是：执行和履约常设分委会（Standing Committee on Implementation and Compliance，SCIC）；财务和行政常设分委会（Standing Committee on Administration and Finance，SCAF）。其中，执行和履约常设分委会每年举行一次会议，审查委员会制定的养护措施和履约制度的运作情况，并就这些措施和制度的改进和实施向委员会提出建议。

### 3.1 秘书处

南极海洋生物资源养护委员会秘书处为委员会和科学分委会的定期会

议提供支持，并承担委员会的日常行政职能，具体职能包括：
- 促进成员间，以及成员与委员会之间的交流；
- 撰写并发行出版物；
- 接收和管理 CCAMLR 科学数据；
- 管理渔获量记录计划（Catch Documentation Scheme，CDS）；
- 监督成员遵守养护措施和委员会的其他决定。

## 3.2 科学分委会

1982 年《南极海洋生物资源养护公约》生效，随即成立了南极海洋生物资源养护委员会，委员会下设科学分委会。委员会的所有成员也都是科学分委会的成员。

科学分委会为管辖区域内海洋生物资源信息的收集、研究和交换提供协商和合作的论坛。科学分委会鼓励和促进科学领域的合作，以便扩展南极海洋生态系统中的海洋生物资源知识。科学分委会向委员会提供有关渔业捕捞现状和其他管理问题的最佳科学信息，而公约也规定，南极海洋生物资源养护委员会在作出决策之前有义务充分考虑科学分委会的意见和建议。

在向委员会提交意见和建议之前，科学分委会也会充分考虑南极海洋生物资源养护委员会成员所呈交的国家层面研究项目的成果和发现。此外，为了收集数据，委员会也开展了各个科学研究项目，以期根据这些数据开展对南大洋的有效管理。这些项目的研究内容包括：渔业监测、渔船科学观察员制度、生态系统监测、防止海洋垃圾计划等。

科学分委会每年在南极海洋生物资源养护委员会会议召开之前举行会议。为更好地了解可能影响委员会决策的南极海洋生物资源科学问题，科学分委会设立了若干工作组，这些工作组每年举行会议，协助制定委员会关注的关键领域的科学建议。除了开展委员会指示的科学研究活动，科学分委会还执行以下职责：
- 建立养护措施的标准和方式；
- 定期评估南极海洋生物资源种群的状况和趋势；
- 分析捕捞对南极海洋生物资源种群直接和间接影响有关的数据；
- 评估提议的改变捕捞方式或水平以及提议的养护措施的影响；
- 按要求或主动向委员会提交对实施本公约目标的措施和研究的评

估、分析、报告和建议;
- 对南极海洋生物资源的国际和国家研究计划制定建议。

目前科学分委会下设 4 个工作组和 1 个专家小组,它们分别为:
- 生态系统监测和管理工作组(Working Group on Ecosystem Monitoring and Management, WG-EMM);
- 鱼类资源评估工作组(Working Group on Fish Stock Assessment, WG-FSA);
- 统计、评估和建模工作组(Working Group on Statistics, Assessments and Modelling, WG-SAM);
- 捕捞相关意外死亡工作组(Working Group on Incidental Mortality Associated with Fishing, WG-IMAF)
- 声学、调查和分析方法专家小组(Subgroup on Acoustics, Survey and Analysis Methods, SG-ASAM)

生态系统监测和管理工作组、鱼类资源评估工作组和统计、评估和建模工作组通常每年举行一次会议,而捕捞相关意外死亡工作组和声学、调查和分析方法专家小组则应科学分委会的要求举行会议。所有小组都直接向科学分委会报告他们的研究发现。

## 4.《南极海洋生物资源养护公约》

《南极海洋生物资源养护公约》是 1980 年 5 月 7 日至 20 日在澳大利亚堪培拉(Canberra, Australia)举行的南极海洋生物资源养护会议上通过的一项国际公约。该公约的签署是对日益发展的磷虾渔业的多边应对,因为南大洋不受管制的磷虾捕捞量增加可能给南极海洋生态系统带来致命的打击,以磷虾为食的海鸟、海豹和鲸鱼等是最直接的被影响者。

《南极海洋生物资源养护公约》适用于南极辐合带以南(委员会管辖区域内)的鱼类、软体动物、甲壳类动物和包括鸟类在内的所有其他生物种类。鲸鱼和海豹被明确排除在《南极海洋生物资源养护公约》管理名单之外,因为它们已经分别受《国际捕鲸管制公约》(International Convention for the Regulation of Whaling)和《保护南极海豹公约》(Convention for the Conservation of Antarctic Seals)管理。

## 5. 南极海洋生物资源开发

自 1790 年捕猎者为了得到皮毛首次踏足南大洋捕猎海狗以来,人类就开始了南大洋海洋生物资源的捕猎活动。到 1825 年，一些海豹种群近乎灭绝，捕猎者转而开始捕猎象海豹和企鹅以获得动物油。南大洋捕鲸始于 1904 年，在南大洋发现的所有七种鲸鱼都被广泛捕猎。

南极鳍鱼、螃蟹、鱿鱼和磷虾均是南极生态系统的重要组成部分，自 20 世纪 60 年代初以来，这些海洋生物资源就开始被开发利用。鳍鱼的大规模捕捞活动自 20 世纪 60 年代后期开始，重要的鳍鱼种类包括：灯笼鱼（myctophids）、裘氏鳄头冰鱼（Champsocephalus gunnari）、罗氏南极鱼（Notothenia rossii）和冈氏南美南极鱼（Patagonotothen guntheri）等。到 20 世纪 70 年代后期，在南大洋部分海域一些鳍鱼种群已被严重过度捕捞。

虽然针对各个鱼类种群的捕捞总量差异很大，但是在南极海洋生物资源养护委员会成立之前的 20 世纪 60 年代到 70 年代期间，密集捕捞在南大洋普遍存在，导致了罗氏南极鱼的过度捕捞，也导致了 20 世纪 70 年代中期至 80 年代期间裘氏鳄头冰鱼捕捞量达到了历史高峰，严重危害了南大洋海洋生态系统的平衡。

1978 年到 80 年代初，南大洋磷虾捕捞总量年际变化较大，但总体而言，捕捞总量巨大。苏联是当时重要的南大洋磷虾渔业国，20 世纪 90 年代初期苏联解体，苏联渔船也随之解散，磷虾捕捞总量也随之大幅下降。20 世纪 80 年代中期，南极海洋生物资源养护委员会已经在 48.1 和 48.3 分渔区实施了针对鳍鱼的长期禁渔令，在 48.3 分渔区实施了针对罗氏南极鱼的长期禁渔令。自此，各种禁渔令在南大洋相继实施，特别是针对南极犬牙鱼的禁渔令。

在 20 世纪 80—90 年代，重要的南大洋捕捞目标种为磷虾、小鳞犬牙南极鱼（Dissostichus eleginoides）、鳄头冰鱼，以及少量的鱿鱼和螃蟹。近年来，新的捕捞技术不断发展，水产品市场不断发展，毗邻大陆海域的莫氏犬牙南极鱼（Dissostichus mawsoni）探捕渔业受到极大的关注。同时，国际社会对磷虾渔业的兴趣也重新被引发。现在，南大洋的渔业捕捞量主要来自与南大西洋毗连的海域，但也只是 20 世纪 80 年代和 90 年代捕捞量的三分之一左右。

20 世纪 90 年代至 21 世纪初，非法、未报告和无管制（Illegal, Unreported and Unregulated Fishing, IUU Fishing）捕捞猖獗，可能五至六倍于犬牙鱼报告捕捞量的捕获物来自非法、未报告和无管制捕捞，但却没有被记录下来。

## 6. 目标与职责

南极海洋生物资源养护委员会的职责为：
- 促进对南极海洋生物资源和南极海洋生态系统的调查和广泛研究；
- 汇编南极海洋生物资源种群状况和变化以及影响捕捞种类、从属或相关种类或种群分布、丰量和生产力因素的数据；
- 确保获得被捕捞种群的捕获量和努力量的统计数据；
- 分析、发布和出版上述两项所涉及的信息和科学分委会的报告；
- 确定养护需求并分析养护措施的有效性；
- 在可获得的充分科学证据的基础上，制定、通过和修改养护措施；
- 执行观察和检查制度；
- 实施为实现《南极海洋生物资源养护公约》目的所必要的其他行动。

目前，南极海洋生物资源养护委员会管辖区域内的渔业以小鳞犬牙南极鱼、莫氏犬牙南极鱼、鳄头冰鱼和磷虾为主。养护委员会采取生态系统方法和预防性措施管理渔业，以平衡生物资源"养护"和"合理利用"之间的关系，并维持现有生态关系。

根据南极海洋生物资源养护委员会决策机制所确定的捕捞限额制度旨在确保渔业的长期可持续发展，并且捕捞限额制度以及其他的养护措施将决定渔业开展的时间，地点和方式，以此降低渔业对生态系统的潜在影响。养护委员会制定的养护措施一般针对某一特定的渔季，目前这些措施适用于犬牙鱼、冰鱼和磷虾渔业。南大洋也曾经出现过其他的渔业作业，但现在已经不复存在。

根据秘书处收集的渔业实时数据，以及在渔季期间间断性收集的信息，南极海洋生物资源养护委员会执行对渔业的监督。

根据可以获得的最佳科学数据和信息，包括渔业和渔业调查信息以及南极海洋生物资源养护委员会国际科学观察计划（CCAMLR Scheme of International Scientific Observation）所获得的信息，科学分委会及其专家工作组每年审查渔业现状和管理情况。

成员国/地区对南极海洋生物资源养护委员会管辖区域内的部分海域拥有管辖权，比如：邻近爱德华王子岛和马里恩群岛（Prince Edward and Marion Islands）（南非）以及克罗泽岛和克尔格伦群岛（Crozet and Kerguelen Islands）（法国）的毗连水域，在这些海域，成员国/地区也执行着与委员会养护措施兼容的本国管理措施。

另外，为了更好地执行南极海洋生物资源养护委员会制定的措施，委员会也采纳各种监督机制，包括：

- 渔船许可证制度
- 渔船活动监控制度
- 渔船转载监控制度
- 检查制度
- 渔船监控系统
- 渔获量记录计划

鉴于非法、未报告和无管制捕捞是南极海洋生物资源养护委员会目前面临的最大困难之一，委员会制定了特定的措施以有效对抗非法、未报告和无管制捕捞。这些措施包括：建立非缔约方非法、未报告和无管制捕捞渔船黑名单；建立缔约方非法、未报告和无管制捕捞渔船黑名单；成员国/地区民众遵守养护委员会养护措施的义务。

## 相关链接：

南极海洋生物资源养护委员会（Commission for the Conservation of Antarctic Marine Living Resources，CCAMLR）的网址：https：//www.ccamlr.org

《南极海洋生物资源养护与管理条约》（Convention on the Conservation of Antarctic Marine Living Resources）的网址：https：//www.ccamlr.org/en/organisation/camlr-convention-text

粮农组织介绍南极海洋生物资源养护委员会的网址：https：//www.fao.org/fishery/en/organization/ccamlr

# 《中白令海狭鳕资源养护与管理公约》
# (Convention on the Conservation and Management of the Pollock Resources in the Central Bering Sea, CCBSP)

在 1982 年《联合国海洋法公约》(United Nations Convention on the Law of the Sea, UNCLOS) 出台前，远洋渔业国在白令海从事渔业作业（苏联 12 英里领海、美国 3 英里领海外）。《联合国海洋法公约》出台后，在其倡导的专属经济区制度下，远洋渔业国转移到白令海公海区域（即中白令海海域）开展渔业作业，由于该海域缺乏渔业管理制度，捕捞量逐年上升，以至于引发狭鳕资源的快速枯竭。1989 年该海域的狭鳕捕捞量达到了历史最高，1992 年狭鳕资源已处于枯竭状态。在美国及俄罗斯协调下，作为沿海国的美国及俄罗斯与中国、日本、韩国、波兰在内的远洋渔业国最终达成了《中白令海狭鳕资源养护与管理公约》(Convention on the Conservation and Management of the Pollock Resources in the Central Bering Sea, CCBSP)。

《中白令海狭鳕资源养护与管理公约》是在狭鳕资源已然衰竭的状况下所制定的渔业资源养护与管理公约，在公约签署之后的 30 年，该海域的狭鳕资源还未得到全面恢复，狭鳕禁捕政策仍在执行。该公约可以为世界各海域渔业管理提供一定的警示作用，深刻表明预防性措施在渔业资源养护和管理中的关键作用。

## 1. 成员国/地区

《中白令海狭鳕资源养护与管理公约》下有 6 个成员国/地区，分别为：中国 (China)、日本 (Japan)、韩国 (Republic of Korea)、波兰 (Poland)、俄罗斯 (Russian Federation)、美国 (United States of America)。

## 2. 管辖区域

《中白令海狭鳕资源养护与管理公约》的管辖区域为中白令海海域，也即白令海公海海域。

## 3. 《中白令海狭鳕资源养护与管理公约》

《中白令海狭鳕资源养护与管理公约》于1994年2月11日在美国华盛顿（Washington DC, USA）起草完毕，并于1995年12月8日生效。作为公约的6个成员国/地区，中国、日本、韩国、波兰、俄罗斯和美国均已核准该公约。中国于1994年6月16日签署该公约，1994年7月16日核准，1995年12月8日公约对中国生效。

《中白令海狭鳕资源养护与管理公约》共20条条款、2个附件。该公约的亮点体现在以下几个方面：

- 公约由沿海国与远洋渔业国共同签署，通过国际合作机制旨在实现公海渔业资源的可持续发展；
- 由成员国/地区通过协商一致的方式共同制定中白令海狭鳕年捕捞量、配额、养护措施、合作机制等，并共同制订公约下科学委员会的工作计划，通过上述措施以期尽快改善该海域狭鳕资源衰竭的状况；
- 就中白令海区域渔业作业制定了具体的执行规定，比如各渔业国的渔业数据提交、观察员制度、登临与检查制度、渔船的实时卫星位置传送仪器装备等；
- 督促非公约成员国/地区自觉遵守本公约的相关规定，非成员国/地区违反本公约的行为将受到成员国/地区单独或集体的抵制和制裁。

《中白令海狭鳕资源养护与管理公约》旨在实现以下几个目标：

- 在中白令海建立养护和管理狭鳕资源的国际机制，以达到资源的最佳利用；
- 使白令海狭鳕资源恢复到可维持最大可持续产量的水平；
- 促进成员国/地区在收集和评估白令海狭鳕及其他海洋生物资源数据方面开展国际合作；
- 未来如果需要，经成员国/地区同意，该公约可以提供一个养护狭鳕之外的海洋生物资源管理的平台。

**相关链接：**

《中白令海狭鳕资源养护与管理公约》（Convention on the Conservation and Management of the Pollock Resources in the Central Bering Sea，CCBSP）的网址：https：//www.afsc.noaa.gov/REFM/CBS/Docs/Convention%20on%20Conservation%20of%20Pollock%20in%20Central%20Bering%20Sea.pdf

美国国家海洋和大气管理局（NOAA）介绍《中白令海狭鳕资源养护与管理公约》的网址：https：//www.fisheries.noaa.gov/region/alaska#science

粮农组织介绍《中白令海狭鳕资源养护与管理公约》的网址：https：//www.fao.org/fishery/en/organization/ccbsp

# 南方蓝鳍金枪鱼养护委员会
## (Commission for the Conservation of Southern Bluefin Tuna, CCSBT)

南方蓝鳍金枪鱼养护委员会（Commission for the Conservation of Southern Bluefin Tuna，CCSBT）是一个政府间组织，根据南方蓝鳍金枪鱼的分布情况实施相应的管理措施。南方蓝鳍金枪鱼养护委员会的目标是通过科学管理确保南方蓝鳍金枪鱼的养护和适度开发。

20世纪60年代初，南方蓝鳍金枪鱼的年捕捞量高达80000吨，过度捕捞导致成鱼数量显著下降，年捕捞量也随之开始迅速下降。

20世纪80年代中期，南方蓝鳍金枪鱼的资源状况每况愈下，亟待相关养护与管理措施的出台，特别是出台相应的管理机制以限制捕捞量。从1985年开始，作为南方蓝鳍金枪鱼主要捕捞国的澳大利亚，日本和新西兰对其渔船实施严格的捕捞限额制度，拟通过这种限捕方式养护南方蓝鳍金枪鱼资源，使资源水平得以恢复。

1993年5月10日，澳大利亚、日本和新西兰共同签署了《南方蓝鳍金枪鱼养护公约》(Convention for the Conservation of Southern Bluefin Tuna)。公约生效后，3国自发成立的区域性管理安排（Regional Fisheries Arrangement）于1994年5月20日也得以被正式确定下来。同时，根据该公约，3国成立了南方蓝鳍金枪鱼养护委员会。

南方蓝鳍金枪鱼养护委员会总部位于澳大利亚堪培拉（Canberra，Australia）。

## 1. 成员国/地区

当澳大利亚、日本和新西兰共同成立南方蓝鳍金枪鱼养护委员会时，其他渔业国家也积极参与南方蓝鳍金枪鱼渔业，降低了委员会所制定的养护和管理措施的有效性。当时，除了成员国/地区，从事南方蓝鳍金枪鱼渔业的其他主要国家/地区有韩国、中国台北和印度尼西亚。另外，大量其他的悬挂方便旗的渔船也参与南方蓝鳍金枪鱼渔业。根据委员会所制定的政策，南方蓝鳍金枪鱼养护委员会鼓励这些国家/地区加入委员会，从而督促他们遵守委员会所制定的各项养护与管理措施。

韩国和印度尼西亚分别于2001年10月17日和2008年4月8日加入南方蓝鳍金枪鱼养护委员会。

2002年8月30日，中国台北作为渔业实体正式成为南方蓝鳍金枪鱼养护扩展委员会（Extended Commission for the Conservation of Southern Bluefin Tuna）的成员。

在2003年10月举行的南方蓝鳍金枪鱼养护委员会会议上，成员国/地区同意邀请对南方蓝鳍金枪鱼渔业感兴趣的国家作为正式的合作非成员国/地区（Cooperating Non-Members）参加委员会活动。合作非成员国/地区可以全面参与南方蓝鳍金枪鱼养护委员会的相关活动，但不能参与投票。申请成为合作非成员国/地区的渔业国家需遵守南方蓝鳍金枪鱼养护委员会的管理和养护措施，并遵守委员会所制定的捕捞限额制度。获得合作非成员国/地区地位被视作渔业国家申请成为正式成员、加入《南方蓝鳍金枪鱼养护公约》的过渡性措施。

菲律宾、南非和欧盟分别于2004年8月2日、2006年8月24日和2006年10月13日正式成为合作非成员国/地区。但是，菲律宾的合作非成员国/地区身份于2017年10月12日终止，欧盟于2015年10月13日成为扩展委员会（Extended Commission）成员，南非则于2016年2月15日加入扩展委员会。

目前，南方蓝鳍金枪鱼养护委员会成员国/地区为：澳大利亚（Australia）、印度尼西亚（Indonesia）、日本（Japan）、韩国（Republic of Korea）、新西兰（New Zealand）、南非（South Africa）、中国台北（Chinese Taipei）。

## 2. 管辖区域

《南方蓝鳍金枪鱼养护公约》并没有设置管辖区域的界线，其管辖区域可以延伸到南方蓝鳍金枪鱼分布的公海以及国家管辖下的海域。

## 3. 组织架构

南方蓝鳍金枪鱼养护委员会下设一个南方蓝鳍金枪鱼养护扩展委员会

(Extended Commission for the Conservation of Southern Bluefin Tuna)和一个科学扩展委员会(Extended Scientific Committee)。扩展委员会的成员应来自《南方蓝鳍金枪鱼养护公约》缔约方和任何区域经济一体化组织、实体或渔业实体,只要悬挂其国旗的渔船在过去三年曾涉足蓝鳍金枪鱼捕捞,则该船旗国可以被扩展委员会接纳为成员。

委员会秘书处也为扩展委员会秘书处。

## 4. 目标与职责

南方蓝鳍金枪鱼养护委员会的工作目标是通过科学的管理措施养护南方蓝鳍金枪鱼资源,并确保资源的适度开发。委员会还为其他渔业国家/地区提供国际认可的论坛,以便于各方积极参与讨论南方蓝鳍金枪鱼问题。

为了实现这一目标,南方蓝鳍金枪鱼养护委员会承担了相应的职责,其中包括:

- 负责制定总可捕捞量,并在各成员国/地区间进行配额分配;
- 制定养护与管理措施以达到公约目标;
- 指导和协调科学研究项目的开展,这些项目旨在获取科学信息以便委员会制定科学合理的管理目标(科研项目既可以由成员国/地区开展,也可以由南方蓝鳍金枪鱼养护委员会秘书处直接开展);
- 就渔业管理进行决策;
- 提供论坛供各方讨论与公约的养护目标相关的问题;
- 协调成员国/地区的南方蓝鳍金枪鱼渔业活动;
- 鼓励养护与南方蓝鳍金枪鱼生态相关的其他物种以及兼捕物种;
- 鼓励参与蓝鳍金枪鱼渔业的非成员国/地区申请成为合作非成员国/地区,或者作为观察员参与委员会的各项活动;
- 开展与其他区域性金枪鱼渔业管理组织的合作与联络,以实现共同利益。

## 5. 重要的养护与管理措施

### 5.1 总可捕捞量

在第十八届南方蓝鳍金枪鱼养护委员会年会上,成员国/地区同意制定"管理程序"(Management Procedure)用于指导南方蓝鳍金枪鱼总可捕捞量的设定，以此确保南方蓝鳍金枪鱼产卵群体生物量达到原产卵群体生物量20%的中期资源重建目标。该管理程序包含最新的南方蓝鳍金枪鱼资源状况信息。现在，除了特殊情况，南方蓝鳍金枪鱼养护委员会通常根据管理程序设定总可捕捞量。

南方蓝鳍金枪鱼养护委员会强调采取预防措施以增加短期内重建产卵群体资源的可能性，并为渔业提供更稳定的总可捕捞量（即减少未来降低总可捕捞量的可能性）。根据管理程序的规定，总可捕捞量每三年被重新设定。其中，2012年至2014年，总可捕捞量为12449吨；2015年至2017年为14647吨；2018年至2020年、2021年至2023年均为17647吨；2024年至2026年为20647吨。

以下是南方蓝鳍金枪鱼养护委员会成员国/地区和合作非成员国/地区的捕捞限额信息。此外，委员会还向各成员国/地区提供了一些弹性限额，以便在配额年份之间有限地结转未完成的配额。（见表1、表2）

表1　　　　2015—2026年南方蓝鳍金枪鱼养护委员会
　　　　　　　　成员国/地区的捕捞限额　　　　　　（单位：吨）

| 国家/地区 \ 年份 | 2015 | 2016—2017 | 2018—2020① | 2021—2023② | 2024—2026③ |
|---|---|---|---|---|---|
| 日本 | 4847 | 4737 | 6117 | 6197.4 | 7247 |
| 澳大利亚 | 5665 | 5665 | 6165 | 6238.4 | 7295 |
| 韩国 | 1140 | 1140 | 1240.5 | 1256.8 | 1468 |
| 中国台湾 | 1140 | 1140 | 1240.5 | 1256.8 | 1468 |
| 新西兰 | 1000 | 1000 | 1088 | 1102.5 | 1288 |
| 印度尼西亚 | 750 | 750 | 1023 | 1122.8 | 1336④ |
| 南非 | 40 | 150 | 450 | 455.3 | 527 |
| 欧盟 | 10 | 10 | 11 | 11 | 13 |

① 这些数据中包含：2018年至2020年配额年份期间日本分别向印度尼西亚、南非自愿转移的21吨、27吨捕捞配额。

② 这些数据中包含：2021年至2023年配额年份期间日本分别向印度尼西亚、南非自愿转移的21吨、27吨捕捞配额；澳大利亚向印度尼西亚自愿转移的7吨捕捞配额；向印度尼西亚提供的临时特别捕捞量80吨。

③ 这些数据中包含：2024年至2026年配额年份期间日本分别向印度尼西亚、南非自愿转移的21吨、27吨捕捞配额；向印度尼西亚提供的临时特别捕捞量130吨。

④ 该数据中不包括印度尼西亚在2026年之前每年作为偿还之前超额捕捞计划的91.3吨。

表2　　　　2015年以来合作非成员国/地区的捕捞限额　　　（单位：吨）

| | 2015年 | 2016—2017①年 | 2018年至本书编写时（2024年2月） |
|---|---|---|---|
| 菲律宾 | 45 | 45 | 0 |

根据本书编写（2024年2月）时的数据，除了给成员国/地区和合作非成员国/地区分配的捕捞配额，南方蓝鳍金枪鱼养护委员会留出6吨作为每年用于科学研究的死亡率限额。此外，南方蓝鳍金枪鱼养护委员会要求成员国/地区把所有商业捕捞、渔业废弃物、休闲渔业、手工渔业中的南方蓝鳍金枪鱼捕获量纳入配额范畴。并且，委员会在总可捕捞量中留出306吨作为2018年至2020年非成员国/地区非法、未报告和无管制捕捞行为可能产生的捕捞产量。

### 5.2　监测、控制和监督

南方蓝鳍金枪鱼养护委员会制定了"履约计划"（Compliance Plan），以确保其"战略计划"（Strategic Plan）的执行，并提供成员国/地区和合作非成员国/地区遵守渔业制度的行动框架，从而最终使各方均遵守委员会所制定的各项养护与管理措施。南方蓝鳍金枪鱼养护委员会"履约计划"下制订了一个为期三年的"履约行动计划"（Compliance Action Plan），以解决委员会所面临的最严峻的履约危机。委员会每年对"履约行动计划"进行审核、确认或修订，所以该行动计划处于不断更新状态，每年该行动计划的工作重点均可能发生变化。

南方蓝鳍金枪鱼养护委员会已经采纳了4个制订"履约计划"的指导方针：

● 履行南方蓝鳍金枪鱼养护委员会制定的最低履约要求［CCSBT Obligations；截至本书编写时（2024年2月），该履约要求于2021年10月被修订］；

● 纠正行为政策［Corrective Actions Policy；截至本书编写时（2024年2月），该政策于2018年10月被修订］；

● 监测、控制和监督信息收集和共享［MCS Information Collection and Sharing；截至本书编写时（2024年2月），该政策于2019年10月被

---

① 菲律宾的合作非成员国/地区地位于2017年10月12日终止。

修订];
- 在特殊情况下采取行动和步骤的原则指南（Guideline on principles for action and steps to be taken in relation to extraordinary circumstances；该政策于 2020 年 10 月被通过）。

另外，南方蓝鳍金枪鱼养护委员会采纳了"质量保证审核计划"（Quality Assurance Review），提供独立审核以帮助成员国/地区评估其管理体系在履行南方蓝鳍金枪鱼养护委员会义务方面的表现，并就需要改善的方面提供建议。质量保证审核计划还将：
- 鼓励通过审核的成员国/地区进一步强化其监测和报告系统；
- 鼓励所有成员国/地区提交高质量的渔业行为报告；
- 进一步提升南方蓝鳍金枪鱼养护委员会作为负责任区域性渔业管理组织的信誉和声誉。

### 5.3 减少兼捕

南方蓝鳍金枪鱼养护委员会已同意制定各项具有法律约束力和非约束力的管理制度，以减少南方蓝鳍金枪鱼渔业的兼捕行为。即使委员会所制定的管理制度并不具有法律约束力，委员会也期待成员国/地区和合作非成员国/地区不遗余力地遵从这些制度。

## 相关链接：

南方蓝鳍金枪鱼养护委员会（Commission for the Conservation of Southern Bluefin Tuna，CCSBT）的网址：https：//www.ccsbt.org/

《南方蓝鳍金枪鱼养护公约》（Convention for the Conservation of Southern Bluefin Tuna）的网址：https：//www.ccsbt.org/sites/ccsbt.org/files/userfiles/file/docs_english/basic_documents/convention.pdf

《南方蓝鳍金枪鱼养护委员会议事规则》（Rules of Procedures of the Commission for the Conservation of Southern Bluefin Tuna）的网址：https：//www.ccsbt.org/sites/ccsbt.org/files/userfiles/file/docs_english/basic_documents/rules_of_procedure_of_the_commission.pdf

粮农组织介绍南方蓝鳍金枪鱼养护委员会的网址：https：//www.fao.org/fishery/en/organization/ccsbt

# 中东大西洋渔业委员会
# (Fishery Committee for the Eastern Central Atlantic, CECAF)

中东大西洋渔业委员会（Fishery Committee for the Eastern Central Atlantic, CECAF）成立于1967年。中东大西洋渔业委员会旨在通过科学管理和规范渔业活动促进其管辖区域内海洋生物资源的可持续利用。中东大西洋渔业委员会对其管辖区域内的所有海洋生物资源开展相应的养护与管理。

中东大西洋渔业委员会是根据《粮农组织章程》（FAO Constitution）第6条第2款规定成立的，总部设在意大利罗马（Rome, Italy）粮农组织总部内。

## 1. 成员国/地区

中东大西洋渔业委员会总干事负责邀请成员加入委员会，这些受邀请的成员需满足下述条件：位于斯帕特尔角（Cape Spartel）到刚果河（Congo River）河口的大西洋沿岸的非洲地区；或者在该海域从事渔业作业，或者开展相关的渔业科学研究，或者拥有其他的渔业相关的兴趣；委员会总干事认为成员对委员会的工作开展将有重大贡献。

中东大西洋渔业委员会成员国/地区如下：安哥拉（Angola）、贝宁（Benin）、喀麦隆（Cameroon）、佛得角（Cabo Verde）、刚果（金）（Dem. Rep. of the Congo）、刚果（布）（Congo）、科特迪瓦（Côte d'Ivoire）、古巴（Cuba）、赤道几内亚（Equatorial Guinea）、欧盟（European Union）、法国（France）、加蓬（Gabon）、冈比亚（Gambia）、加纳（Ghana）、希腊（Greece）、几内亚（Guinea）、几内亚比绍（Guinea-Bissau）、意大利（Italy）、日本（Japan）、韩国（Republic of Korea）、利比里亚（Liberia）、毛里塔尼亚（Mauritania）、摩洛哥（Morocco）、荷兰（Kingdom of the Netherlands)、尼日利亚（Nigeria）、挪威（Norway）、波兰（Poland）、罗马尼亚（Romania）、圣多美和普林西比（Sao Tome and Principe）、塞内加尔（Senegal）、塞拉利昂（Sierra Leone）、西班牙（Spain）、多哥（Togo）、美国（United States of America）。

## 2. 管辖区域

中东大西洋渔业委员会管辖区域位于大西洋，其界线如下：从斯帕特尔角（Cape Spartel）非洲海岸的高水位开始（北纬35°47′，西经5°55′）沿着非洲海岸的高水位线到达波塔德莫伊塔塞卡（Ponta de Moita Seca）（南纬6°07′，东经12°16′），沿西北方向的垂直线到达南纬6°、东经12°，然后沿南纬6°向西到西经20°，从那里向北到赤道，向西到西经30°，向北到北纬5°，向西到西经40°，向北到北纬36°，向东到西经6°，从那里沿着1条东南方向的垂直线到达起点斯帕特尔角。

因此，中东大西洋渔业委员会管辖区域覆盖公海和国家管辖下海域。

## 3. 组织架构

中东大西洋渔业委员会通常每两年举行一次会议。除非另有规定，委员会的决定由多数票作出，每个成员国/地区各有一票。

1998年，中东大西洋渔业委员会设立了一个科学分委会（Scientific Sub-Committee）。科学分委会的主要职责是向委员会提供适当的渔业管理建议。

## 4. 目标与职责

中东大西洋渔业委员会的工作目标和职责如下：
- 调查管辖区域内的渔业资源状况以及基于资源状况的渔业作业状况；
- 促进、鼓励和协调生物资源养护相关的科学研究，并为科学研究制订相关方案，并组织开展相关科学研究活动；
- 鼓励收集、交换、传播、分析或研究各类统计数据、生物、环境和社会经济信息以及海洋渔业信息；
- 为制定海洋渔业资源养护和管理措施提供科学依据，根据需要通过委员会下属机构制定上述措施，为采纳和执行这些措施提出建议，并酌情为成员国/地区、分区域或区域性渔业管理组织所采取的管理措施提供咨询意见；

- 就渔业监测、控制和监督提供咨询意见，特别是涉及分区域和区域渔业监测、控制和监督；
- 鼓励、推荐和协调委员会开展的培训活动，特别是针对优先关注领域的培训；
- 促进和鼓励在渔业作业中使用最适当的渔船、渔具和技术；
- 促进委员会与其管辖区域内的其他管理机构开展合作与联系，并与在该区域内有相关管理目标的其他国际组织沟通委员会的工作安排。

## 相关链接：

中东大西洋渔业委员会（Fishery Committee for the Eastern Central Atlantic，CECAF）的网址：https：//www.fao.org/cecaf/en/

《中东大西洋渔业委员会章程》（Fishery Committee for the Eastern Central Atlantic Statutes）的网址：http：//www.fao.org/fishery/docs/DOCUMENT/cec-af/CECAFstatutes1967.pdf

《中东大西洋渔业委员会章程修订》（Amendments of the Statutes of the Fishery Committee for the Eastern Central Atlantic）的网址：https：//www.fao.org/3/ca4633en/ca4633en.pdf

粮农组织介绍中东大西洋渔业委员会的网址：https：//www.fao.org/fishery/en/organization/cecaf

# 非洲内陆渔业和水产养殖委员会
# （Committee for Inland Fisheries
# and Aquaculture of Africa，CIFAA）

非洲内陆渔业和水产养殖委员会（Committee for Inland Fisheries and Aquaculture of Africa，CIFAA）于1971年由粮农组织协调成立。《非洲内陆渔业和水产养殖委员会章程》（Committee for Inland Fisheries and Aquaculture of Africa Statutes）于1973年和1975年相继进行了修订。

1972年，第一届非洲内陆渔业和水产养殖委员会会议在乍得拉密堡（Fort-Lamy，Chad）举行。会议确定了委员会《议事规则》（Rules of Procedures），并分别于1977年第三届会议和1983年第五届会议上对其进行修订。

非洲内陆渔业和水产养殖委员会秘书处位于加纳阿克拉（Accra，Ghana），设立于粮农组织非洲区域办事处。

## 1. 成员国/地区

原则上，非洲内陆渔业和水产养殖委员会向所有粮农组织的非洲成员国/地区开放。粮农组织总干事（Director-General）根据以下条件选择委员会成员：高度关注非洲内陆渔业发展以及具有未来履行委员会职能潜力的非洲国家。

非洲内陆渔业和水产养殖委员会现有成员国/地区为：贝宁（Benin）、博茨瓦纳（Botswana）、布基纳法索（Burkina Faso）、布隆迪（Burundi）、喀麦隆（Cameroon）、中非（Central African Republic）、乍得（Chad）、刚果（金）（Democratic Republic of the Congo）、刚果（布）（Congo）、科特迪瓦（Côte d'Ivoire）、埃及（Egypt）、厄立特里亚（Eritrea）、埃塞俄比亚（Ethiopia）、加蓬（Gabon）、冈比亚（Gambia）、加纳（Ghana）、几内亚（Guinea）、肯尼亚（Kenya）、莱索托（Lesotho）、马达加斯加（Madagascar）、马拉维

(Malawi)、马里（Mali）、毛里求斯（Mauritius）、莫桑比克（Mozambique）、尼日尔（Niger）、尼日利亚（Nigeria）、卢旺达（Rwanda）、塞内加尔（Senegal）、塞拉利昂（Sierra Leone）、索马里（Somalia）、苏丹（Sudan）、艾史瓦帝尼（Eswatini）、坦桑尼亚（United Republic of Tanzania）、多哥（Togo）、乌干达（Uganda）、赞比亚（Zambia）、津巴布韦（Zimbabwe）。

## 2. 管辖区域

非洲内陆渔业和水产养殖委员会的管辖区域为成员国/地区的内陆水域。

## 3. 目标与职责

非洲内陆渔业和水产养殖委员会通常每两年举行一次会议。除非另有规定，委员会决议实行多数票原则。

非洲内陆渔业和水产养殖委员会的目标与职责如下：

- 促进并协调国家和区域渔业发展，协助开展内陆湖泊调查，开展内陆渔业资源合理利用的科学研究项目；
- 协助成员国/地区获取科学信息以制定内陆渔业资源养护与管理措施，通过委员会下属机构制定内陆渔业资源养护的管理措施，为促进以上措施的采纳和执行提出建议；
- 鼓励并协调国家间和区域内的协作，以有效防止内陆水生生物环境遭到破坏，包括水污染的防控；
- 协助提高水产养殖和鱼种改良技术，包括鱼类疾病管控和防止外来鱼种引入；
- 确保有效利用渔船、渔具和捕捞技术；
- 促进和协助水产品加工、贮存和营销活动；
- 通过建立和完善国家和区域机构，开设专题讨论会、研讨会、考察团和培训中心，推动渔业教育和培训事业的发展；
- 协助收集、交换、传播和分析统计数据、生物数据和环境数据以及其他内陆渔业相关信息；
- 协助成员国/地区通过国际援助制定必要的国家和区域方案，以实现上述内陆渔业管理目标。

## 相关链接：

非洲内陆渔业和水产养殖委员会（Committee for Inland Fisheries and Aquaculture of Africa, CIFAA）的网址：https：//www.fao.org/unfao/govbodies/gsb-subject-matter/statutory-bodies-details/en/c/187/? no_cache=1

《非洲内陆渔业和水产养殖委员会章程和议事规则》（Statutes and Rules of Procedures of Committee for Inland Fisheries and Aquaculture of Africa Statutes）的网址：http：//www.fao.org/fishery/static/CIFA/cifa_statutes.pdf

粮农组织介绍非洲内陆渔业和水产养殖委员会的网址：https：//www.fao.org/fishery/en/organization/cifaa

# 拉丁美洲和加勒比小规模和手工渔业和水产养殖委员会
## (Commission for Small-Scale and Artisanal Fisheries and Aquaculture of Latin America and the Caribbean, COPPESAALC)

拉丁美洲和加勒比小规模和手工渔业和水产养殖委员会（Commission for Small-Scale and Artisanal Fisheries and Aquaculture of Latin America and the Caribbean, COPPESAALC）的前身是拉丁美洲内陆渔业委员会（Commission for Inland Fisheries for Latin America, COPESCAL）。1976年，根据《粮农组织章程》（FAO Constitution）第6条第1款的规定[①]，粮农组织通过了第4/70号决议，协调成立了拉丁美洲内陆渔业委员会。其后，《拉丁美洲和加勒比内陆渔业和水产养殖委员会章程》（COPESCAALC Statutes）被批准，其《议事规则》（Rules of Procedures）也于1979年第一届委员会会议上通过。2008年委员会对上述章程和规则进行修订，2009年批准修订。2010年，委员会拓展工作职责，将水产养殖业纳入管理范畴；2018年将海洋小规模和手工渔业纳入管理范畴，拉丁美洲内陆渔业委员会也随之改名为拉丁美洲和加勒比小规模和手工渔业和水产养殖委员会。

拉丁美洲和加勒比小规模和手工渔业和水产养殖委员会的工作目标是：根据FAO《负责任渔业行为守则》（Code of Conduct for Responsible Fisheries, CCRF）的法规准则促进拉丁美洲和加勒比内陆渔业和水产养

---

① 《粮农组织章程》（FAO Constitution）第6条第1款原文：The Conference may establish technical and regional standing committees and may appoint committees to study and report on any matter pertaining to the purpose of the Organization（译文：粮农组织大会可设立技术和区域常设委员会，并可任命委员会研究和报告与粮农组织宗旨有关的任何事项）。http://www.fao.org/3/x5584e/x5584e0i.htm

殖业的可持续发展和管理。

拉丁美洲和加勒比小规模和手工渔业和水产养殖委员会总部设在意大利罗马（Rome，Italy）粮农组织总部。秘书处设在智利圣地亚哥（Santiago，Chile）。

## 1. 成员国/地区

当前拉丁美洲和加勒比小规模和手工渔业和水产养殖委员会成员国/地区为：阿根廷（Argentina）、玻利维亚（Plurinational State of Bolivia）、巴西（Brazil）、智利（Chile）、哥伦比亚（Colombia）、哥斯达黎加（Costa Rica）、古巴（Cuba）、多米尼加（Dominican Republic）、厄瓜多尔（Ecuador）、萨尔瓦多（El Salvador）、危地马拉（Guatemala）、洪都拉斯（Honduras）、牙买加（Jamaica）、墨西哥（Mexico）、尼加拉瓜（Nicaragua）、巴拿马（Panama）、巴拉圭（Paraguay）、秘鲁（Peru）、苏里南（Suriname）、乌拉圭（Uruguay）、委内瑞拉（Boliv Rep of Venezuela）。

## 2. 管辖区域

拉丁美洲和加勒比小规模和手工渔业和水产养殖委员会的管辖区域为成员国/地区的内陆水域。

## 3. 组织架构

拉丁美洲和加勒比小规模和手工渔业和水产养殖委员会通常每两年召开一次会议。秘书处（Secretariat）由粮农组织提供，设在智利圣地亚哥的拉丁美洲和加勒比区域办事处（FAO Regional office for Latin America and the Caribbean）。

## 4. 目标与职责

拉丁美洲和加勒比小规模和手工渔业和水产养殖委员会的目标与职责为：

- 为内陆渔业和水产养殖业国家和区域发展和管理计划的制订提供支持，包括提供成员国/地区的社会、环境、经济和文化等方面的信息；
- 促进和协调针对国家或区域的、旨在促进内陆渔业和水产养殖业可持续发展和管理的研究；

- 支持小规模内陆渔业和水产养殖业的可持续发展;
- 鼓励旨在保护生态系统的内陆渔业和水产养殖业管理举措,包括鼓励适当的增殖放流;
- 促进生态系统方法、适当的生物安全和认证措施在内陆渔业和水产养殖业的应用;
- 识别限制内陆渔业和水产养殖业发展的社会、制度和经济因素,并提出改善渔民生活条件的措施;
- 为垂钓的可持续管理、经济和社会影响评估的开展作出贡献;
- 鼓励内陆渔业和水产养殖业依据粮农组织《负责任渔业行为守则》采取更好的管理举措和可持续性技术;
- 鼓励根据国际公认的食品安全协议对内陆渔业和水产养殖产品进行加工和贸易;
- 与国家及区域性机构合作,通过培训、技术推广和转让,提高制度制定的能力和人力资源的形成;
- 促进内陆渔业和水产养殖业的数据收集、分析和交换;
- 应成员国/地区要求,协助他们制定针对国家和区域的、旨在促进跨界鱼类种群可持续管理和开发的战略政策;
- 支持成员国/地区制定国家和区域计划项目——这些项目由国家或国际资助,旨在取得全部上述提及的目标与职责;
- 促进国家内陆渔业和水产养殖业法律框架的更新和调整;
- 实现财务和实物资源的整合,开展预计的活动,包括在必要时组建信托基金;
- 推动成员国/地区之间以及成员国/地区与国际组织之间的合作。

## 相关链接:

拉丁美洲和加勒比小规模和手工渔业和水产养殖委员会(Commission for Small-Scale and Artisanal Fisheries and Aquaculture of Latin America and the Caribbean, COPPESAALC)的网址:https://www.fao.org/unfao/govbodies/gsb-subject-matter/statutory-bodies-details/en/c/120/?no_cache=1

《拉丁美洲和加勒比小规模和手工渔业和水产养殖委员会章程》(Statutes of the Commission for Small-Scale and Artisanal Fisheries and Aquaculture of Latin America and the Caribbean）的网址：http：//www.fao.org/fishery/docs/DOCUMENT/rlc/COPESCAL_statutes.pdf

《拉丁美洲和加勒比小规模和手工渔业和水产养殖委员会议事规则》（Rules of Procedure of the Commission for Small-Scale and Artisanal Fisheries and Aquaculture of Latin America and the Caribbean）的网址：https：//www.fao.org/fileadmin/user_upload/faoweb/FI/RFB/COPPESAALC_RoP.pdf

粮农组织介绍拉丁美洲和加勒比小规模和手工渔业和水产养殖委员会的网址：https：//www.fao.org/fishery/en/organization/coppesaalc

# 几内亚湾区域渔业委员会
# (Regional Fisheries Commission for the Gulf of Guinea, COREP)

几内亚湾区域渔业委员会(Regional Fisheries Commission for the Gulf of Guinea, COREP)是根据1984年6月21日在加蓬首都利伯维尔(Libreville, Gabon)签署的《几内亚湾渔业区域发展公约》(Convention on Regional Fisheries Development in the Gulf of Guinea)而设立的。自2008年起,几内亚湾区域渔业委员会成为中非国家经济共同体(Economic Community of Central African States, ECCAS)下的专业组织。

## 1. 成员国/地区

几内亚湾区域渔业委员会成员国/地区为:喀麦隆(Cameroon)、刚果(金)(DR Congo)、刚果(布)(Congo)、加蓬(Gabon)、圣多美和普林西比(Sao Tome and Principe)、安哥拉(Angola)。

## 2. 管辖区域

几内亚湾区域渔业委员会的管辖区域为几内亚湾与各成员国/地区的内陆水域。

## 3. 组织架构

几内亚湾区域渔业委员会的组织架构如下:
- 部长理事会(Council of Ministers):委员会的管理机构;
- 技术委员会(Technical Committee):为部长理事会提供科学和技术建议的机构;
- 科学分委会(Scientific Sub-Committee):为技术委员会及秘书处提供科学和技术建议的机构;

- 执行秘书处（Executive Secretariat）：处理行政和协调事务的机构。

## 4. 目标与职责

几内亚湾区域渔业委员会的工作目标与职责如下：
- 协调成员国/地区之间渔业政策和渔业法律框架的统一性；
- 协调成员国/地区之间国外渔船渔业管理政策的统一性，同时优先满足成员国/地区渔船的需求；
- 维护并保护海洋及内陆水生生态系统；
- 协调成员国/地区之间渔业相关的国家法律的统一性，制定成员国/地区之间统一的渔业管理制度，从而协同保护委员会管辖区域内的渔业环境，并规范渔业行为；
- 评估共享鱼类种群或跨界鱼类种群的状态；
- 收集、分析和提供渔业及水产养殖业相关的科学数据、信息和技术。

**相关链接：**

几内亚湾区域渔业委员会（Regional Fisheries Commission for the Gulf of Guinea，COREP）的网址：http://www.corep-se.org/

《几内亚湾渔业区域发展公约》（Convention on Regional Fisheries Development in the Gulf of Guinea）的网址：https://www.fao.org/fishery/docs/DOCUMENT/corep/convention_f.pdf

粮农组织介绍几内亚湾区域渔业委员会的网址：https://www.fao.org/fishery/en/organization/corep

# 南太平洋常设委员会
# (Permanent Commission for the South Pacific, CPPS)

自1952年起，南太平洋常设委员会（Permanent Commission for the South Pacific, CPPS）便作为区域性组织协调区域海洋政策，使成员国/地区在国际谈判、发展并完善海洋法和国际环境法、签署其他多边协定时保持一致的立场。南太平洋常设委员会在科学、社会经济政策和环境领域推动国家和区域的能力建设。

东南太平洋沿海和海洋生态系统面临着一系列人类活动所引发的问题，如环境污染、沿海过度开发、过度捕捞和非法捕捞等。除了人为因素，自然因素引发的问题也不容忽视，如环境突变、未知的气候变化结果和影响等。所有这些海洋问题均须通过系统的、区域一体化的方法解决。

南太平洋常设委员会的战略目标为：制定科学性决策；提高社会的社会责任和环境保护意识。

## 1. 成员国/地区

南太平洋常设委员会成员国/地区为：智利（Chile）、哥伦比亚（Colombia）、厄瓜多尔（Ecuador）、秘鲁（Peru）。

## 2. 管辖区域

南太平洋常设委员会的管辖范围为成员国/地区的领海和专属经济区，包括成员国/地区在太平洋的岛屿。

## 3. 目标与职责

南太平洋常设委员会旨在促进海洋科学研究和区域政策制定之间的互动。南太平洋常设委员会协调和促进以下领域的科学研究：生态系统为基础的海洋管理举措；气候变化；海洋学；减灾；生物和非生物资源养护；渔业和水产养殖业相关的经济和社会行为。厄尔尼诺区域研究计划（El Niño Regional Research Program，ERFEN）是由南太平洋常设委员会协调开展的重要科学研究活动之一。在该研究计划下，自1999年以来已开展了15次区域海洋巡航，以监测和预测厄尔尼诺现象，并据此连续20余年发布气候警报公报，成为该地区农业、渔业、工业以及风险管理评估的重要决策辅助手段。

同时，南太平洋常设委员会也负责开展东南太平洋海洋环境和沿海地区（包括巴拿马）保护行动计划（Action for the Protection of the Marine Environment and Coastal Areas in the Southeast Pacific）。该行动计划旨在保护海洋和沿海生态环境，确保今世及后代享有健康和福祉。该行动计划开展的主要活动之一为：就沿海区域发展制定国家及区域性指标，从而有效地促进沿海地区的综合管理。

南太平洋常设委员会着力促进实施粮农组织《负责任渔业行为守则》（Code of Conduct for Responsible Fisheries，CCRF），打击非法、未报告和无管制捕捞（Illegal，Unreported and Unregulated Fishing，IUU Fishing），确保船旗国享受权利的同时承担相应的责任。南太平洋常设委员会的赞助领域广泛，主要涉及：国际和区域性渔业管理组织推行相应的渔业管理举措、小规模渔业、粮食安全、国家管辖外海洋生物多样性保护和可持续利用、气候变化、遗传资源和深海海底矿物资源的勘探及研究。南太平洋常设委员会重视海洋环境保护的能力建设，专注于海洋环境状况的全球报告和评价体系构建，并协调区域海啸预警系统的运行。

## 相关链接：

南太平洋常设委员会（Permanent Commission for the South Pacific，CPPS）的网址：http://www.cpps-int.org/

粮农组织介绍南太平洋常设委员会的网址：https://www.fao.org/fishery/en/organization/cpps

# 加勒比区域渔业机构
# (Caribbean Regional Fisheries Mechanism，CRFM)

2002年2月4日在各成员国/地区签署《加勒比区域渔业机构建立协议》(Agreement Establishing the Caribbean Regional Fisheries Mechanism) 之后，加勒比区域渔业机构 (Caribbean Regional Fisheries Mechanism, CRFM) 于2003年3月27日正式成立。加勒比区域渔业机构总部设于伯利兹市 (Belize City, Belize)。该机构为政府间组织，其使命是"促进并协调管辖区域内渔业资源以及其他水生资源的科学利用，以确保该区域当代和未来的经济和社会效益"。

## 1. 成员国/地区

加勒比区域渔业机构成员国/地区为：安圭拉 (Anguilla)、安提瓜和巴布达 (Antigua and Barbuda)、巴哈马 (Bahamas)、巴巴多斯 (Barbados)、伯利兹 (Belize)、格林纳达 (Grenada)、圭亚那 (Guyana)、海地 (Haiti)、牙买加 (Jamaica)、蒙特塞拉特 (Montserrat)、圣卢西亚 (Saint Lucia)、圣基茨和尼维斯 (Saint Kitts and Nevis)、圣文森特/格林纳丁斯 (Saint Vincent/Grenadines)、苏里南 (Suriname)、特立尼达和多巴哥 (Trinidad and Tobago)、特克斯和凯科斯 (Turks and Caicos)。

加勒比区域渔业机构观察员包括以下组织：加勒比共同体 (CARICOM)、加勒比国家农民组织 (CNFO)、粮农组织 (FAO)、东加勒比国家组织 (OECS)、西印度大学 (UWI)、百慕大 (Bermuda)、东加勒比国家组织秘书处 (OECS Secretariat)。

此外，加勒比区域渔业机构成员国/地区与多米尼加 (Dominican Republic) 在双方签署的谅解备忘录框架下开展相应的合作与交流。

## 2. 管辖区域

加勒比区域渔业机构的管辖区域包括：成员国/地区内水、领海、大陆架和专属经济区。加勒比区域渔业机构也享有其成员国/地区管辖范围以外的跨界资源的管辖权利。

## 3. 组织架构

加勒比区域渔业机构由以下部门构成：部长级理事会（Ministerial Council）；加勒比渔业论坛（Caribbean Fisheries Forum）（由执行委员会支持）；秘书处（技术组）[Secretariat（Technical Unit）]。

### 3.1 部长级理事会

部长级理事会是加勒比区域渔业机构的最高决策机构，负责制定该机构的渔业政策。它由每个成员国/地区负责渔业的部长组成。部长级理事会负责以下事务：

- 审议论坛提出的政策建议；
- 通过加强资源管理能力以及与相关组织的合作，促进加勒比区域共享、跨界和高度洄游海洋水生生物资源的高效管理、养护和发展；
- 在专业，技术和职业层面促进成员国/地区渔业部门的人力资源培训和发展；
- 推动和支持旨在建立、促进和加强渔业研究的行动方案，包括促进成员国/地区之间数据的获取及共享；
- 促进和鼓励渔业部门之间的技术合作，比如技术转让、信息交流和加勒比区域内外各国之间的合作交流；
- 支持旨在确保渔民和渔业工人的生命安全、健康和公平的工作和生活条件的各项工作；
- 向贸易和经济发展理事会（Council for Trade and Economic Development，COTED）和对外及共同体关系理事会（Council for Foreign and Community Relations，COFCOR）提交年度报告。

### 3.2 加勒比渔业论坛

加勒比渔业论坛由每个成员国/地区和观察员国各派出一名代表组成。

加勒比区域渔业机构秘书处同时承担论坛秘书处的工作。论坛负责以下事务：

- 提请部长级理事会同意根据现有的最佳技术、科学数据以及信息所制定的可持续渔业管理和发展的安排；
- 评议技术组所建议的促进可持续渔业管理和发展的安排；
- 全面促进渔业生境和环境的保护和恢复；
- 鼓励建立监测、控制和监督渔业开发的有效机制；
- 鼓励有助于保持产品营养价值和质量的鱼产品加工实践；
- 提请部长级理事会同意渔业合作及安排；
- 接受和审查加勒比区域渔业机构的工作计划和预算草案，并向部长级理事会提出建议。

### 3.3 秘书处（技术组）

秘书处（技术组）是由技术、科学和后勤人员组成的常设机构。工作人员分布在2个办事处：一个办事处位于伯利兹市，也是加勒比区域渔业机构总部所在地；另一个办事处位于东加勒比（Eastern Caribbean）。除其他事项外，秘书处负责如下事项：

- 在发展、评估、管理和养护海洋和其他水生资源方面向成员国/地区提供技术和咨询服务，并且应要求履行双边和其他国际文书中的义务；
- 与国家渔业当局合作；
- 收集和提供有关渔业资源的数据，包括分享、汇集和信息交流；
- 根据适用的协定促进鱼类和鱼类产品的贸易；
- 支持和加强成员国/地区在渔业领域的制度制定能力，例如：政策制定；经济规划；登记及准入制度；信息管理；资源监测、评价和管理；教育和意识建设；捕捞和加工技术；
- 实施论坛建议并经部长级理事会核准的工作方案（Work Programme）；
- 寻求和调动财政和其他资源，以支持加勒比区域渔业机构的职能；
- 经与成员国/地区协商，并经部长级理事会核准，建立一个由非加勒比共同体国家、加勒比共同体和非加勒比共同体组织和机构共同参与

的关系网,该关系网的工作目标与加勒比区域渔业机构相一致;
- 鼓励、支持并酌情以加勒比区域代表身份参加相关的国际论坛;
- 行使部长级理事会和加勒比渔业论坛的秘书处职能,同时担任加勒比区域渔业机构的重要协调者角色;
- 处理成员国/地区政府提出的常规工作计划以外的紧急或特殊要求。

## 相关链接:

加勒比区域渔业机构(Caribbean Regional Fisheries Mechanism, CRFM)的网址:http://www.crfm.int/

《加勒比区域渔业机构建立协议》(Agreement Establishing the Caribbean Regional Fisheries Mechanism)的网址:http://www.crfm.int/index.php?option=com_k2&view=item&layout=item&id=2&Itemid=116

《加勒比区域渔业机构议事规则》(Caribbean Regional Fisheries Mechanism Rules of Procedures)的网址:http://www.crfm.int/index.php?option=com_k2&view=item&layout=item&id=3&Itemid=448

粮农组织介绍加勒比区域渔业机构的网址:https://www.fao.org/fishery/en/organization/crfm

# 海事联合技术委员会
## (Joint Technical Commission of the Maritime Front, CTMFM)

海事联合技术委员会（Joint Technical Commission of the Maritime Front, CTMFM）是根据1973年11月19日签订的《普拉塔河与相邻海域协议》(Agreement on the Plate River and Ocean Areas Adjacent and Beyond the River) 设立的。通过与普拉塔河行政委员会（Administrative Commission of the Rio de la Plata）商议，海事联合技术委员会负责开展协议管辖区域内的渔业研究和管理。

### 1. 成员国/地区

海事联合技术委员会成员国/地区为：阿根廷（Argentina）、乌拉圭（Uruguay）。

### 2. 管辖区域

对于悬挂阿根廷和乌拉圭两国旗帜的正式登记船只，共同捕捞区域从相应的沿海基线起延伸至12海里以外。该区域由两个半径为200海里的圆弧为界线，两个圆弧的中心分别位于乌拉圭的埃斯特角城（Punta del Este）和阿根廷圣安东尼奥角（del Cabo de San Antonio）的蓬塔拉萨（Punta Rasa）。

### 3. 目标与职责

海事联合技术委员会的主要目标与职责为：采纳和调整与生物资源的养护、维持和合理开发相关的计划和措施，并保护共同捕捞区域的海洋环境。

为了完成该目标，海事联合技术委员会根据成员国/地区渔业现状把相应的渔业统计数据编撰成册。目前,海事联合技术委员会记录的捕捞品种大约有 80 种,其中 20% 是鲨鱼和鳐鱼。委员会还协调成员国/地区的渔业研究计划,推动渔业资源评估,并根据粮农组织《负责任渔业行为守则》(Code of Conduct for Responsible Fisheries,CCRF)制定渔业管理措施。

海事联合技术委员会每月进行全体会议。委员会下设 4 个分委员会,分别负责生物资源养护、环境保护、法律、行政事务。委员会向国家渔业实验室(National Fishery Laboratories)和双方成员国/地区的专家学者征询科学建议。来自 2 个成员国/地区的专家学者组成工作组,定期开会,就渔业资源养护和环境问题提出联合建议。

**相关链接:**

海事联合技术委员会(Joint Technical Commission of the Maritime Front,CTMFM)的网址:http://www.ctmfm.org/(西班牙语)

粮农组织介绍海事联合技术委员会的网址:https://www.fao.org/fishery/en/organization/ctmfm

# 渔业统计协调工作组
# (Coordinating Working Party on Fishery Statistics, CWP)

渔业统计协调工作组（Coordinating Working Party on Fishery Statistics, CWP）于1959年根据粮农组织第10届会议第23/59号决议和《组织章程》（Organization's Constitution）第六条第2款成立。1995年6月，粮农组织理事会第108届会议修订并批准了《渔业统计协调工作组章程》（Statutes of the Coordinating Working Party on Fishery Statistics）。2010年2月举行的渔业统计协调工作组第23届会议和2019年5月举行的第26届会议批准了对《渔业统计协调工作组议事规则》（Rules of Procedure of the Coordinating Working Party on Fishery Statistics）的进一步修正。现行《议事规则》在2022年6月第27届会议之后生效。

## 1. 管辖区域

尽管渔业统计协调工作组最初被授权仅覆盖北大西洋渔业，但自1995年以来，其职权范围已经扩大到所有海洋水体。

## 2. 参与组织

渔业统计协调工作组由具有渔业统计专业知识的政府间组织提名的专家组成。目前有19个组织加入渔业统计协调工作组，它们分别为：南极海洋生物资源养护委员会（Commission for the Conservation of Antarctic Marine Living Resources, CCAMLR）（1995年）；南方蓝鳍金枪鱼养护委员会（Commission for the Conservation of Southern Bluefin Tuna, CCSBT）（1998年）；粮农组织（Food and Agriculture Organization of the United Nations, FAO）（1959年）；地中海渔业总委员会（General Fisheries Commission for the Mediterranean, GFCM）（2007年）；印度洋金枪鱼委员会（Indian

Ocean Tuna Commission, IOTC)(1999 年);美洲间热带金枪鱼委员会 (Inter-American Tropical Tuna Commission, IATTC)(2000 年);国际大西洋金枪鱼养护委员会(International Commission for the Conservation of Atlantic Tuna, ICCAT)(1995 年);国际海洋考察理事会(International Council for the Exploration of the Sea, ICES)(1959 年);国际捕鲸委员会 (International Whaling Commission, IWC)(1997 年);北大西洋鲑鱼养护组织(North Atlantic Salmon Conservation Organization, NASCO)(1995 年);东北大西洋渔业委员会(North-East Atlantic Fisheries Commission, NEAFC)(1995 年);亚太水产养殖中心网(Network of Aquaculture Centres in Asia-Pacific, NACA)(2008 年);西北大西洋渔业组织 (Northwest Atlantic Fisheries Organization, NAFO)(1959 年);经合组织 (Organization for Economic Cooperation and Development, OECD)(1995 年);东南大西洋渔业组织(South East Atlantic Fisheries Organization, SEAFO)(2008 年);太平洋共同体(Pacific Community, SPC)(1997 年);东南亚渔业发展中心(Southeast Asian Fisheries Development Center, SEAFDEC)(2004 年);欧洲委员会统计局(Statistical Office of the European Commission, EC/Eurostat)(1995 年);中西太平洋渔业委员会 (Western and Central Pacific Fisheries Commission, WCPFC)(2008 年)。

## 3. 组织架构

渔业统计协调工作组秘书处设于意大利罗马(Rome, Italy)粮农组织的总部。渔业统计协调工作组秘书由粮农组织总干事(Director-General)任命。渔业统计协调工作组大约每三年举行一次全体会议,并根据需要举行闭会期间会议和临时会议。每个参与组织可根据各自的内部程序提名最多 5 名专家。

在渔业统计协调工作组第 23 届会议期间,商定设立渔业和水产养殖 2 个专题组。这 2 个小组在闭会期间独立运作,但在渔业统计协调工作组全体会议期间召开会议;全体会议监督和协调 2 个小组的活动,并将渔业统计协调工作组所开展的工作提交各届会议审核通过。

## 4. 目标与职责

渔业统计协调工作组的总体目标是,为协调区域渔业机构和其他政府

间组织执行的渔业统计方案提供一个机制,其具体目的是:
- 不断审查渔业研究、决策和管理对渔业统计的要求;
- 就收集和整理渔业统计数据的标准概念、定义、分类和方法达成一致;
- 就有关政府间组织间统计活动的协调和精简提出建议。

### 相关链接:

粮农组织介绍渔业统计协调工作组(Coordinating Working Party on Fishery Statistics,CWP)的网址:https://www.fao.org/cwp-on-fishery-statistics/background/en/

《渔业统计协调工作组章程》(Statutes of the Coordinating Working Party on Fishery Statistics)、《渔业统计协调工作组议事规则》(Rules of Procedure of the Coordinating Working Party on Fishery Statistics)的网址:https://www.fao.org/3/w0036e/w0036e00.htm#Contents

# 欧洲内陆渔业和水产养殖咨询委员会
# (European Inland Fisheries and Aquaculture Advisory Commission, EIFAAC)

欧洲内陆渔业咨询委员会（European Inland Fisheries and Aquaculture Advisory Commission, EIFAAC）于1957年成立，并于1960年在爱尔兰都柏林（Dublin, Ireland）举行了第一届委员会会议。2008年5月21—28日在土耳其安塔利亚（Antalya, Türkiye）举行的第25届会议上，委员会同意将名称改为欧洲内陆渔业和水产养殖咨询委员会（European Inland Fisheries and Aquaculture Advisory Commission, EIFAAC）。

2008年举行的第25届会议上，除了提议将欧洲内陆渔业咨询委员会名称改为欧洲内陆渔业和水产养殖咨询委员会以外，还把水产养殖纳入委员会的管辖范畴，以便让欧洲各国认识到水产养殖的重要性，并能体现委员会在渔业管理方面的全面性。

自2010年12月起，该委员会的名称正式改为欧洲内陆渔业和水产养殖咨询委员会。

## 1. 成员国/地区

欧洲内陆渔业和水产养殖咨询委员会共有34个成员国/地区，分别为：阿尔巴尼亚（Albania）、奥地利（Austria）、比利时（Belgium）、波斯尼亚和黑塞哥维那（Bosnia and Herzegovina）、保加利亚（Bulgaria）、克罗地亚（Croatia）、塞浦路斯（Cyprus）、捷克（Czech）、丹麦（Denmark）、爱沙尼亚（Estonia）、欧盟（European Union）、芬兰（Finland）、法国（France）、德国（Germany）、希腊（Greece）、匈牙利（Hungary）、冰岛（Iceland）、爱尔兰（Ireland）、以色列（Israel）、意大利（Italy）、拉脱维亚（Latvia）、立陶宛（Lithuania）、卢森堡（Luxembourg）、摩尔多瓦（Republic of Moldova）、

荷兰（Kingdom of the Netherlands）、挪威（Norway）、波兰（Poland）、葡萄牙（Portugal）、罗马尼亚（Romania）、斯洛伐克（Slovakia）、西班牙（Spain）、塞尔维亚（Serbia）、瑞典（Sweden）、瑞士（Switzerland）、土耳其（Türkiye）、英国（United Kingdom）。

## 2. 管辖区域

欧洲内陆渔业和水产养殖咨询委员会的管辖区域覆盖其成员国/地区的所有内陆水域。

## 3. 组织架构

2010年5月17—20日在克罗地亚萨格勒布（Zagreb，Croatia）举行的第二十六届欧洲内陆渔业和水产养殖咨询委员会会议上，委员会同意废除分委会和工作组，赞成采用基于项目的方法开展委员会工作。此外，委员会决定设立技术和科学委员会（Technical and Scientific Committee）。同时，根据《欧洲内陆渔业和水产养殖咨询委员会议事规则》（Rules of Procedures）的新规定，管理委员会（Management Committee）取代了此前的执行委员会（Executive Committee）。管理委员会由欧洲内陆渔业和水产养殖咨询委员会主席、两位副主席、技术和科学委员会主席，以及委员会选出的三名成员组成。比起之前的执行委员会，管理委员会拥有更大的管理权力。

## 4. 目标与职责

欧洲内陆渔业和水产养殖咨询委员会的目标与职责为：
- 基于保护生物多样性的需要，根据现有的最佳科学建议，采用基于生态系统的管理办法和预防性措施，委员会致力于促进欧洲内陆渔业和水产养殖资源的可持续发展、利用、养护、管理、保护和恢复；
- 确定并解决欧洲内陆渔业和水产养殖的战略问题，并根据成员国的要求，以快速和负责任的方式就未来政策、措施和相关行动等向成员国提供解决问题的意见及建议；
- 依据科学数据，同时虑及社会、经济、法律和其他因素，委员会向内陆渔业和水产养殖政策制定者和产业决策者提供意见及建议；
- 作为一个具有前瞻性的国际平台，围绕欧洲内陆渔业和水产养殖面临的共同挑战和机遇，委员会将整理、验证、传播和审议相关信息，以此达到包括以下在内的目标：

- 收集相关的科学、社会、经济、法律、统计和其他信息，并向有志于保护和养护水生生态系统的决策者提出建议；
- 识别欧洲各国面临的普遍渔业和水产问题，并酌情鼓励各国采用协调统一的解决方法。

欧洲内陆渔业和水产养殖咨询委员会的使命为：在符合粮农组织《负责任渔业行为守则》（Code of Conduct for Responsible Fisheries, CCRF）和其他相关国际公约的目标和原则的前提下，促进欧洲内陆渔业和水产养殖资源的长期可持续发展、利用、保护、恢复以及负责任管理。为实现上述目标，委员会将：

- 向成员国提供意见与信息，并协调成员国之间的国际合作；
- 鼓励更多利益相关者的参与和沟通交流；
- 开展有效的科学研究。

## 相关链接：

《欧洲内陆渔业和水产养殖咨询委员会章程》（Statutes of the European Inland Fisheries and Aquaculture Advisory Commission Rules of Procedures, EIFAAC Rules of Procedures）的网址：http://www.fao.org/fishery/static/eifaac/EIFAAC_statutes.pdf

《欧洲内陆渔业和水产养殖咨询委员会议事规则》（Rules of Procedures）的网址：http://www.fao.org/fishery/static/eifaac/rules_procedure2012.pdf

粮农组织介绍欧洲内陆渔业和水产养殖咨询委员会（European Inland Fisheriesand Aquaculture Advisory Commission, EIFAAC）的网址：https://www.fao.org/fishery/en/organization/eifaac

# 几内亚湾中西部渔业委员会
# (Fisheries Committee for the West Central Gulf of Guinea, FCWC)

几内亚湾中西部渔业委员会（Fisheries Committee for the West Central Gulf of Guinea, FCWC）成立于2007年，旨在促进成员国/地区之间的渔业管理合作。这些成员国/地区拥有部分共享的渔业资源，且对这些共享的渔业资源执行共同管理。

成立几内亚湾中西部渔业委员会的提议于2005年7月大西洋沿岸非洲国家渔业合作部长级会议（Ministerial Conference on Fisheries Cooperation among African States Bordering the Atlantic Ocean, COMHAFAT）第六次会议上提出。出于加强区域性合作的目的，各方在摩洛哥拉巴特（Rabat, Morocco）举行的这次会议上向粮农组织提出请求，希望评估在几内亚湾中西部建立一个分区域渔业委员会的可能性。根据这一请求，粮农组织于2006年3月进行了可行性研究。随之，在2006年4月12日至13日于贝宁科托努（Cotonou, Benin）举行的会议上，6个几内亚湾中西部相关国家的渔业部门负责人审查了这项可行性研究，并一致同意设立一个分区域渔业委员会，并命名为几内亚湾中西部渔业委员会。

2006年7月，在科特迪瓦阿比让（Abidjan, Côte d'Ivoire）举行了上述国家共同参加的部长级会议，通过了科托努会议所提出的成立几内亚湾中西部渔业委员会的建议。同时，与会部长们签署了2006年7月成立该委员会的宣言。

委员会秘书处设在加纳特马（Tema, Ghana）。

## 1. 成员国/地区

几内亚湾中西部渔业委员会的6个成员国/地区为：利比里亚（Liberia）、科特迪瓦（Côte d'Ivoire）、加纳（Ghana）、多哥（Togo）、贝宁

(Benin) 和尼日利亚 (Nigeria)。

## 2. 管辖区域

几内亚湾中西部渔业委员会的管辖区域为成员国/地区管辖下的所有海域,但是区域内其他渔业管理组织或安排的管理责任和权力不受影响。

## 3. 目标和职责

几内亚湾中西部渔业委员会着眼于促进成员国/地区之间的合作,以期通过科学管理,确保管辖区域内的海洋生物资源得到养护和最佳利用,并促进渔业的可持续发展。因此,委员会的总体目标是"确保几内亚湾中西部渔业委员会管辖区域渔业资源的可持续发展"。

几内亚湾中西部渔业委员会的战略目标可以概括为以下几点:

- 通过政策改革、合作监管规划、良好治理和机构改进,重建和维持渔业资源;
- 制定和执行科学的管理框架,以确保渔业资源的可持续性利用,改善区域内和国际渔产品贸易,并从渔业中获得最大的经济和社会利益;
- 提高成员国/地区小规模渔业渔民和其他渔业相关人员的能力,通过可持续渔业、可持续渔产品加工和销售为上述人员创造可持续生计;
- 提高国家能力,建立成本低、效益高、可持续的渔业监测、控制和监督系统;并建立有效的区域合作机制,加强渔业监测、控制和监督的执行,从而有效制止在几内亚中湾西部地区的非法、未报告和无管制捕捞(Illegal,Unreported and Unregulated Fishing,IUU Fishing);
- 加强合作研究,确保渔业资源相关决策基于可靠的科学知识、科学方法以及现有的最佳科学信息。
- 职能目标概括为"通过业绩导向管理,有效沟通,良好的财务、人力和知识管理系统和工具,确保几内亚湾中西部渔业委员会工作的有效实施"。

为达成上述战略目标,几内亚湾中西部渔业委员会承担以下职能和责任:

- 提供成员国/地区讨论渔业相关问题的论坛;
- 改善小规模渔业渔民和加工者的生计,包括制定适当措施安置移徙渔民;

- 协调成员国/地区的渔业法律和法规的统一性;
- 加强与远洋渔业国的合作;
- 加强监测、控制和监督与执法的分区域合作,包括逐步发展各成员国/地区均认同的共同程序;
- 促进渔业科研能力的发展;
- 促进渔业数据收集、交换和报告标准的制定;
- 酌情制定和执行分区域渔业共同政策和战略,以提高分区域在渔业管理方面的国际声誉;促进渔产品销售和贸易方面的分区域合作。

**相关链接:**

几内亚湾中西部渔业委员会(Fisheries Committee for the West Central Gulf of Guinea, FCWC)的网址:http://www.fcwc-fish.org/

粮农组织介绍几内亚湾中西部渔业委员会的网址:https://www.fao.org/fishery/en/organization/fcwc/en

# 太平洋岛屿论坛渔业局
# (Pacific Islands Forum Fisheries Agency, FFA)

太平洋岛屿论坛渔业局（Pacific Islands Forum Fisheries Agency, FFA）旨在加强成员国/地区的渔业管理能力，并促进区域合作，从而保证现在及将来该组织的17位成员国/地区能管理、控制、发展金枪鱼渔业。

太平洋岛屿论坛渔业局旨在帮助成员国/地区可持续管理其200海里专属经济区内的渔业资源。太平洋岛屿论坛渔业局是一个咨询机构，为其成员国/地区提供专业知识、技术援助和其他支持，这些成员国/地区就管辖海域内的金枪鱼资源制定管理和养护措施，并通过诸如中西太平洋高度洄游性鱼类资源养护和管理委员会（Commission for the Conservation & Management of Highly Migratory Fish Stocks in the Western & Central Pacific Ocean/Western and Central Pacific Fisheries Commission, WCPFC）等区域性组织参与金枪鱼资源管理的区域性决策制定。

自1979年以来，太平洋岛屿论坛渔业局促进了区域合作，使所有太平洋国家都能从金枪鱼的可持续利用中受益——金枪鱼渔业每年创造超过30亿美元的产值，对太平洋地区许多居民的生计起着至关重要的作用。

## 1. 成员国/地区

太平洋岛屿论坛渔业局有17个成员国/地区，其中包括许多发展中小岛屿国家。太平洋岛屿论坛渔业局的成员国/地区为：澳大利亚（Australia）、库克群岛（Cook Islands）、密克罗尼西亚联邦（Federated States of Micronesia）、斐济（Fiji）、基里巴斯（Kiribati）、马绍尔群岛（Marshall Islands）、瑙鲁（Nauru）、新西兰（New Zealand）、纽埃（Niue）、帕劳（Palau）、巴布亚新几内亚（Papua New Guinea）、萨摩亚（Samoa）、所罗门群岛

(Solomon Islands)、托克劳（Tokelau）、汤加（Tonga）、图瓦卢（Tuvalu）和瓦努阿图（Vanuatu）。

## 2. 管辖区域

太平洋岛屿论坛渔业局的管辖区域为各成员国/地区的专属经济区。

## 3. 组织架构

太平洋岛屿论坛渔业局下设有行政组（Executive Team）和秘书处（Secretariat）。行政组下设2个委员会。

行政组向太平洋岛屿论坛渔业局及其成员国/地区提供高层次的政策建议，管理秘书处的工作，并向成员国/地区提供支持服务，以保证行政组执行5个关键领域的职能：

- 提供政策建议
- 开展太平洋岛屿论坛渔业局管理
- 开展战略管理
- 开展对外关系管理
- 提供法律意见、媒体传播及培训

行政组下设2个分属机构，分别为：行政管理部门（Executive Management）和法律部门（Legal Unit）。行政管理部门由以下人员构成：

- 局长（Director General）
- 副局长（Deputy Director-General）
- 合作服务部部长（Director Corporate Services Division）
- 渔业管理部部长（Director Fisheries Management Division）
- 渔业运营部部长（Director Fisheries Operations Division）
- 渔业发展部部长（Director Fisheries Development Division）
- 执行主任（Executive Officer）
- 培训顾问（Training Advisor）
- 媒介主任（Media Officer）
- 局长助理（Personal Assistant to the DG）
- 副局长助理（Personal Assistant to the DDG）

法律部门的具体工作由法律顾问（Legal Counsel）开展。

## 4. 重要的养护与管理措施

### 4.1 监测、控制和监督系统

太平洋岛屿论坛渔业局渔业运营部制定和执行监测、控制和监督制度,并向成员国/地区提供监测、控制和监督(Monitoring Control and Surveillance, MCS)服务,以加强各成员国/地区的监测、控制和监督能力,并促进区域合作,从而更有效地预防、制止和消除太平洋地区非法、未报告和无管制捕捞(Illegal, Unreported and Unregulated Fishing, IUU Fishing)。渔业运营部根据 2010 年 5 月太平洋岛屿渔业论坛通过的《2010—2015 年区域监测、控制和监督战略》(Regional Monitoring Control and Surveillance Strategy 2010-2015, RMCSS 2010-2015)开展此项工作。通过《2010—2015 年区域监测、控制和监督战略》,太平洋岛屿论坛渔业局成员国/地区一致认可,监测、控制和监督制度的开展需要区域协同合作以及国家行动的配合。

渔业运营部的监测、控制和监督举措包括:共享专业技术以及信息;开展监测活动相关的项目;开展区域监督活动;执行观察员计划;督促渔船装置监控系统;制定许可证信息清单;为相关区域性决策部门(比如中西太平洋高度洄游性鱼类资源养护和管理委员会的技术和遵约委员会)提供人员培训和技术支持。太平洋岛屿论坛渔业局就渔船许可证制度制定了《渔船获得许可证的最低条款和条件》(Minimum Terms and Conditions for licensed vessels),成为渔业局管理成员国/地区水域内渔业作业的一种途径。

### 4.2 船舶监控系统

太平洋岛屿论坛渔业局的船舶监控系统(Vessel Monitoring System, VMS)使成员国/地区能追踪并监控整个地区的渔业作业。该监控系统设置在渔业局的各个地区总部,可监控所有已登记渔船的位置、速度和方向,并且该系统可供所有成员国/地区使用。

### 4.3 贸易与产业支持

太平洋岛屿论坛渔业局向各成员国/地区提供有关国际贸易政策和经

济合作框架的最新发展信息,并且帮助成员国/地区在贸易政策和经济合作谈判中争取国家及区域渔业利益。

## 相关链接:

太平洋岛屿论坛渔业局(Pacific Islands Forum Fisheries Agency, FFA)的网址:https://www.ffa.int/

粮农组织介绍太平洋岛屿论坛渔业局的网址:https://www.fao.org/fishery/en/organization/ffa/en

# 渔业和资源监测系统
# (Fisheries and Resources Monitoring System,FIRMS)

渔业和资源监测系统（Fisheries and Resources Monitoring System，FIRMS）是根据伙伴协议（Partnership Arrangement）运作的，该协议于2004年2月由最初的5个渔业和资源监测系统伙伴签署而启动。该伙伴关系是由粮农组织和区域渔业机构（Regional Fisheries Bodies，RFB）共同发起的，之后该伙伴关系有可能向国家组织和机构开放。

合作组织和机构也可以根据2019年渔业和资源监测系统第11届全体会议上设立的"合作安排"（Collaborative Arrangement）参与渔业和资源监测系统。引入合作安排是为了扩大伙伴关系，最终目标是实现对鱼类种群和渔业状况的全球监测。合作安排是一种较松散的伙伴关系，旨在为以下组织和机构提供服务平台：(i) 愿意为渔业和资源监测系统提供鱼类种群和渔业状态信息、但当下无意愿履行所有合作伙伴职责的区域渔业机构；(ii) 愿意用数据库、工具、服务或资金等资源支持渔业和资源监测系统目标的国家组织和机构、国际非政府组织（INGOs）、非政府组织（NGOs）等行为体。合作安排既可以在项目基础上运作，也可以在长期范围内运作。

《渔业和资源监测系统议事规则》（Rules of Procedures of Fisheries and Resources Monitoring System）于2004年2月在渔业和资源监测系统首次启动会议上通过，并于2019年5月在第11届会议上更新。

## 1. 参与组织

迄今，代表了21个区域渔业机构的17个组织以合作伙伴加入了渔业和资源监测系统，它们分别为：南极海洋生物资源保护委员会（Commission for the Conservation of Antarctic Marine Living Resources，

CCAMLR)、南方蓝鳍金枪鱼保护委员会（Commission for the Conservation of Southern Bluefin Tuna，CCSBT）、欧盟海事和渔业总局（EU Directorate-General Maritime Affairs and Fisheries，DG Mare）、粮农组织渔业和水产养殖司（FAO-Fisheries and Aquaculture Division）、几内亚湾中西部渔业委员会（Fisheries Committee for the West Central Gulf of Guinea，FCWC）、地中海渔业总理事会（General Fisheries Commission for the Mediterranean，GFCM）、美洲间热带金枪鱼委员会（Inter-American Tropical Tuna Commission，IATTC）、国际大西洋金枪鱼养护委员会（International Commission for the Conservation of Atlantic Tunas，ICCAT）、国际海洋考察理事会（International Council for the Exploration of the Sea，ICES）、印度洋金枪鱼委员会（Indian Ocean Tuna Commission，IOTC）、西北大西洋渔业组织（Northwest Atlantic Fisheries Organization，NAFO）、北大西洋鲑鱼养护组织（North Atlantic Salmon Conservation Organization，NASCO）、东北大西洋渔业委员会（North-East Atlantic Fisheries Commission，NEAFC）、北太平洋渔业委员会（North Pacific Fisheries Commission，NPFC）、东南亚渔业发展中心（Southeast Asian Fisheries Development Center，SEAFDEC）、东南大西洋渔业组织（South East Atlantic Fisheries Organization，SEAFO）、南印度洋渔业协定（South Indian Ocean Fisheries Agreement，SIOFA）、南太平洋区域性渔业管理组织（South Pacific Regional Fisheries Management Organization，SPRFMO）。

以下组织和机构签署了渔业和资源监测系统的合作安排（Collaborative Arrangement）：希腊研究与技术基金会（Foundation for Research and Technology-Hellas，FORTH）、发展研究所（Institut de Recherche pour le Développement，IRD）、可持续渔业伙伴关系（Sustainable Fisheries Partnership，SFP）。

华盛顿大学（University of Washington，UW）签署了合作意向书（Letter of Intent）。

以下组织和机构是渔业和资源监测系统伙伴关系视角下的观察员：本格拉洋流委员会（Benguela Current Commission，BCC）、海事联合技术委员会（Comisión Técnica Mixta del Frente Marítimo/Joint Technical Commission of the Maritime Front，CTMFM）、国际捕鲸委员会（International Whaling Commission，IWC）、北大西洋海洋哺乳动物委员会（North Atlantic Marine

Mammal Commission，NAMMCO)、经合组织（Organization for Economic Co-operation and Development，OECD)、南太平洋常设委员会（Permanent Commission for the South Pacific，CPPS)、太平洋共同体（Pacific Community，SPC）秘书处、中西太平洋渔业委员会（Western and Central Pacific Fisheries Commission，WCPFC)。

## 2. 管辖区域

关注全球区域内的捕捞渔业，特别是海洋捕捞渔业。

## 3. 组织架构

渔业和资源监测系统指导委员会（Steering Committee）由参与组织和机构的代表组成，各合作方各提名一名成员，粮农组织也以合作方身份提名一名成员。指导委员会下设技术与行政部（Technical and Administrative)。

渔业和资源监测系统秘书处由粮农组织提供。

渔业和资源监测系统技术工作组（Technical Working Group）的任务是审议技术问题，并就纯技术性质的事项提出建议。这个由秘书处召集的工作组通过远程通信进行工作，并在必要时举行会议。

## 4. 目标与职责

渔业和资源监测系统的主要目的是提供关于全球渔业海洋资源监测和管理的广泛且高质量信息。

## 相关链接：

粮农组织介绍渔业和资源监测系统（Fisheries and Resources Monitoring System，FIRMS）的网址：https：//firms.fao.org/firms/en

# 海洋环境保护科学联合专家组
# (Joint Group of Experts on the Scientific Aspects of Marine Environmental Protection, GESAMP)

海洋环境保护科学联合专家组（Joint Group of Experts on the Scientific Aspects of Marine Environmental Protection，GESAMP）是一个咨询机构，成立于1969年，就海洋环境保护的科学问题向联合国相关部门提供咨询建议。

目前，海洋环境保护科学联合专家组由负责海洋环境的10个联合国组织共同赞助，它们分别是：国际海事组织（IMO）、粮农组织（FAO）、联合国教科文组织政府间海洋学委员会（UNESCO-IOC）、世界气象组织（WMO）、国际原子能机构（IAEA）、联合国（UN）、联合国环境规划署（UNEP）、联合国工业发展组织（UNIDO）、联合国开发计划署（UNDP）和国际安全学会（ISA）。这些组织将海洋环境保护科学联合专家组作为它们之间的协调与合作机制。

海洋环境保护科学联合专家组的职能是开展和支持海洋环境评估，对具体海洋环境专题进行深入研究、分析和审查，并确定与海洋环境有关的新问题。海洋环境保护科学联合专家组的专家来自广泛的海洋环境保护相关学科，以独立和个人的身份工作。研究和评估通常由专门的工作组进行，工作组的大多数专家不是海洋环境保护科学联合专家组的现任成员，而是来自更广泛的国际海洋环境保护科学网络。

2001年对海洋环境保护科学联合专家组进行了独立、深入的审查之后，在瑞典国际开发合作署（Swedish International Development Co-operation Agency，SIDA）和瑞典海事局（Swedish Maritime Administration）的支持下，海洋环境保护科学联合专家组经历了广泛的振兴进程，具体表现为：

- 增加发展中国家参加海洋环境保护科学联合专家组活动的专家

人数；

• 扩大和巩固海洋环境保护科学联合专家组在区域和全球一级的网络；

• 支持海洋环境保护科学联合专家组参与联合国大会常规流程（UNGA Regular Process）。

## 2. 组织架构

自 1969 年成立以来，海洋环境保护科学联合专家组共有过 20 位主席，分别来自 13 个国家，分别是：南非、英国、荷兰、澳大利亚、美国、加拿大、菲律宾、尼日利亚、意大利、南斯拉夫、丹麦、苏联、挪威。

目前，海洋环境保护科学联合专家组共有 19 名专家，他们的职责包括：

• 参加海洋环境保护科学联合专家组会议；

• 开展海洋环境保护科学联合专家组闭会期间的工作，包括审查职权范围、项目简介报告和报告草稿；

• 促进达成共识的声明和查明新出现的问题；

• 酌情参加特设工作组、通信小组和工作组。

海洋环境保护科学联合专家组通过一个执行委员会（Executive Committee）进行管理，各赞助组织派一名代表担任执行委员会的技术秘书，执行委员会还设有主席和副主席。执行委员会由一名行政秘书担任主席，目前国际海事组织海洋环境保护司（Marine Environment Division, IMO）司长担任主席，该司也是海洋环境保护科学联合专家组办公室所在。海洋环境保护科学联合专家组办公室代表所有赞助组织负责行政和管理工作。行政秘书领导海洋环境保护科学联合专家组办公室的工作，并根据需要代表赞助组织开展工作。执行委员会的主要职能是规划和批准海洋环境保护科学联合专家组的预算和工作计划，从专家库中挑选专家组成员，为专家组会议提出临时议程，并采纳工作组（Working Groups）的职权范围。

海洋环境保护科学联合专家组设立工作组，以根据其一个或多个赞助组织的要求开展个别研究和评估。这些工作组由非专家组成员的全球顶尖专家组成，这扩大了专家组网络活动的范围，并使工作组能够针对具体项目调整相应工作。工作组的工作由特别关注该工作主题的赞助组织协调开展,并在闭会期间进行。每个工作组在主席的领导下,在技术秘书的协助下,制定一套由海洋环境保护科学联合专家组核准的特定职权范围。工作组的报告通常经同行审查和海洋环境保护科学联合专家组批准后,在专家组报告和研究刊物上发表。

## 3. 目标与职责

海洋环境保护科学联合专家组在10个联合国组织的主持和赞助下运作,这些组织都有重大的海事和海洋利益,并可能有重叠的责任。海洋环境的可持续治理需要对海洋生态系统及影响海洋生态系统的人类活动有多学科、科学的理解。这是整个联合国日益关注的问题,设立海洋环境保护科学联合专家组就是为了满足这一需求。

海洋环境保护科学联合专家组需确保其赞助组织:

- 认识到具有共同科学兴趣的领域(以减少不必要的重复工作);
- 通过共同赞助降低成本;
- 获得所提供建议的一致性;
- 将他们的专业活动放在更广阔的视野中。

### 相关链接:

粮农组织介绍海洋环境保护科学联合专家组(Joint Group of Experts on the Scientific Aspects of Marine Environmental Protection,GESAMP)的网址:http://www.gesamp.org/

# 地中海渔业总理事会
# (General Fisheries Commission for the Mediterranean, GFCM)

地中海渔业总理事会（General Fisheries Commission for the Mediterranean, GFCM）属于区域性渔业管理组织。根据《粮农组织章程》（FAO Constitution）第14条规定，相关方于1949年签订协议，1952年协议生效并成立地中海渔业委员会，总部设在意大利罗马（Rome, Italy）粮农组织总部内。早在1952年，该组织就已经开展活动，但一直到1997年《地中海渔业总理事会成立协议》（Agreement for the Establishment of the General Fisheries Commission for the Mediterranean）正式签署，该组织才真正以地中海渔业总理事会为名成立。

地中海渔业总理事会旨在从生物、社会、经济和环境角度确保地中海海洋生物资源的养护和可持续利用，并推动地中海和黑海地区水产养殖业的可持续发展。

## 1. 成员国/地区

地中海渔业总理事会现有24个成员国/地区，其中19个是地中海国家，3个是黑海国家，另外还包括欧盟、日本。成员国/地区具体为：阿尔巴尼亚（Albania）、阿尔及利亚（Algeria）、保加利亚（Bulgaria）、克罗地亚（Croatia）、塞浦路斯（Cyprus）、埃及（Egypt）、欧盟（European Union）、法国（France）、希腊（Greece）、以色列（Israel）、意大利（Italy）、日本（Japan）、黎巴嫩（Lebanon）、利比亚（Libya）、马耳他（Malta）、摩纳哥（Monaco）、黑山（Montenegro）、摩洛哥（Morocco）、罗马尼亚（Romania）、斯洛文尼亚（Slovenia）、西班牙（Spain）、叙利亚（Syrian Arab Republic）、突尼斯（Tunisia）、土耳其（Türkiye）。另外地中海渔业总理事会还拥有2个合作非成员国/地区，分别为：格鲁吉亚（Georgia）、乌克兰（Ukraine）。

## 2. 管辖区域

地中海渔业总理事会的管辖区域覆盖地中海和黑海的所有水域。

## 3. 组织架构

地中海渔业总理事会组织架构如图 1 所示：

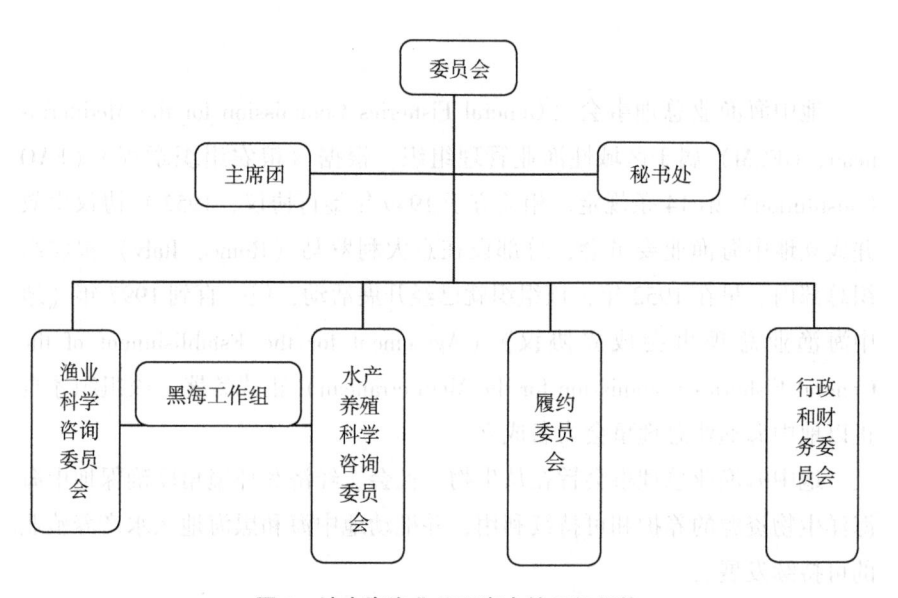

```
                    委员会
                      |
          ┌───────────┼───────────┐
        主席团                   秘书处
          |
   ┌──────┬──────┬──────┬──────┐
  渔业   黑海   水产   履约   行政
  科学   工作组  养殖   委员   和财
  咨询          科学   会     务委
  委员          咨询          员会
  会            委员
                会
```

**图 1 地中海渔业总理事会的组织架构**

地中海渔业总理事会通过秘书处（Secretariat）执行相应活动，在理事会闭会期，则由附属机构运营相关事务。地中海渔业总理事会下设委员会，根据需要，理事会还会设立临时的、特定的、或者常设的分委员会就某些特定的事务进行研究，或者设定工作组就某特定的技术问题进行研究。

地中海渔业总理事会秘书处是相关政策的执行机构。其中，执行秘书负责监督委员会政策的执行情况，并向委员会报告政策的执行情况。如有需要，执行秘书还需承担委员会其他附属机构执行秘书的职责。

地中海渔业总理事会承担的职责如下：
- 定期审查和评估海洋生物资源状况；
- 制定海洋生物资源养护和管理措施；

- 推动水产养殖业的可持续发展；
- 通过获取并评估委员会呈交的经济和其他数据信息定期审查地中海渔业的社会经济影响；
- 通过教育、培训和职业发展提升委员会的专业能力和人力资源；
- 加强与水产养殖业和渔业民间组织的沟通和协商能力；
- 鼓励、建议、协调并开展研发活动，比如渔业和海洋生物资源养护领域的合作项目；
- 经超过三分之二的成员国/地区同意，采纳或修订理事会的各项规则制度；
- 核准预算，审核工作方案，并承担任何有助于实现理事会工作目标的其他职能。

地中海渔业总理事会下设的委员会每年定期举行会议，闭会期间各分委员会各司其职。委员会下的分委员会分别为：渔业科学咨询委员会（Scientific Advisory Committee on Fisheries，SAC）；水产养殖科学咨询委员会（Scientific Advisory Committee on Aquaculture，CAQ）；履约委员会（Compliance Committee，CoC）、财务和行政常设委员会（Committee of Administration and Finance，CAF），以及各分委员会下的附属机构，比如黑海工作组（Working Group for the Black Sea，WGBS）。委员会可根据需要设立临时、特别或常设附属机构，专门从事与委员会工作目标相关的研究工作，也可设立工作组，就具体技术问题进行深入研究并提出政策建议。委员会也可根据需要在黑海区域建立特殊机制，以确保黑海周边国家均参与该机制，并共同开展与渔业决策相关的管理工作。

地中海渔业总理事会主席团由一名主席和两名副主席组成，由超出三分之二的委员会成员投票选出，为委员会和秘书处提供战略指导。

## 4. 重要的养护与管理措施

地中海渔业总理事有权在其管辖范围内就渔业资源养护和管理提出具有约束力的政策建议。理事会也在地中海渔业管理中占据重要地位。理事会提出的政策建议涉及领域广泛，包括捕捞方式、渔具、最小渔获品尺寸、禁渔季和开放季、禁渔区、捕捞努力量控制等。

## 5. 国际合作

在与其他区域性渔业管理组织的合作中，地中海渔业总理事会协调各成员国/地区政府，使其在遵从粮农组织《负责任渔业行为守则》（Code of Conduct for Responsible Fisheries，CCRF）的前提下开展有效的渔业管理。此外，理事会与其他国际组织通过合作项目也展开了密切合作以实现互惠共利，从而加强成员国/地区之间的科学合作，并提升各成员国/地区的渔业管理能力。

**相关链接：**

《地中海渔业总理事会成立协议》（Agreement for the Establishment of the General Fisheries Commission for the Mediterranean）的网址：http://www.fao.org/3/a-ax825e.pdf

粮农组织介绍地中海渔业总理事会（General Fisheries Commission for the Mediterranean，GFCM）的网址：https://www.fao.org/fishery/en/organization/gfcm/en

# 五大湖渔业委员会
# (Great Lakes Fishery Commission, GLFC)

五大湖渔业委员会（Great Lakes Fishery Commission, GLFC）是根据加拿大和美国于1954年签署的双边条约《五大湖渔业公约》（Convention on Great Lakes Fisheries）于1955年设立的一个区域渔业咨询机构。该机构协调双方的渔业研究，控制入侵五大湖的七鳃鳗，并促进双方州、省、部落和联邦管理机构之间的渔业合作管理。五大湖渔业委员会定期评估11—20种鱼类种群，并就所有这些种群的养护和管理提出建议。

1956年，美国和加拿大分别通过了《五大湖渔业法》（Great Lakes Fishery Act）和《五大湖渔业公约法》（Great Lakes Fisheries Convention Act），授权两国政府执行《五大湖渔业公约》。在这之前，跨国界合作的机制并不存在。从19世纪末到1954年，建立五大湖国际渔业委员会的努力一再失败，原因是对合作方式缺乏了解，而且美国和加拿大五大湖相关的各州和各省都不愿意将渔业管理权移交给两国的合作机构。美国和加拿大政府花了很多年才认识到，管理和维持五大湖渔业的最佳方式是通过持续的两国合作，因此五大湖渔业委员会在《五大湖渔业公约》签署后应运而生。

## 1. 成员国/地区

该委员会是一个双边委员会，只有加拿大（Canada）和美国（United States of America）两个成员，自成立以来该委员会成员一直没有变化。

## 2. 管辖区域

五大湖渔业委员会的管辖区域包括：安大略湖（Lake Ontario）（包括安大略湖至北纬45°的圣劳伦斯河（St. Lawrence River）、伊利湖（Lake Erie)、休伦湖（Lake Huron）（包括圣克莱尔湖（Lake St. Clair）、密歇根湖（Lake Michigan）、苏必利尔湖（Lake Superior）及其连接水域。其管辖区域还延伸至上述水域的支流，覆盖如此宽广的管辖区域的目的在于方便调查双方共同关注的各类鱼类种群，这些鱼类种群的捕捞地或栖息地主要局限于五大湖渔业委员会的管辖区域，同时双方合作以期根除或尽量减少管辖区域内的七鳃鳗（《五大湖渔业公约》第一条）。

五大湖自西向东依次是苏必利尔湖、密歇根湖、休伦湖、伊利湖和安大略湖，五个湖泊彼此相连，流经圣劳伦斯河，最终汇入大西洋。五大湖是世界最大的淡水水域，蕴含全球近20%的地表淡水资源，4%的流域面积。除密歇根湖属于美国外，其他四大湖为美国与加拿大共有，涉及美国的8个州和加拿大的1个省。

## 3. 组织架构

五大湖渔业委员会由2个分委员会组成，一个是加拿大分委员会，另外一个是美国分委员会，每个分委员会下设4名委员（Commissioner）。其中，美国还任命一名候补委员，在分委员会委员出现空缺时能替补担任委员。委员们从一个国家中选出一名主席，从另一个国家选出一名副主席。主席每两年在两国之间轮换一次。此外，每个分委员会均会选出一名主席，任期两年。

委员们制定和批准委员会预算，并为五大湖渔业委员会制订总体工作计划。委员们还就改善和可持续管理五大湖渔业向政府提出建议。委员会利用成员国及其各省的官方机构以及公共或私人组织、国际组织或个人，并根据研究和管理组织的建议制订工作计划，这些组织包括科学家、每个边境管辖区的渔业管理人员以及五大湖流域周围的学术专家。此外，五大湖渔业委员会还接受由加拿大和美国公民组成的顾问委员会的建议。

加拿大分委员会的4名委员由枢密院（Privy Council）任命，一般任期2年，但有一些委员则随意任职。

美国分委员会的4名委员（加上一名候补委员）由总统任命，任期6年。根据1956年《美国五大湖渔业法》（修订）（The US Great Lakes Fishery Act of 1956），一名委员必须是联邦官员，另一名必须是州官员，两人不得来自同一州。美国委员任期6年，但实行交错任期制。联邦委员和候补委员均由总统任命。

五大湖渔业委员会的日常业务运营和人事管理由秘书处执行秘书负责。秘书处围绕以下5个主要领域开展组织工作：七鳃鳗控制、科学研究、渔业管理、沟通交流和项目管理。目前，秘书处雇用了大约20名工作人员，根据需要保留合同工作人员。委员会仅设一个秘书处，设在美国密歇根州安娜堡（Ann Arbor, Michigan）。

　　图1是五大湖渔业委员会的组织架构及其对应的工作和职责示意图。图2是五大湖渔业委员会分委会的组织架构及其对应的关系示意图。

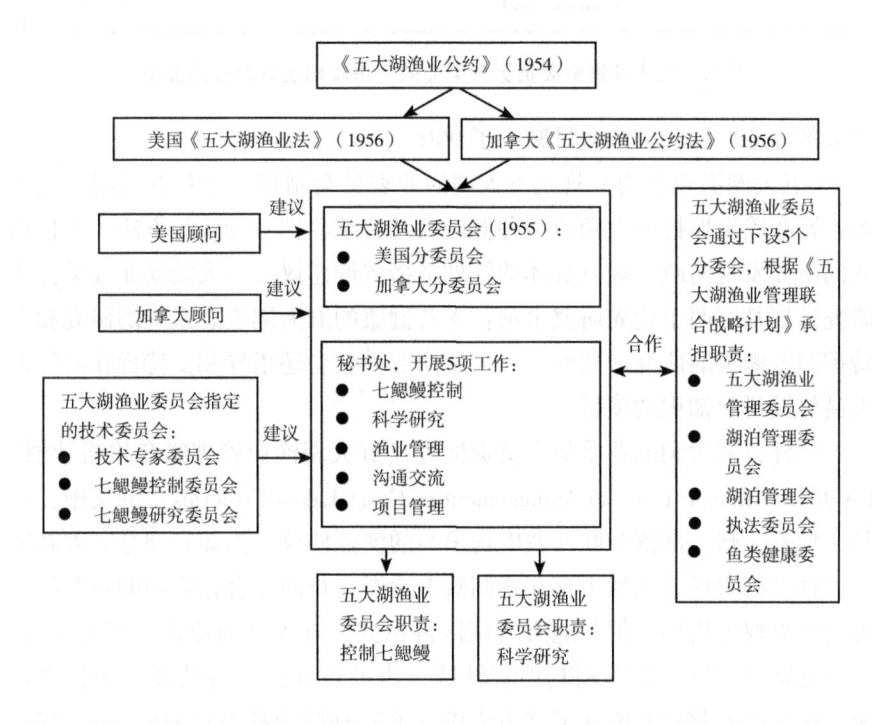

**图1　五大湖渔业委员会的组织架构及其对应的工作和职责**

## 4. 目标和职责

　　五大湖渔业委员会的成立，部分原因是为了应对入侵五大湖系统的最有害入侵者之一：七鳃鳗。七鳃鳗是原产于大西洋的原始鱼类寄生虫，在20世纪初通过运河入侵五大湖。由于在五大湖缺乏天敌，七鳃鳗对五大湖生态系统造成灾难性破坏，尤其是白鲑（whitefish）和湖鳟（lake trout），它们是该流域的关键经济生计鱼类种群，并对该地区的渔民造成重大经济损失。五大湖渔业委员会的七鳃鳗控制计划取得了成功，使五大

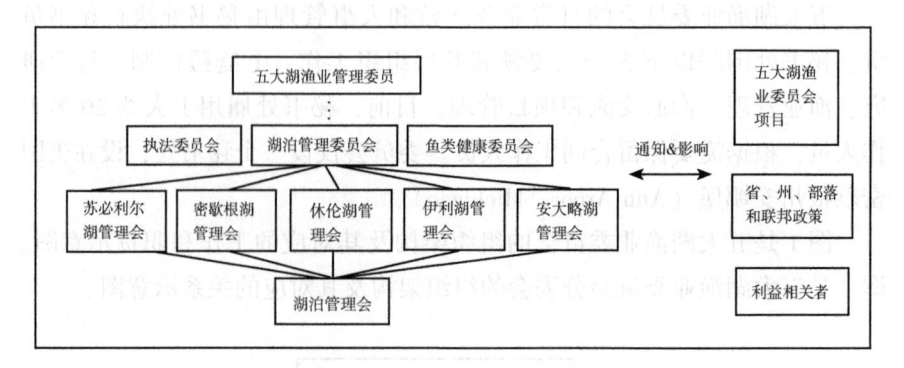

**图2　五大湖渔业委员会分委会的组织架构及其对应的关系**

湖大部分地区的七鳃鳗数量减少了90%。

《五大湖渔业公约》规定五大湖渔业委员会制订一个双方共同研究方案，旨在确定保持五大湖鱼类种群最大可持续养护和管理的方法，并根据共同研究发现向政府提供具体的管理举措咨询建议。五大湖渔业委员会的研究计划基于两个优先研究事项：支持健康的五大湖生态系统的研究和支持控制七鳃鳗的研究。此外，五大湖渔业委员会还指导和支持旨在向管理人员传授科学知识的项目。

另外，五大湖渔业委员会负责促进《五大湖渔业管理联合战略计划》（A Joint Strategic Plan for Management of Great Lakes Fisheries）的实施，这是一项省、州、部落和联邦政府均参与的渔业协议。渔业管理是五大湖地方管辖区的责任。虽然不存在强制对五大湖进行渔业合作管理的具有约束力的中央权力机构，但各地方管辖区认识到，五大湖渔业是相互关联的，一个管辖区的行动会影响其他管辖区。为了在这种独特的环境中管理资源，地方政府制订并遵守了《五大湖渔业管理联合战略计划》，该计划呼吁司法管辖区之间开展合作，制定共享的鱼类种群养护和管理目标，开展数据共享和遵守生态系统管理。

《五大湖渔业公约》还授权五大湖渔业委员会在两国政府之间建立"工作安排"，以促进多管辖区协作的渔业管理。为了确保跨境合作，与五大湖接壤的8个州［印第安纳州（Indiana）、伊利诺伊州（Illinois）、密歇根州（Michigan）、明尼苏达州（Minnesota）、纽约州（New York）、俄亥俄州（Ohio）、宾夕法尼亚州（Pennsylvania）和威斯康星州（Wisconsin）］、安大略省（Province of Ontario），3个美国部落间机构［1854年条约管理局（1854 Treaty Authority）、奇佩瓦渥太华资源管理局

(Chippewa Ottawa Resource Authority)和五大湖印第安人鱼类和野生动物委员会(Great Lakes Indian Fish and Wildlife Commission)],几个联邦机构[加拿大渔业和海洋局(Fisheries and Oceans Canada)、美国国家海洋和大气管理局(National Oceanic and Atmospheric Administration)、美国鱼类和野生动物管理局(U. S. Fish and Wildlife Service)以及美国地质调查局(U. S. Geological Survey)]共同签署了《五大湖渔业管理联合战略计划》。《五大湖渔业管理联合战略计划》是一项不具约束力的协议,渔业机构通过该协议致力于开展合作、达成共识、制定战略规划和开展基于生态系统的管理。五大湖渔业委员会协调16个协议签署机构间的工作开展。

五大湖渔业委员会管理五大湖的所有鱼类,但重点关注七鳃鳗。美国和加拿大政府认识到,七鳃鳗入侵是一个全流域的问题,对任何一个政府当局来说,应对这个问题都是一个巨大的挑战,因此他们都意识到,如果要控制七鳃鳗并开展健康的五大湖渔业,双方合作是唯一的选择。出于这一认识,美国和加拿大签署了1954年《五大湖渔业公约》,成立了五大湖渔业委员会,以控制七鳃鳗,促进科学发展,并帮助各机构合作。

## 相关链接:

五大湖渔业委员会(Great Lakes Fishery Commission, GLFC)的网址:http://www.glfc.org/

《五大湖渔业公约》(Convention on Great Lakes Fisheries)的网址:http://www.glfc.org/pubs/conv.pdf

《五大湖渔业管理联合战略计划》(A Joint Strategic Plan for Management of Great Lakes Fisheries)的网址:http://www.glfc.org/pubs/misc/jsp97.pdf

《五大湖渔业委员会战略视野2021—2025年》(Strategic Vision of the Great Lakes Fishery Commission 2021—2025年)的网址:http://www.glfc.org/pubs/misc/StrategicVision2021.pdf

《五大湖渔业委员会战略视野2011—2020年的中期进展回顾》(A Mid-decade Review of Progress under a Strategic Vision of the Great Lakes Fishery Commission 2011—2020年)的网址:http://www.glfc.org/pubs/misc/SVReview2017-01.pdf

粮农组织介绍五大湖渔业委员会的网址:https://www.fao.org/fishery/en/organization/glfc/en

# 美洲间热带金枪鱼委员会
# (Inter-American Tropical Tuna Commission, IATTC)

美洲间热带金枪鱼委员会（Inter-American Tropical Tuna Commission, IATTC）旨在确保东太平洋金枪鱼、类金枪鱼，以及金枪鱼渔业兼捕鱼类种群资源的长期养护和可持续性利用。另外，美洲间热带金枪鱼委员会还负责实施国际海豚保护计划（International Dolphin Conservation Program, IDCP），且为该计划提供秘书处。

1949年，根据美国和哥斯达黎加签署的《关于成立美洲间热带金枪鱼委员会公约》（Convention for the Establishment of an Inter-American Tropical Tuna Commission），美洲热带金枪鱼委员会成立。2010年8月27日《安提瓜公约》（Antigua Convention）取代了1949年《美洲间热带金枪鱼委员会公约》（Inter-American Tropical Tuna Commission Convention），旨在进一步加强委员会对美洲热带金枪鱼及其他相关海洋生物资源的养护和管理。除非另有规定，委员会根据新《安提瓜公约》第8条召开会议所作出的所有决定均应由出席有关会议的委员会成员协商后一致通过。在大多数情况下，决定是由所有委员会成员协商一致作出的。

美洲间热带金枪鱼委员会总部位于美国加利福尼亚州圣地亚哥（San Diego, USA）。

## 1. 成员国/地区

1949年《关于成立美洲间热带金枪鱼委员会公约》签署时，仅美国和哥斯达黎加是美洲热带金枪鱼委员会的成员国/地区。随着委员会的不断发展，其他国家/地区也相继加入。目前，美洲间热带金枪鱼委员会拥有以下成员：伯利兹（Belize）、中国（China）、欧盟（Europe Union）、尼加拉瓜（Nicaragua）、加拿大（Canada）、法国（France）、巴拿马（Panama）、危地马拉（Guatemala）、秘鲁（Peru）、哥伦比亚（Colombia）、日本（Japan）、中国台湾（Chinese Taiwan）、哥斯达黎加（Costa Rica）、基里巴斯（Kiribati）、美国（United States of America）、厄瓜多尔（Ecuador）、韩国（Republic of Korea）、瓦努阿图（Vanuatu）、萨瓦尔多（El Salvador）、墨西哥（Mexico）、委内瑞拉（Boliv Rep of Venezuela）。其中，哥伦比亚、瓦努阿图、委内瑞拉是1949年《关于成立美洲间热带金枪鱼委员会公约》成员，但还不是2010年《安提瓜公约》成员。

另外，玻利维亚（Plurinational State of Bolivia）、智利（Chile）、洪都拉斯（Honduras）、印度尼西亚（Indonesia）和利比里亚（Liberia）为美洲间热带金枪鱼委员会的合作非成员（Cooperating Non Members）。

## 2. 管辖区域

美洲间热带金枪鱼委员会的管辖区域为北美洲、中美洲和南美洲海岸线内的太平洋海域，以下为管辖区域的界线：

- 从北美洲海岸线北纬50°平行至西经150°交叉点；
- 从西经150°平行至南纬50°交叉点；
- 从南纬50°平行至与南美洲海岸线交叉点。

## 3. 组织架构

美洲间热带金枪鱼委员会下设科学咨询委员会（Scientific Advisory Committee）和措施执行审查委员会（Committee for the Review of Implementation of Measures Adopted by the Commission），前者向委员会提供措施制定的建议，后者则审核委员会制定措施的执行情况。

## 4. 目标与职责

美洲间热带金枪鱼委员会的工作内容围绕以下四个项目展开：种群资源评估；生物学和生态系统；数据收集和数据库；兼捕和国际海豚保护计划。

种群资源评估项目的工作内容具体如下：

- 评估东太平洋的金枪鱼种群是否充分捕捞或过度捕捞，并确定捕捞能力和/或捕捞努力力量是否对种群资源养护构成威胁；
- 评估防止或消除过度捕捞和过度捕捞能力的措施；并确保捕捞努

力量符合委员会制定的鱼类种群可持续利用目标；

● 评估委员会所制定的养护措施，以确保这些措施有助于种群资源的长期养护和可持续利用，并确保种群资源处于能产生最大可持续产量的丰度水平；

● 与斯克利普斯海洋研究所（Scripps Institution of Oceanography）、美国国家海洋渔业局（US National Marine Fisheries Service）合作，美洲间热带金枪鱼委员会成立了数量评估方法中心（Center for the Advancement of Population Assessment Methodology），以更有效地开展渔业资源评估研究。

生物学和生态系统项目的工作内容具体如下：

● 开展金枪鱼及金枪鱼相关或依附种群资源丰度、生物学和生物化学相关的科学研究，以及自然和人类活动对种群资源影响的科学研究；

● 与兼捕研究项目相协调，针对与委员会管辖下金枪鱼渔业相关，以及金枪鱼相关及依附的鱼类种群，制定养护和管理措施，使这些鱼类种群资源维持或恢复到可持续发展的水平。

数据收集和数据库项目的工作内容具体如下：

● 制定收集、核实、交换和报告渔业数据的标准；

● 建立全面的数据收集和监控计划；

● 与国际海豚保护计划相协调，开展船上科学观察员项目，管理观察员所收集的数据，并管理现场调查人员的工作内容。

兼捕和国际海豚保护计划的工作内容具体如下：

● 制定措施，以避免、减少并最小化垃圾、丢弃物、丢失或丢弃渔具的误捕、非目标物种的捕捞，以及对相关或依附物种（特别是濒危物种）的影响；

● 制定措施，以避免、减少并最小化与金枪鱼渔业相关的海豚偶发死亡率。

## 相关链接：

美洲间热带金枪鱼委员会（Inter-American Tropical Tuna Commission，IATTC）的网址：http://www.iattc.org/

《安提瓜公约》（Antigua Convention）的网址：http://www.iattc.org/PDFFiles/IATTC-Instruments/_English/Antigua_Convention_Jun_2003.pdf

《美洲间热带金枪鱼委员会公约》（Inter-American Tropical Tuna Commission Convention）的网址：http：//www.iattc.org/PDFFiles/IATTC-Instruments/_English/IATTC_convention_1949.pdf

粮农组织介绍美洲间热带金枪鱼委员会的网址：https：//www.fao.org/fishery/en/organization/iattc/en

# 国际大西洋金枪鱼养护委员会
# (International Commission for the Conservation of Atlantic Tunas, ICCAT)

国际大西洋金枪鱼养护委员会（International Commission for the Conservation of Atlantic Tunas, ICCAT）是一个政府间组织，负责养护和管理大西洋及其毗邻海域的金枪鱼和类金枪鱼渔业资源。委员会依据《国际大西洋金枪鱼养护公约》(International Convention for the Conservation of Atlantic Tunas) 制定并执行相应的渔业资源养护制度。国际大西洋金枪鱼养护委员会依据其成员和在大西洋从事金枪鱼和类金枪鱼渔业作业的捕捞国所呈交的数据汇编渔业统计数据。委员会也负责协调包括种群资源评估在内的各项科学研究。同时，委员会代表其成员提交科学数据为依据的管理措施建议，并提供相应机制供成员就管理措施进行商议和决策。

国际大西洋金枪鱼养护委员会是在 1969 年巴西里约热内卢（Rio de Janeiro, Brazil）会议期间成立的。委员会管辖的鱼类种群为：金枪鱼、类金枪鱼和鲨鱼。委员会曾因未能维护金枪鱼渔业的可持续发展而受到科学家们的强烈批评，然而，近年来委员会在养护鱼类种群资源方面所作出的努力改变了这种负面的评价。蓝鳍金枪鱼是委员会重点关注的养护鱼类种群，委员会已经开始实施一项针对蓝鳍金枪鱼的严格种群资源恢复计划。总的来说，国际大西洋金枪鱼养护委员会的发展目标为：依据可获得的最佳科学数据和信息做决策；鼓励各成员的履约行为；遵循科学的治理模式。

## 1. 成员国/地区

任何联合国成员国/地区政府、任何联合国机构、任何遵守国际大西洋金枪鱼养护委员会规章制度的国家所组成的政府间经济一体化组织均可以加入国际大西洋金枪鱼养护委员会。委员会的批准、同意、或履约文书均交存联合国粮农组织总干事（Director-General），成员资格自批准文书交存粮农组织之日起生效。目前，国际大西洋金枪鱼养护委员会有 52 个成员国/地区，分别是：阿尔巴尼亚（Albania）、阿尔及利亚（Algerie）、安哥拉（Angola）、巴巴多斯（Barbados）、伯利兹（Belize）、巴西（Brazil）、加拿大（Canada）、佛得角（Cabo Verde）、中国（China）、科特迪瓦（Côte d'Ivoire）、库拉索岛（Curacao）、埃及（Egypt）、萨尔瓦多（El Salvador）、赤道几内亚（Equatorial Guinea）、欧盟（European Union）、法国（圣皮埃尔和密克隆群岛）[France（St-Pierre et Miquelon）]、加蓬（Gabon）、冈比亚（Cambia）、加纳（Ghana）、格林纳达（Grenada）、危地马拉（Guatemala）、几内亚（Guinea）、洪都拉斯（Honduras）、冰岛（Iceland）、日本（Japan）、利比里亚（Liberia）、利比亚（Libya）、摩洛哥（Marocco）、毛里塔尼亚（Mauritania）、墨西哥（Mexico）、纳米比亚（Namibia）、尼加拉瓜（Nicaragua）、尼日利亚（Nigeria）、挪威（Norway）、巴拿马（Panama）、菲律宾（Philippines）、韩国（Republic of Korea）、俄罗斯（Russia Federation）、圣文森特和格林纳丁斯（Saint Vincent/Grenadines）、圣多美和普林西比（Sao Tome and Principe）、塞内加尔（Senegal）、塞拉利昂（Sierra Leone）、南非（South Africa）、叙利亚（Syrian Arab Republic）、特立尼达和多巴哥（Trinidad and Tobago）、突尼斯（Tunisia）、土耳其（Turkiye）、英国（United Kingdom）、美国（United States of America）、乌拉圭（Uruguay）、瓦努阿图（Vanuatu）、委内瑞拉（Boliv Rep of Venezuela）。

目前，国际大西洋金枪鱼养护委员会有 5 个合作伙伴（Cooperator），分别是：中国台湾（Chinese Taiwan）、玻利维亚（Plurinational State of Bolivia）、苏里南（Suriname）、圭亚那（Guyana）、哥斯达黎加（Costa Rica）。

## 2. 管辖区域

国际大西洋金枪鱼养护委员会的管辖区域为大西洋的所有海域，包括毗邻海。

## 3. 组织架构

国际大西洋金枪鱼养护委员会由成员代表团组成。委员会执行 1966 年《国际大西洋金枪鱼养护公约》规定的目标。委员会下设分委会，它们分别是：
- 财务和行政常设委员会（Standing Committee on Finance and Administration）
- 研究和统计常设委员会（Standing Committee on Research and Statistics）
- 专家组（Panels）
- 养护和管理措施履约委员会（Conservation and Management Measures Compliance Committee）
- 统计和养护措施改进永久工作组（Permanent Working Group for the Improvement of ICCAT Statistics and Conservation Measures）
- 渔业科学家和管理者对话常设工作组（Standing Working Group on Dialogue between Fisheries Scientists and Managers）
- 其他工作组（注：委员会可根据需要召集其他工作组）
- 秘书处（Secretariat）

上述组织机构中，专家组负责审查委员会管辖的物种、物种种群、地理区域现状，并收集相关科学信息。根据研究和统计常设委员会的调查，专家组可向委员会提议成员采取相应的联合行动。目前委员会下设有4个专家组，分别为：
- 热带金枪鱼（黄鳍金枪鱼，大眼鲷和鲣鱼）专家组［Tropical Tunas（yellowfin, bigeye and skipjack）］
- 北温带金枪鱼（长鳍金枪鱼和大西洋蓝鳍金枪鱼）专家组［Northern Temperate Tunas（albacore and Atlantic bluefin）］
- 南温带金枪鱼（长鳍金枪鱼和南方蓝鳍金枪鱼）专家组［Southern Temperate Tunas（albacore and southern bluefin）］
- 其他鱼类种群（箭鱼、旗鱼和鲣鱼）专家组［Other Species（swordfish, billfishes, small tunas）］

图1为国际大西洋金枪鱼养护委员会的组织架构。

## 4. 养护与管理的鱼类种群

金枪鱼和类金枪鱼属于高度洄游鱼类种群。国际大西洋金枪鱼养护委员会管辖下的鱼类种群有30多种，分别为：大西洋北方蓝鳍金枪鱼（Thunnus thynnus）、黄鳍金枪鱼（Thunnus albacares）、长鳍金枪鱼

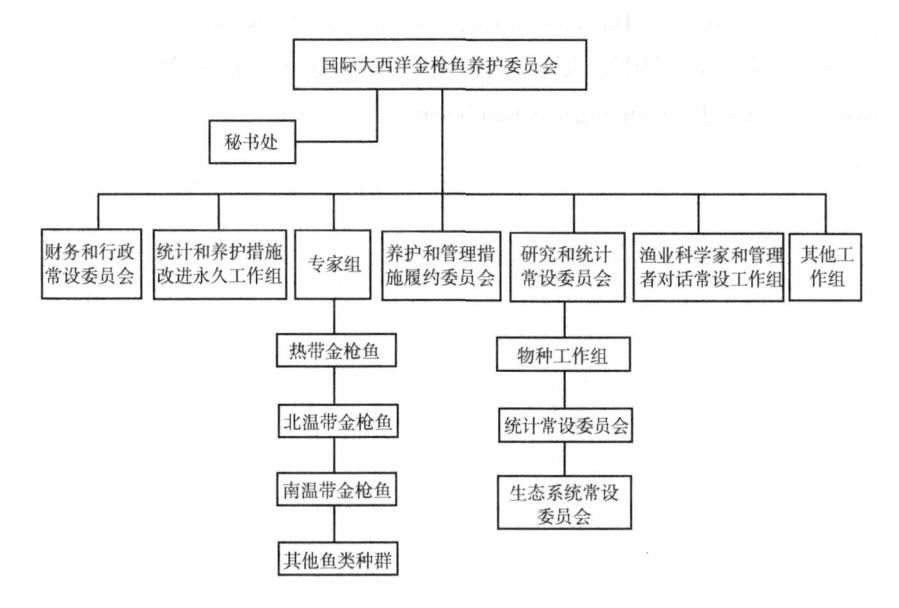

```
                    ┌─────────────────────────┐
                    │ 国际大西洋金枪鱼养护委员会 │
                    └─────────────────────────┘
                               │
        ┌──────┐               │
        │秘书处│───────────────┤
        └──────┘               │
   ┌──────┬──────┬──────┬──────┼──────┬──────┬──────┐
┌──────┐┌──────┐┌──────┐┌──────┐┌──────┐┌──────┐┌──────┐
│财务和││统计和││专家组││养护和││研究和││渔业科││其他工│
│行政常││养护措││      ││管理措││统计常││学家和││作组  │
│设委员││施改进││      ││施履约││设委员││管理者│└──────┘
│会    ││永久工││      ││委员会││会    ││对话常│
│      ││作组  ││      ││      ││      ││设工作│
│      ││      ││      ││      ││      ││组    │
└──────┘└──────┘└──────┘└──────┘└──────┘└──────┘
                    │                │
              ┌──────────┐     ┌──────────┐
              │热带金枪鱼│     │物种工作组│
              └──────────┘     └──────────┘
                    │                │
              ┌──────────┐     ┌──────────┐
              │北温带金枪│     │统计常设委│
              │鱼        │     │员会      │
              └──────────┘     └──────────┘
                    │                │
              ┌──────────┐     ┌──────────┐
              │南温带金枪│     │生态系统常│
              │鱼        │     │设委员会  │
              └──────────┘     └──────────┘
                    │
              ┌──────────┐
              │其他鱼类种│
              │群        │
              └──────────┘
```

**图1 国际大西洋金枪鱼养护委员会的组织架构**

(Thunnus alalunga)、大眼金枪鱼(Thunnus obesus)、箭鱼(Xiphias gladius)、白色四鳍旗鱼(Tetrapturus albidus)、黑皮旗鱼(Makaira nigricans)、平鳍旗鱼(Istiophorus albicans)、椭斑马鲛(Scomberomorus maculatus)、大耳马鲛(Scomberomorus cavalla)、鲣鱼(Katsuwonus pelamis)等。

## 相关链接：

国际大西洋金枪鱼养护委员会(International Commission for the Conservation of Atlantic Tunas, ICCAT)的网址：https：//www.iccat.int/en/

《国际大西洋金枪鱼养护公约》(International Convention for the Conservation of Atlantic Tunas)的网址：https：//www.iccat.int/Documents/Commission/BasicTexts.pdf

《国际大西洋金枪鱼养护委员会议事规则》(Rules of Procedure of International Convention for the Conservation of Atlantic Tunas)的网址：https：//www.iccat.int/Documents/Commission/BasicTexts.pdf

《国际大西洋金枪鱼养护委员会财务规则》(Financial Regulations of International Convention for the Conservation of Atlantic Tunas)的网址：https://www.iccat.int/Documents/Commission/BasicTexts.pdf

粮农组织介绍国际大西洋金枪鱼养护委员会的网址：https://www.fao.org/fishery/en/organization/iccat

# 国际海洋考察理事会
# (International Council for the Exploration of the Sea, ICES)

国际海洋考察理事会（International Council for the Exploration of the Sea, ICES）是政府间国际组织，旨在加强对海洋环境及海洋生物资源的科学认识，继而向相关部门提交无偏见、不涉及政治因素的意见和建议。

国际海洋考察理事会负责协调并促进对海洋学、海洋环境和海洋生态系统、北大西洋及其邻近海域海洋生物资源的科学研究。该理事会也是科研组织，为成员国/地区和其他国际机构提供信息和建议，使决策者就海洋环境和海洋生态系统的可持续利用作出明智选择。

1902年，国际海洋考察理事会在丹麦哥本哈根（Copenhagen, Denmark）成立，其秘书处也设立在此。国际海洋考察理事会是历史最悠久的国际渔业组织之一。

## 1. 成员国/地区

国际海洋考察理事会成员国/地区为：比利时（Belgium）、加拿大（Canada）、丹麦（Denmark）、爱沙尼亚（Estonia）、芬兰（Finland）、法国（France）、德国（Germany）、冰岛（Iceland）、爱尔兰（Ireland）、拉脱维亚（Latvia）、立陶宛（Lithuania）、荷兰（Kingdom of the Netherlands）、挪威（Norway）、波兰（Poland）、葡萄牙（Portugal）、俄罗斯（Russian Federation）、西班牙（Spain）、瑞典（Sweden）、英国（United Kingdom）、美国（United States of America）。

## 2. 管辖区域

国际海洋考察理事会重点关注区域为北大西洋及相邻的北海和波罗的海。在理事会协调下，来自20个成员国/地区的实验室和研究所工作人员合作开展相关的研究和调查工作。理事会管辖区域覆盖公海和该理事会成员国/地区管辖的水域。

## 3. 组织架构

国际海洋考察理事会的组织架构如图1所示：

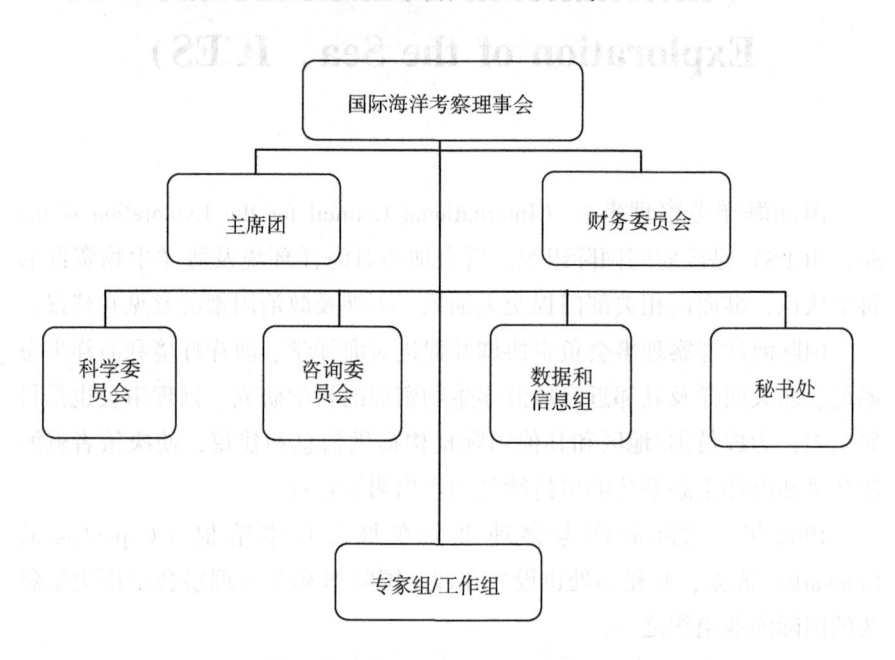

图1 国际海洋考察理事会的组织架构

国际海洋考察理事会是该组织的决策机构，负责制定相关的政策。理事会由理事会主席和20个成员国/地区各自任命的2名代表组成。主席团（Bureau）是国际海洋考察理事会的执行委员会，财务委员会（Finance Committee）负责监督理事会的财务事务。国际海洋考察理事会通过咨询委员会（Advisory Committee）、科学委员会（Science Committee）、数据和信息组（Data and Information Group）以及秘书处开展具体工作。各委员会的职能如下：

- 科学委员会负责制定动态且科学的海洋科学研究项目；
- 咨询委员会负责根据掌握的科学信息为海洋生态系统的可持续利用和保护提供切实建议；
- 秘书处负责提供行政支持，同时提供数据处理等专业支持；
- 数据和信息组为国际海洋考察理事会提供全面的数据管理的建

议，包括数据政策、数据战略、数据质量、技术问题、用户指导等。

国际海洋考察理事会下有近150个专家组和工作组，这些专家组和工作组由来自20个成员国/地区的1500名科学家组成，他们分别来自350多个科研和教育机构。上述专家组和工作组旨在解决海洋生态系统的各类问题。通过这些数目众多的专家组和工作组，该理事会成功解决了各种海洋科学问题。

## 4. 目标与职责

### 4.1 科学研究

国际海洋考察理事会致力于发展可靠并前沿的科学，旨在为海洋的可持续利用提供最佳建议和解决方案。

国际海洋考察理事会的目标是成为世界一流的专注于海洋生态系统研究的科学组织，为海洋的可持续利用向各方提供所需的知识。实现这一目标的关键在于协调、引领并促进科学的发展。在实现上述目标的过程中，国际海洋考察理事会不断积累海洋知识、推动教育发展、夯实科学基础，就海洋生态系统和人类活动的相互关系以及两者的可持续管理给予科学意见和建议。

国际海洋考察理事会负责解决各类海洋科学问题，包括海洋生态系统的动态发展、海洋生态系统观测和评估，以及人类活动对生态系统造成的影响。

目前，国际海洋考察理事会高度重视北极研究、跨大西洋合作、气候变化、水产养殖业和渔业以及社会与海洋之间的相互作用。该理事会还将科学创新和知识应用于其管辖地区及其他地区的海洋生态和渔业研究及综合生态系统评估。国际海洋考察理事会与其欧洲成员国/地区携手合作为《欧盟海洋战略框架方针》（EU Marine Strategy Framework Directive，MSFD）的制定提供科学意见和建议。

科学委员会负责监督国际海洋考察理事会关于海洋科学的各项工作，而咨询委员会则根据掌握的科学知识提出渔业海洋管理意见和建议。国际海洋考察理事会数据中心和秘书处的工作人员通力协助上述两个委员会的工作。

## 4.2 海洋数据

国际海洋考察理事会建有完备的数据中心，包括与海洋环境相关的数量众多的数据库。其中，大部分数据涉及东北大西洋（Northeast Atlantic Ocean）、波罗的海（Baltic Sea）、格陵兰海（Greenland Sea）和挪威海（Norwegian Sea），由国际海洋考察理事会各个成员国/地区的国内科研机构所提供。

国际海洋考察理事会数据中心为该理事会成员国/地区、专家组、世界数据中心、区域海洋公约［《波罗的海区域海洋环境保护公约》（也即《赫尔辛基公约》，HELCOM）和《奥斯陆巴黎保护东北大西洋海洋环境公约》（OSPAR）］、欧洲环境署（EEA）、欧盟统计局（Eurostat）以及其他欧洲相关项目和生物多样性门户网站提供海洋数据服务。

国际海洋考察理事会数据中心的数据库按照特定主题进行收集，同时设有总数据库。目前，国际海洋考察理事会拥有的数据库如下：

- 生物群落
- 污染物和生物效应
- 卵和幼虫
- 鱼类捕食（胃含物）
- 拖网渔业调查
- 历史浮游生物
- 海洋物理和化学

## 4.3 科学建议

国际海洋考察理事会就海洋生物资源可持续利用和海洋环境保护向各国政府和相关的国际委员会提出建议。所有建议不含偏见，不涉及政治因素，均基于国际科学合作、研究成果应用和国际数据库储备下可以获得的最佳生物信息。

国际海洋考察理事会既为成员国/地区政府提供服务，也应成员国/地区、国际组织和委员会要求提供科学信息和管理建议，如：奥斯陆-巴黎保护东北大西洋海洋环境委员会（Oslo Paris Commission，OSPAR）、赫尔辛基委员会/波罗的海海洋环境保护委员会（Helsinki Commission-Baltic Marine Environment Protection Commission，HELCOM）、东北大西洋渔业委员会（North East Atlantic Fisheries Commission，NEAFC）、北大西洋鲑鱼养护组织（North Atlantic Salmon Conservation Organization，NASCO）和欧洲委员会（European Commission，EC）。

国际海洋考察理事会致力于区域性海洋生态系统的综合评估和咨询。

## 4.4 出版物

国际海洋考察理事会出版物对该理事会的最新研究成果进行宣传和介绍。

国际海洋考察理事会成立不到一年，就出版了第一份刊物。迄今为止，刊物数量已有数千份，其中有些刊物已经被相关领域奉为标准参考：

- 《国际海洋考察理事会海洋科学》（ICES Journal of Marine Science）是国际海洋考察理事会的代表性出版物，自1926年以来，一直承担对外传播海洋科学知识的角色，也为各种海洋管理和保护问题提供科学建议；
- 《国际海洋考察理事会建议》（ICES Advice）为年刊，汇集咨询委员会基于生态系统管理方法的当年全部建议；
- 《合作研究报告》（Cooperative Research Reports）汇集国际海洋考察理事会专家组、委员会和特设小组编写的报告；
- 《海洋环境科学技术》（Techniques in Marine Environmental Sciences）详细描述海洋环境研究中关于化学测量和生物测量的方法和程序；
- 《识别手册》（Identification Leaflets）提供标准密钥和诊断辅助，用于识别浮游植物和浮游动物以及北大西洋鱼类和贝类携带的重大疾病和寄生虫；
- 《国际海洋考察理事会调查手册》（Series of ICES Survey Protocols）由一系列调查指南组成，涵盖国际海洋考察理事会开展海洋渔业和生态系统调查的协议和程序，包括拖网调查、声学调查和鱼类浮游生物调查；
- 《专家组报告》（Expert Group Reports）是国际海洋考察理事会专家组的工作文件，用于评估海洋生态系统的各个方面；
- 《国际海洋考察理事会视野》（ICES Insight）是一本年刊，重点介绍国际海洋考察理事会开展的一些重要工作。

国际海洋考察理事会在线图书馆免费提供部分出版物，包括过刊与现刊。

## 相关链接：

国际海洋考察理事会（International Council for the Exploration of the Sea，ICES）的网址：http：//www.ices.dk/

《国际海洋考察理事会公约》（Convention for International Council for the Exploration of the Sea）的网址：https：//www.ices.dk/about-ICES/who-we-are/Documents/ICES_Convention_1964.pdf

《哥本哈根宣言》（Copenhagen Declaration）的网址：https：//www.ices.dk/about-ICES/who-we-are/Documents/CPH_declaration_2002.pdf

《国际海洋考察理事会议事规则》（Rules of Procedure of International Council for the Exploration of the Sea）的网址：https：//www.ices.dk/about-ICES/who-we-are/Documents/ICES_Rules_of_Procedure.pdf

粮农组织介绍国际海洋考察理事会的网址：https：//www.fao.org/fishery/en/organization/ices/en

# 印度洋金枪鱼委员会
# (Indian Ocean Tuna Commission, IOTC)

印度洋金枪鱼委员会（Indian Ocean Tuna Commission, IOTC）的成立旨在促进成员之间，以及成员和合作非缔约方（Cooperating Non-Contracting Party, CNCP）之间的合作，从而通过科学管理确保鱼类种群资源养护及其最适度利用，促进渔业可持续发展。

## 1. 成员国/地区

印度洋沿海国家、联合国或联合国专门机构的成员国/地区或区域经济一体化组织等联合国成员均可申请成为印度洋金枪鱼委员会成员。目前印度洋金枪鱼委员会有33个成员，其中大多数是国家，这些成员为：澳大利亚（Australia）、孟加拉国（Bangladesh）、伯利兹（Belize）、中国（China）、科摩罗（Comoros）、厄立特里亚（Eritrea）、欧盟（European Union）、法国（France）、几内亚（Guinea Rep.）、印度（India）、印度尼西亚（Indonesia）、伊朗（Islamic Republic of Iran）、日本（Japan）、肯尼亚（Kenya）、韩国（Republic of Korea）、马达加斯加（Madagascar）、马来西亚（Malaysia）、马尔代夫（Maldives）、毛里求斯（Mauritius）、莫桑比克（Mozambique）、阿曼（Oman）、巴基斯坦（Pakistan）、菲律宾（Philippines）、塞舌尔（Seychelles）、塞拉利昂（Sierra Leone）、索马里（Somalia）、南非（South Africa）、斯里兰卡（Sri Lanka）、苏丹（Sudan）、坦桑尼亚（United Republic of Tanzania）、泰国（Thailand）、英国［United Kingdom（Overseas Territories）］、也门（Yemen）。

除正式成员外，对印度洋金枪鱼和类金枪鱼渔业感兴趣的国家或地区也可以申请成为印度洋金枪鱼委员会合作非缔约方，参与印度洋金枪鱼委员会的工作进程。自相关国家提出申请，合作非缔约方的身份资格期限为一年，合作非缔约方没有支付会费的义务，但不享有委员会事务的投票权，与正式成员受相同的规定约束。合作非缔约方的身份资格每年由委员会审核一次。本书编写时（2024年2月），印度洋金枪鱼委员会的合作非缔约方为利比里亚（Liberia）与塞内加尔（Senegal），其中，利比里亚是从2015年起成为合作非缔约方，而塞内加尔是从2006年起成为合作非缔约方。

## 2. 管辖区域

印度洋金枪鱼委员会的管辖区域覆盖南极辐合带以北的印度洋及其邻近海域，为了养护和管理洄游于印度洋内外的金枪鱼鱼类种群，委员会也覆盖上述海域之外的少部分海域。1999年，印度洋金枪鱼委员会把统计区西部边界线从东经30°延伸到东经20°，从而消除了印度洋金枪鱼委员会和国际大西洋金枪鱼养护委员会（International Commission for the Conservation of Atlantic Tunas，ICCAT）管辖区域的盲区。因此，印度洋金枪鱼委员会管辖区域既包括公海，也包括国家管辖下的海域。

## 3. 组织架构

印度洋金枪鱼委员会下可设分委会，旨在为成员方提供平台，就某些非共享的鱼类种群资源的管理开展磋商和合作。尤其重要的是，这些分委会可以审查各项备选的管理措施，并根据审查结果向委员会提出适当的养护和管理措施的建议。但是，迄今为止，成员方认为没有必要设立任何分委会。

目前，印度洋金枪鱼委员会下有3个附属机构，它们分别是：

履约委员会（Compliance Committee，CoC）：该委员会每年召开一次会议，监督印度洋金枪鱼委员会成员和合作非缔约方对养护和管理措施的履约情况。

行政和财务常设委员会（Standing Committee on Administration and Finance，SCAF）：该委员会每年召开一次会议，就行政和财务事务向委员会提供建议，特别是本年度业务预算和下一年临时预算等事务。

科学委员会（Scientific Committee，SC）：该委员会每年召开一次会议，就鱼类种群状况和确保渔业可持续发展的必要管理举措向委员会提供建议。

印度洋金枪鱼委员会下也设工作组（Working Party，WP）。工作组的主要职能是分析与委员会的管理目标有关的技术问题。例如，致力于不同种群资源的工作组分析种群的状况，向科学委员会提供备选的管理举措，以便科学委员会向印度洋金枪鱼委员会提交管理建议。目前委员会下设的工作组为：

- 旗鱼工作组（WP on Billfish，WPB）
- 数据收集和统计工作组（WP on Data Collection and Statistics，WPDCS）
- 方法工作组（WP on Methods，WPM）
- 浅海金枪鱼工作组（WP on Neritic Tunas，WPNT）
- 温带金枪鱼工作组（WP on Temperate Tunas，WPTmT）
- 热带金枪鱼工作组（WP on Tropical Tunas，WPTT）
- 生态系统和兼捕工作组（WP on Ecosystems and Bycatch，WPEB）

印度洋金枪鱼委员会及其所有附属机构的会议均对观察员（Observer）开放。印度洋金枪鱼委员会区域观察员计划（IOTC Regional Observer Scheme）的目标是收集经核实的捕捞数据及与委员会管辖区域内的金枪鱼和类金枪鱼渔业相关的其他科学数据。

## 4. 养护与管理的鱼类种群

印度洋金枪鱼委员会管辖的鱼类种群为：黄鳍金枪鱼（Thunnus albacares）、鲣鱼（Katsuwonus pelamis）、大眼金枪鱼（Thunnus obesus）、长鳍金枪鱼（Thunnus alalunga）、南方蓝鳍金枪鱼（Thunnus maccoyii）、青干金枪鱼（Thunnus tonggol）、鲔鱼（Euthynnus affinis）、扁舵鲣（Auxis thazard）、双鳍舵鲣（Auxis rochei）、康氏马鲛（Scomberomorus commerson）、斑点马鲛（Scomberomorus guttatus）、大西洋蓝枪鱼（Makaira nigricans）、印度枪鱼（Makaira indica）、条纹四鳍旗鱼（Tetrapturus audax）、平鳍旗鱼（Istiophorus platypterus）、剑鱼（Xiphias gladius）。

此外，印度洋金枪鱼委员会秘书处（Secretariat）还校对受金枪鱼捕捞作业影响的非目标、相关和依赖物种的数据，比如海龟、海洋哺乳动物、海鸟、鲨鱼和兼捕物种。

## 5. 目标与职责

印度洋金枪鱼委员会有4项关键职能和责任，分别为：

- 审查鱼类种群的状况和发展趋势；收集、分析和发布科学信息、渔获和捕捞努力量数据，以及鱼类种群资源养护与管理和渔业相关的其他科学信息；

- 鼓励、建议和协调鱼类种群和渔业相关的科研调查活动，以及其他委员会认为需要开展的科学研究活动，如技术转让、培训和发展，同时确保委员会成员参与上述活动的公平机会，并虑及在此区域的发展中成员国/地区在渔业方面的特殊需求；

- 根据科学信息制定并采纳养护和管理措施，确保管辖海域内鱼类种群资源的养护，并促进该海域内鱼类种群资源的最优化利用；

- 审查管辖区域内渔业的经济和社会影响，同时虑及发展中沿海国的利益。

### 相关链接：

印度洋金枪鱼委员会（Indian Ocean Tuna Commission，IOTC）的网址：http://www.iotc.org/

粮农组织介绍印度洋金枪鱼委员会的网址：https://www.fao.org/fishery/en/organization/iotc

# 国际太平洋大比目鱼委员会
# (International Pacific Halibut Commission, IPHC)

《国际太平洋大比目鱼委员会公约》(International Pacific Halibut Commission Convention) 于1923年缔结，并于同年生效。为扩大国际太平洋大比目鱼委员会（International Pacific Halibut Commission, IPHC）的职权范畴并适应渔业发展的新形势，该公约发展至今已经多次修订。最近的一次修订发生在1979年，针对1953年《大比目鱼公约》(Halibut Convention) 开展了相应的修订工作，该修订案被命名为《1979年议定书》(1979 Protocol)。1976年在加拿大和美国的共同干预下该修订工作得以展开，当时上述两国欲将其渔业管辖区域延伸到200海里。《1979年议定书》和美国发布的《1982年北太平洋大比目鱼法案》[①]（Northern Pacific Halibut Act of 1982）改变了大比目鱼渔业方式，并重新定义了国际太平洋大比目鱼委员会在20世纪80年代渔业管理的职责和目标。加拿大没有发布具体的授权立法，但《1979年议定书》在该国同样得以实施。

## 1. 成员国/地区

国际太平洋大比目鱼委员会有2个成员国/地区：加拿大（Canada）和美国（United States of America）。

## 2. 管辖区域

《国际太平洋大比目鱼委员会公约》的管辖区域为加拿大和美国西海岸的水域，包括阿拉斯加南部和西部沿海。上述水域均处于两国各自的专属渔业管辖权范畴之内。

---

① 该法案下，《1979年议定书》得以实施。

## 3. 组织架构

国际太平洋大比目鱼委员会下设相应的附属机构。另外,委员会也设有秘书处(Secretariat),具体负责行政事务,为委员会及委员会下属的附属机构提供科研、数据、技术和政策支持。国际太平洋大比目鱼委员会的组织架构如图1所示:

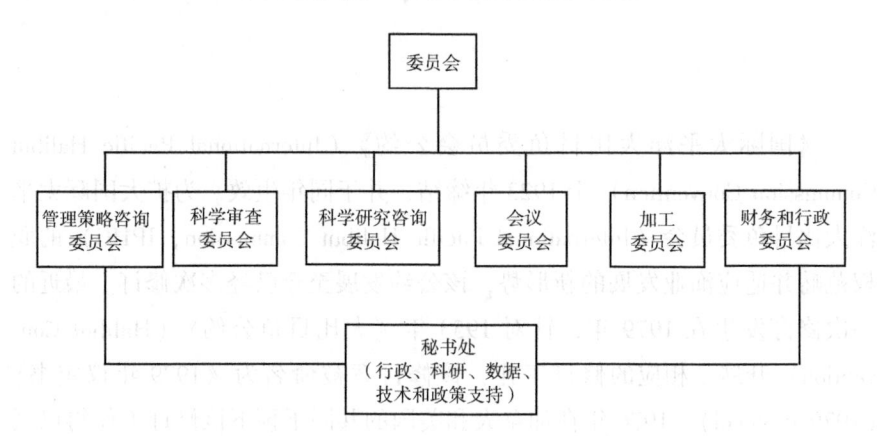

**图1 国际太平洋大比目鱼委员会的组织架构**

### 3.1 委员会

目前,国际太平洋大比目鱼委员会由6名成员组成,其中,加拿大和美国各派3名成员,他们代表各自国家的利益。近年来,双方的3名成员中一名为联邦渔业机构的雇员,一名为渔民,另一名则是渔产品买家或加工商。

### 3.2 附属机构

管理策略咨询委员会(Management Strategy Advisory Board,MSAB)于2013年成立。该工作组由渔民、渔业经理、加工商、办事员、国际太平洋大比目鱼委员会成员、科学顾问和学者组成,负责向国际太平洋大比目鱼委员会的管理战略评估项目(Management Strategy Evaluation,MSE)提供监督和建议。管理战略评估项目是一项动态发展项目,旨在确定渔业目标,发布和审查管理程序,制定绩效措施,从而向国际太平洋大比目鱼委员会提供渔业管理措施建议。

科学审查委员会（Scientific Review Board，SRB）于2013年成立，由渔业科学专家组成。科学审查委员会对国际太平洋大比目鱼委员会的科学决策和计划进行独立的科学审查，支持并加强鱼类种群评估。

科学研究咨询委员会（Research Advisory Board，RAB）于1999年成立，由渔民和加工商组成，向国际太平洋大比目鱼委员会建议科学研究关注点。科学咨询委员会通常会在2月国际太平洋大比目鱼委员会年度会议之后举行会议。其意见建议则被纳入国际太平洋大比目鱼委员会的科学研究规划流程。

会议委员会（Conference Board，CB）是代表加拿大和美国大比目鱼商业渔业和休闲渔业的工作组，于1931年成立，负责向国际太平洋大比目鱼委员会提供渔民对每年1月委员会年会上提出的提案的意见。该工作组的成员由加拿大和美国的工会和船东组织指定。

加工委员会（Processor Advisory Board，PAB）是由大比目鱼加工商组成的工作组。与会议委员会一样，加工委员会就国际太平洋大比目鱼委员会年会上提出的提案发表意见。该工作组成立于1996年。

财务和行政委员会（Finance and Administration Committee，FAC）由任命的国际太平洋大比目鱼委员会委员组成，负责向国际太平洋大比目鱼委员会提供关于财务和行政事项的咨询意见，包括审查当年度的财务预算并起草未来几年的预算草案。此外，财务和行政委员会可提请委员会注意任何与财务和行政相关的问题。

## 4. 对外合作

除非国际太平洋大比目鱼委员会另有具体决定，否则委员会及其附属机构会议通常对观察员（Observer）和公众开放。

国际太平洋大比目鱼委员会可应对方要求，以官方身份邀请下列观察员参加会议：
- 任何国家或对管辖区域附近水域具有管辖权的任何其他实体；
- 非委员会成员国/地区、但对委员会工作感兴趣的国家；
- 其他区域性渔业管理组织、相关政府或政府间组织；
- 在委员会开展工作的领域具有相应能力的非政府组织，上述组织可参加委员会指定的会议。

在会议开始前30天内，委员会会议的任何观察员可以向委员会提交作为监管提案的备忘录、立场声明或信息文件。

观察员和公众可在观察员和公众审查期间参与委员会及其附属机构的工作审议,但无权参与决策。

委员会可与其他政府间组织和机构,特别是与渔业相关的部门签署合作协议或安排,以推进委员会的工作和目标实现。根据此类合作协议或安排,这些组织或机构可以观察员的身份参与国际太平洋大比目鱼委员会会议。

## 5. 管辖区域内的渔业活动

商业延绳钓和休闲渔业是北太平洋和白令海大比目鱼渔业最主要的两种形式,另外生计渔业也占有一定比例;一些不允许捕捞太平洋大比目鱼的商业渔业也常以兼捕的形式造成部分太平洋大比目鱼的死亡率。在 20 世纪,所有上述形式下的太平洋大比目鱼捕捞量每年从 15422 吨至 45359 吨不等,平均年捕捞量为 28576 吨。以 2017 年的捕捞量为例,该年的总捕捞量为 18960 吨,比 2016 年略有上升,但低于 100 年来的平均水平。以国际太平洋大比目鱼委员会发布的 2017 年太平洋大比目鱼捕捞量构成为例:商业渔业 11605 吨,休闲渔业 3587 吨,兼捕 2720 吨,生计渔业 530 吨。

## 6. 目标和职责

国际太平洋大比目鱼委员会的主要工作目标是保护和规范北太平洋和白令海的大比目鱼渔业。

国际太平洋大比目鱼委员会的主要工作目标和职责为:
- 开展和协调与大比目鱼渔业相关的科学研究,并制定相关措施,旨在将大比目鱼种群资源恢复到可开展最佳渔业开发的水平;
- 向两国政府提交相关规定,主要涉及管辖区域内大比目鱼的总可捕捞量,以供两国政府审核并批准。一旦批准,这些规定由两国政府的相关机构实施和执行。

## 7. 科学与研究

国际太平洋大比目鱼委员会开展的科学研究活动旨在实现委员会的以下目标:改进年度鱼类种群评估和配额建议;获取当前管理问题的信息;

提高大比目鱼生物学和生活史的知识。

国际太平洋大比目鱼委员会的重要科学研究领域如下：

- 标志放流。自国际太平洋大比目鱼委员会于1925年开始执行标志放流以来，已放流465000多条被标记的太平洋大比目鱼，并已回收51000多条。标志放流太平洋大比目鱼的目的是研究大比目鱼的洄游、年龄、生长和死亡率。国际太平洋大比目鱼委员会对获取并交还标志放流大比目鱼者给予奖励。
- 太平洋大比目鱼鱼类种群现状及其生物学。该科学研究主要围绕大比目鱼种群现状概述、描述、繁殖、发展、分布、洄游、年龄、大小、生长和摄食。
- 鱼类种群评估。根据独立的资源调查、太平洋大比目鱼商业渔业和其他渔业所提供的数据，结合科学研究所获得的生物信息，国际太平洋大比目鱼委员会对大比目鱼鱼类种群资源进行年度评估。
- 管理战略评估。该评估针对替代管理方案。
- 独立调查。除了大比目鱼渔业提供的数据，国际太平洋大比目鱼委员会也开展独立调查获取数据，这些数据涉及渔业捕捞量和生物学信息。
- 生物和生态系统科学研究。自国际太平洋大比目鱼委员会成立以来，其一直致力于太平洋大比目鱼生物学科学研究。

## 相关链接：

国际太平洋大比目鱼委员会（International Pacific Halibut Commission，IPHC）的网址：https：//iphc. int/

《北太平洋和白令海大比目鱼渔业保护公约1979》（Protocol Amending the Convention between the United States of America and Canada for the Preservation of the Halibut Fishery of the Northern Pacific Ocean and Bering Sea 1979）的网址：https：//iphc. int/uploads/pdf/basic－texts/iphc－1979－pacific-halibut-convention. pdf

《国际太平洋大比目鱼委员会议事规则2024》（International Pacific Halibut Commission Rules of Procedures 2024）的网址：https：//www. iphc. int/uploads/2024/01/IPHC-2024-ROP24-IPHC-Rules-of-Procedure-2024-23-January-2024. pdf

《国际太平洋大比目鱼委员会管理规则 2024》(International Pacific Halibut Commission Fishery Regulations 2024)的网址：https：//www.iphc.int/uploads/2024/02/IPHC-Fishery-Regulations-2024-5-Feb.pdf

《国际太平洋大比目鱼委员会财务规则 2024》(International Pacific Halibut Commission Financial Regulations 2024)的网址：https：//www.iphc.int/uploads/2024/01/IPHC-2024-FR24-IPHC-Financial-Regulations-2024-23-January-2024.pdf

《国际太平洋大比目鱼委员会战略计划 2023-2027》[International Pacific Halibut Commission Strategic Plan (2023-2027)]的网址：https：//www.iphc.int/uploads/pdf/sp/iphc-2023-sp27.pdf

《国际太平洋大比目鱼委员会综合研究和监测 5 年项目 2022-2026》[International Pacific Halibut Commission 5-Year Program of Integrated Research and Monitoring (2022-2026)]的网址：https：//www.iphc.int/uploads/pdf/5ypirm/iphc-2023-5ypirm.pdf

《国际太平洋大比目鱼委员会捕捞战略》(International Pacific Halibut Commission Harvest Strategy Policy)的网址：https：//www.iphc.int/research-monitoring/harvest-strategy-policy/

粮农组织介绍国际太平洋大比目鱼委员会的网址：https：//www.fao.org/fishery/en/organization/iphc/en

# 国际捕鲸委员会
# (International Whaling Commission, IWC)

国际捕鲸委员会（International Whaling Commission，IWC）是一个被联合国认可、负责保护鲸类及管理捕鲸行业的政府间机构。1946年12月2日，《国际捕鲸管制公约》（International Convention for the Regulation of Whaling）在美国华盛顿（Washington DC，USA）签署，国际捕鲸委员会随之成立。该委员会旨在建立并规范国际捕鲸管理制度，以确保鲸类资源的适当和有效养护和管理，维护捕鲸业的有序发展。委员会基于科学依据制定捕鲸管理制度，同时将鲸类产品消费者的需求和捕鲸业的利益纳入考虑，以此维持鲸类资源的养护、发展和适当的开发利用。

1946年，全球海域的商业捕鲸活动达到历史最高峰，鲸类的命运岌岌可危，国际捕鲸委员会也是在这样的形势下产生的。每届国际捕鲸委员会的委员任命总会引起全世界鲸类保护者们的特别关注，因为通过这个机构，人类将决定大洋里体积最庞大的哺乳动物的命运。

## 1. 成员国/地区

国际捕鲸委员会对所有正式签署《国际捕鲸管制公约》的国家/地区开放。各成员国/地区委派一名委员出任委员会代表，同时委派多名专家和顾问协助相关工作。该委员会现有80余个成员国/地区，他们分别为：安提瓜岛和巴布达（Antigua and Barbuda）、阿根廷（Argentina）、澳大利亚（Australia）、奥地利（Austria）、比利时（Belgium）、伯利兹（Belize）、贝宁（Benin）、巴西（Brazil）、保加利亚（Bulgaria）、柬埔寨（Cambodia）、喀麦隆（Cameroon）、加拿大（Canada）、智利（Chile）、中国（China）、哥伦比亚（Colombia）、刚果（布）（Republic of the Congo）、哥斯达黎加（Costa Rica）、科特迪瓦（Côte d'Ivoire）、克罗地亚（Croatia）、塞浦路斯（Cyprus）、捷克（Czechia）、丹麦（Denmark）、多米尼克（Dominica）、多米尼加（Dominican Republic）、厄瓜多尔（Ecuador）、厄立特里亚（Eritrea）、爱沙尼亚（Estonia）、芬兰（Finland）、法国（France）、加蓬（Gabon）、冈比亚（Gambia）、德国（Germany）、加纳（Ghana）、格林纳达（Grenada）、危地马拉（Guatemala）、几内亚（Guinea）、几内亚比绍（Guinea-Bissau）、匈牙利（Hungary）、冰岛（Iceland）、印度（India）、爱尔兰（Ireland）、以色列（Israel）、意大利（Italy）、日本（Japan）、肯尼亚（Kenya）、基里巴斯（Kiribati）、韩国（Republic of Korea）、老挝（Lao People's Dem. Rep.）、立陶宛（Lithuania）、卢森堡（Luxembourg）、马里（Mali）、马绍尔群岛（Marshall Islands）、毛里塔尼亚（Mauritania）、墨西哥（Mexico）、摩纳哥（Monaco）、蒙古国（Mongolia）、摩洛哥（Morocco）、瑙鲁（Nauru）、荷兰（Kingdom of the Netherlands）、新西兰（New Zealand）、尼加拉瓜（Nicaragua）、挪威（Norway）、阿曼（Oman）、帕劳（Palau）、巴拿马（Panama）、秘鲁（Peru）、波兰（Poland）、葡萄牙（Portugal）、罗马尼亚（Romania）、俄罗斯（Russian Federation）、圣马力诺（San Marino）、圣基茨和尼维斯（Saint Kitts and Nevis）、圣卢西亚（Saint Lucia）、圣文森特和格林纳丁斯（St Vincent/Grenadines）、塞内加尔（Senegal）、斯洛伐克（Slovakia）、斯洛文尼亚（Slovenia）、所罗门群岛（Solomon Islands）、南非（South Africa）、西班牙（Spain）、苏里南（Suriname）、瑞典（Sweden）、瑞士（Switzerland）、坦桑尼亚（United Republic of Tanzania）、多哥（Togo）、图瓦卢（Tuvalu）、英国（United Kingdom）、乌拉圭（Uruguay）、美国（United States of America）、委内瑞拉（Boliv Rep of Venezuela）。

日本是重要捕鲸国，于1951年加入国际捕鲸委员会，其捕鲸行为受到国际社会的关注，也遭遇了来自各方的谴责。日本政府于2018年12月26日宣布退出国际捕鲸委员会，2019年7月正式退出。日本的退出意味着日本将重启商业捕鲸活动。除了日本，加拿大、埃及、菲律宾、塞舌尔、委内瑞拉、牙买加、希腊、法罗群岛（丹麦）等也先后退出了国际捕鲸委员会。

## 2. 管辖区域

国际捕鲸委员会管辖区域覆盖全球水域。《国际捕鲸管制公约》适用于各缔约政府管辖下的捕鲸母船、沿岸加工站和捕鲸船，以及这些捕鲸母船、沿岸加工站或捕鲸船进行作业的全部水域。

## 3. 组织架构

国际捕鲸委员会下设 6 个分委员会，分委员会由各个专家委员会组成。其中，一些专家委员会是常设委员会，一些则是为完成特定任务而临时设立。专家委员会主席由国际捕鲸委员会委员、国际捕鲸委员会成员国/地区代表或相关专家担任。

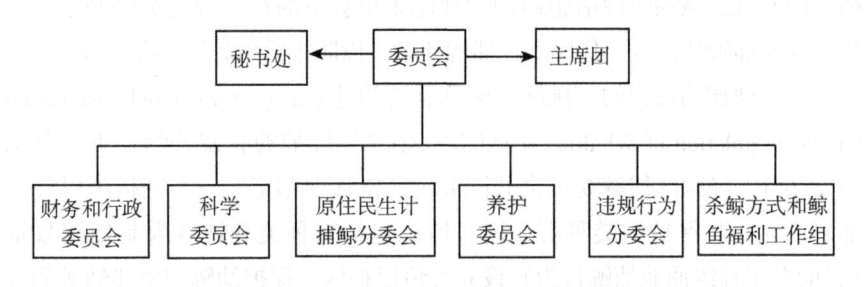

图 1 为国际捕鲸委员会的组织架构：

**图1 国际捕鲸委员会的组织架构**

## 4. 目标与职责

国际捕鲸委员会负责监督和评估世界各国捕捞鲸鱼的数量及种类是否符合《国际捕鲸管制公约》规定。这些规定包括：完全禁止捕捞若干濒临绝种的珍贵鲸鱼；设立鲸鱼保护区；规定捕捞鲸鱼的数量及大小；规定开放及禁止捕捞鲸鱼的季节及水域；严格禁止捕捞尚未断乳的幼鲸及陪同幼鲸的母鲸。公约也规定各成员国/地区必须申报捕捞鲸鱼的数量、种类及其他有关数据。但是，这些规定对于提出异议的国家/地区无效。

除此之外，国际捕鲸委员会也鼓励各方参与有关鲸鱼的科学研究和发表相关的科学论文，提倡以更人道的方式宰杀鲸鱼。

许多情况下，国际捕鲸委员会负责协调并资助鲸类资源的养护工作。除科研任务外，该委员会还专注于提升应对国际纠纷的能力，防止捕鲸船罢工，制订濒危鲸类种群的养护和管理计划。国际捕鲸委员会还制订了《观鲸战略计划》（Strategy Plan for Whale Watching），推动符合国际最佳实践标准的负责任观鲸活动的发展。

国际捕鲸委员会对鲸类种群进行广泛研究，建立并维护相关的科学数据库，并出版科学期刊《鲸类研究和管理》（*Journal of Cetacean Research and Management*)。

## 5. 重要的养护措施

众所周知，过度捕鲸导致多种鲸类种群数量严重减少。在养护与管理措施下，鲸类种群尚未出现灭绝现象，并且，目前许多鲸类种群（尽管不是全部）数量正在恢复。20 世纪 70 年代中期，国际捕鲸委员会引进了按数量和种群进行捕鲸管理的方法，从而推动了现今高度预防性科学管理程序措施的发展。该预防性措施由国际捕鲸委员会下的科学分委员会制定，适用于商业捕鲸活动或原住民生计捕鲸活动，以防止鲸鱼数量再次骤减。

具有法律约束力的《国际捕鲸管制公约计划》（International Convention for the Regulation of Whaling Schedule）是《国际捕鲸管制公约》不可分割的一部分。经国际捕鲸委员会共同商定，该计划制定了一系列措施以管制捕鲸活动，并保护鲸类种群。这些措施包括按种类和地区限制捕鲸数量（目的在于杜绝商业捕鲸行为）、设立鲸鱼保护区、保护幼鲸和陪伴幼鲸的母鲸以及限制捕鲸方式。与《国际捕鲸管制公约》不同，该计划可在国际捕鲸委员会会议期间进行修订和更新（每次修订和更新至少需要四分之三的赞成票）。国际捕鲸委员会遵循科学分委员会的最新科学数据和发现，根据原住民捕鲸者的需求变化适时对计划进行修订和更新。

### 相关链接：

国际捕鲸委员会（International Whaling Commission，IWC）的网址：https：//iwc.int/home

《国际捕鲸管制公约》（International Convention for the Regulation of Whaling）的网址：https：//archive.iwc.int/pages/view.php? ref=3607&k=

《国际捕鲸管制公约计划》（Schedule of International Convention for the Regulation of Whaling）的网址：https：//archive.iwc.int/pages/view.php? ref=3606&k

《国际捕鲸委员会议事规则和财政规则》（Rules of Procedure and Finanacial Regulations of International Whaling Commission）的网址：https：//archive.iwc.int/pages/view.php? ref=3605&k=#

粮农组织介绍国际捕鲸委员会的网址：https：//www.fao.org/fishery/en/organization/iwc/en

# 乍得湖流域委员会
# (Lake Chad Basin Commission, LCBC)

乍得湖流域委员会（Lake Chad Basin Commission, LCBC）成立于1964年，负责管理和规划乍得湖盆地水资源和其他自然资源的使用与开发。其早期开展的大部分活动都是为了应对干旱，尤其是在1973年至1983/1984年萨拉赫地区（Sahelian Region）遭受的严重干旱。该地区持续的干旱和荒漠化导致乍得湖的流入量减少，为了应对干旱灾难，乍得湖流域委员会应运而生。

目前，乍得湖流域委员会主要负责乍得湖水域水生生物资源以及跨境生物资源的可持续发展和管理，保护乍得湖水域的生态系统，促进整个流域的区域一体化、和平与安全。

乍得湖流域委员会总部设在乍得首都恩贾梅纳（N'Djamena, Chad）。

## 1. 成员国/地区

乍得湖流域委员会目前有6个成员国/地区，分别为：喀麦隆（Cameroon）、尼日尔（Niger）、尼日利亚（Nigeria）、乍得（Chad）、利比亚（Libya）和中非（Central Africa Republic）。观察员（Observer）为：苏丹（Sudan）、埃及（Egypt）、刚果（金）（Republic of Congo）、刚果（布）（Democratic Republic of Congo）。

## 2. 管辖区域

乍得湖流域委员会的管辖区域覆盖乍得湖流域盆地[①]，包括喀麦隆的3个地区、中非共和国的3个地区、尼日尔的2个地区、尼日利亚的6个州以及整个乍得共和国。乍得湖流域委员会的管辖区域也覆盖内陆水域。

---

① 注：面积达967000平方千米，不包括利比亚境内流域。

## 3. 目标与职责

20世纪80年代后期,在联合国环境规划署(United Nations Environment Programme,UNEP)的协助下,乍得湖流域委员会对乍得湖流域盆地的环境退化进行了一项诊断研究。根据该诊断研究的结果,在粮农组织、联合国环境规划署和联合国统计署(United Nations Statistical Office,UNSO)的共同协助下,乍得湖流域委员会制定了环境保护和资源养护的总体规划和行动纲领草案。总体规划评价了乍得湖流域的总体状况,罗列了资源养护与发展的制约因素和机会。

为了应对这些制约因素,1994年在尼日利亚阿布贾(Abuja,Nigeria)举行的乍得湖流域委员会第七届国家元首和政府首脑会议上通过了《2025年愿景》(Vision 2025)。如《2025年愿景》文件所述,乍得湖盆地的愿景是:"到2025年,作为共同财产的乍得湖流域和其他湿地均可达到可持续发展水平,以确保淡水生态系统资源、可持续性生物多样性、乍得湖流域盆地水生资源的经济安全,并确保乍得湖流域国家公平的资源开发权利,以满足该流域人口的粮食需要,并降低该地区的贫困水平"。

乍得湖流域委员会积极开展与其他组织的合作,以更好地实现乍得湖流域的环境保护和资源养护。在与德国技术合作署(German Technical Cooperation,GTZ)合作下,乍得湖流域委员会于1997年至2001年制定并实施了"乍得湖流域可持续发展下的地下水管理"计划(Groundwater Management for Sustainable Development of the Lake Chad Basin)。该计划对乍得湖流域96000平方千米区域的地下水进行了测绘,并研究了地下水的补给情况。2005年,在德国技术合作署的协助下,乍得湖流域委员会又制定了一个利益相关方均参与的乍得湖流域项目总体框架。

2008年,乍得湖流域委员会通过了乍得湖流域战略行动方案(Strategic Action Programme,SAP),该方案是联合国开发计划署(United Nations Development Programme,UNDP)与世界银行全球环境基金(World Bank Global Environment Facility,WB GEF)合作项目"乍得湖流域生态系统土地和水退化趋势的逆转"(Reversal of Land and Water Degradation Trends in the Lake Chad Basin Ecosystem)的分项目。结合过去的治理经验,乍得湖流域战略行动方案纳入了当前全球环境基金项目的研究成果,即环境和社会风险评估(Environmental and Social Risk Assessment,

ESRA）和跨界诊断分析（Transboundary Diagnostic Analysis, TDA），其中跨界诊断分析过程包括因果链分析（Causal Chain Analysis, CCA）、利益相关者分析（Stakeholder Analysis）和差距分析（Gap Analysis）。

各成员国/地区还根据对国家优先关注领域的评估制定不同的国家行动计划（National Action Plans, NAPs），这些优先关注领域包括跨界诊断分析中确定的各成员国/地区共同面临的区域问题。

乍得湖流域委员会与其他国际组织之间均保持着密切的合作关系，这些合作组织包括：非洲开发银行（Group of African Development Bank, AFDB）、世界银行（World Bank）、伊斯兰开发银行（Islamic Development Bank, IDB）、联合国下各组织（粮农组织 FAO、联合国教科文组织 UNESCO、联合国开发计划署 UNDP、联合国环境规划署 UNEP、非洲经济委员会 UNECA、世界气象组织 WMO 等等）、非洲联盟（African Union, AU）、欧盟（European Union, EU）、非洲部长级水事理事会（African Ministers Council on Water, AMCOW）、非洲发展新伙伴计划（New Partnership for Africa's Development, NEPAD）、尼日尔河流域管理局（Niger Basin Authority, NBA or ABN）、刚果河-乌班吉河-桑加河流域国际委员会流域（International Commission of the Congo-Oubangui-Sangha Basin）、次区域经济委员会（Sub-regional Economic Commissions, RECs）、中非经济与货币共同体（Central African Economic and Monetary Community, CEMAC）、西非国家经济共同体（Economic Community of West African States, ECOWAS）。这些合作伙伴帮助乍得湖流域委员会通过开展各类项目实现未来愿景，其中已经落到实处的主要项目包括：

- 乍得湖流域可持续发展规划（PRODEBALT）；
- 乍得湖流域综合跨界水资源项目（IWRM）；
- 乍得湖流域水资源可持续管理（地表水与地下水）；
- 德国技术合作署与乍得湖流域委员会联合治理项目；
- 非洲水项目中心（African Water Facility）支持下制定《乍得湖流域水资源章程》（Charter of the water of the Lake Chad Basin）；
- 实施国际自然保护联盟（International Union for Conservation Of Nature, IUCN）的科马杜古约贝河管理计划（Komadugu - Yobe Management Plan）；
- 实施乍得湖保护项目（Lake Chad Preservation Project），以落实

与法国开展的乍得湖流域发展战略。

为阻止乍得湖干涸并逐步恢复其正常水位,乍得湖流域委员会成员国/地区启动的另一个解决方案是乌班吉河-乍得湖(Ubangui River-Lake Chad)的跨流域调水项目。除了缓解干旱之外,该项目还将促进乍得湖渔业重建,并改善乍得湖和沙里河(Chari River)沿岸的灌溉活动。同时,该项目也促进运河的通航,从而加强乍得湖流域委员会成员国/地区、刚果(金)、刚果(布)之间的相互联系。

**相关链接:**

乍得湖流域委员会(The Lake Chad Basin Commission,LCBC)的网址:http://www.cblt.org/en

《乍得湖流域发展公约和章程》(Convention and Statutes Relating to the Development of the Chad Basin)的网址:https://www.fao.org/3/w7414b/w7414b05.htm#ii.%20statutes

粮农组织介绍乍得湖流域委员会的网址:https://www.fao.org/fishery/en/organization/lcbc

# 坦噶尼喀湖管理局
# (Lake Tanganyika Authority, LTA)

坦噶尼喀湖及其盆地拥有异常庞大且极具多样化的动植物物种。坦噶尼喀湖是世界上最具生物多样性的地区之一，也是一个极具价值的水域生态系统，拥有大约17%的全球可利用地表淡水，也拥有非洲大陆最大的淡水渔业。据估计，坦噶尼喀湖拥有至少1500种物种，目前认为，其中大约有600种物种是坦噶尼喀湖特有的。除了极高的水生生物多样性，坦噶尼喀湖盆地也以其陆地生物多样性和秀丽景色而为世人所知。该盆地拥有数个森林保护区和国家公园。坦噶尼喀湖及其盆地多样化的生态环境维持了数百万人口的生计。

由于人类活动而造成的坦噶尼喀湖环境退化对生物多样性以及对盆地自然资源的可持续利用带来了严重挑战。为了应对挑战，布隆迪、刚果（金）、坦桑尼亚和赞比亚4个沿岸国家在国际伙伴的支持下，于1991年召开了保护坦噶尼喀湖生态多样性的第一次国际科学会议。这次会议的主要收获是吸引了国际资助机构，使这些机构关注坦噶尼喀湖的生态保护。在1992年到2003年期间，坦噶尼喀湖沿岸国家及其国际伙伴共同实施了坦噶尼喀湖研究项目（Lake Tanganyika Research Project）、坦噶尼喀湖生态多样性项目（Lake Tanganyika Biodiversity Project）和坦噶尼喀湖管理规划项目（Lake Tanganyika Management Planning Project）。

由此，4个坦噶尼喀湖沿岸国家在20世纪90年代初期以国际合作的方式开展坦噶尼喀湖及其盆地的自然资源可持续发展和管理。在国际合作伙伴的支持下，这4个国家根据2003年6月12日签署的《坦噶尼喀湖可持续管理协定》（Convention on Sustainable Management of Lake Tanganyika）建立了坦噶尼喀湖管理局（Lake Tanganyika Authority，LTA），负责监督坦噶尼喀湖区域性综合管理项目的实施。

坦噶尼喀湖管理局秘书处设在布隆迪的布琼布拉（Bujumbura，Burundi)。

## 1. 成员国/地区

4个坦噶尼喀湖沿岸国家是坦噶尼喀湖管理局的成员国/地区，分别为：布隆迪（Burundi）、刚果（金）（Democratic Republic of Congo）、坦桑尼亚（United Republic of Tanzania）、赞比亚（Zambia）。

## 2. 管辖区域

坦噶尼喀湖管理局的管辖区域为成员国/地区管辖下的坦噶尼喀湖。

## 3. 组织架构

图1为坦噶尼喀湖管理局的组织架构：

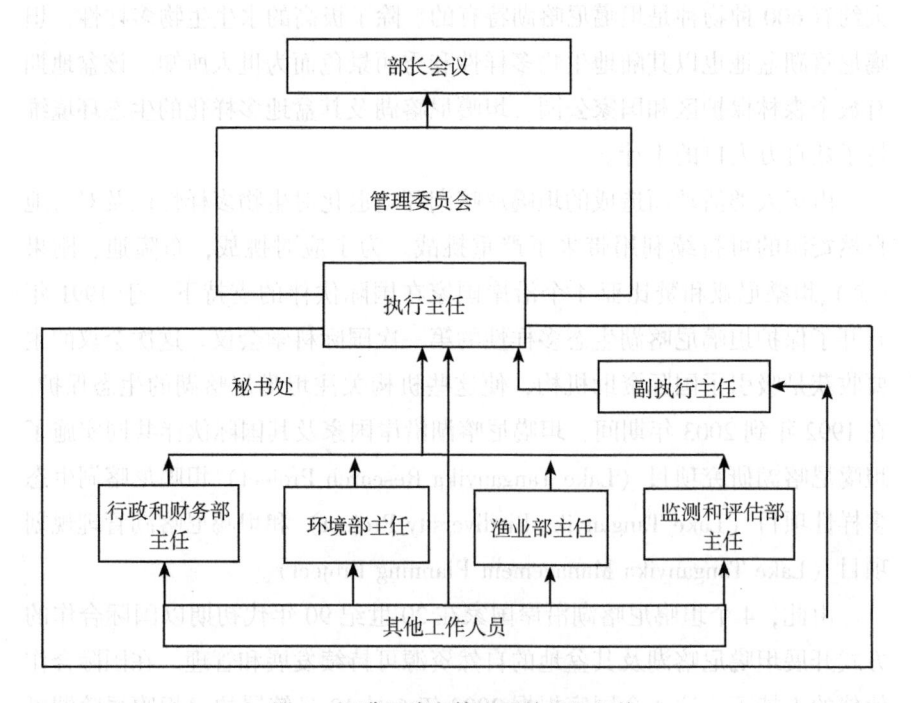

**图1 坦噶尼喀湖管理局的组织架构**

## 相关链接：

坦噶尼喀湖管理局（Lake Tanganyika Authority，LTA）的网址：http：//lta. iwlearn. org/

《坦噶尼喀湖可持续管理公约》（Convention on Sustainable Management of Lake Tanganyika）的网址：http：//lta. iwlearn. org/documents/the-convention-on-the-sustainable-management-of-lake-tanganyika-eng. pdf/view

《战略性行动项目》（Strategic Action Programme）的网址：http：//lta. iwlearn. org/management-program

粮农组织介绍坦噶尼喀湖管理局的网址：https：//www. fao. org/fishery/en/organization/lta

# 维多利亚湖渔业组织
# (Lake Victoria Fisheries Organization, LVFO)

维多利亚湖渔业组织（Lake Victoria Fisheries Organization, LVFO）是东非共同体（East African Community, EAC）下的一个特设机构，主要负责协调东非地区渔业和水产养殖资源的管理与开发。

1994年6月30日，肯尼亚、乌干达、坦桑尼亚代表参加了在肯尼亚基苏木（Kisumu, Kenya）举行的联合会议，讨论建立维多利亚湖渔业组织事宜。三方代表在会议上达成一致意见，通过了《维多利亚湖渔业组织成立公约》（Convention for the Establishment of the Lake Victoria Fisheries Organization），同年成立了维多利亚湖渔业组织。

2016年1月29日，第九届维多利亚湖渔业组织会议在肯尼亚内罗毕（Nairobi, Kenya）举行。在本次会议期间，维多利亚湖渔业组织部长级委员会通过了《维多利亚湖渔业组织成立公约》的修正案，以期使该组织对所有东非共同体成员国/地区开放，并把管辖范围从维多利亚湖拓展到东非共同体下所有水域，同时水产养殖业和捕捞业一起被列入该组织的重点关注领域。修正案在通过30天后生效，也即2016年2月28日。随后，布隆迪和卢旺达正式签署该公约，并加入维多利亚湖渔业组织。

## 1. 成员国/地区

维多利亚湖渔业组织成员国/地区为：肯尼亚（Kenya）、乌干达（Uganda）、坦桑尼亚（United Republic of Tanzania）、布隆迪（Burundi）。

## 2. 管辖区域

维多利亚湖渔业组织的管辖区域为各成员国/地区管辖下的维多利亚湖和东非共同体下所有的水域。

## 3. 组织架构

维多利亚湖渔业组织由各成员国/地区的渔业和水产养殖管理和研究机构、海滩管理组织（Beach Management Units）、鱼产品加工和出口协会（Associations of Fish Processors and Exporters）共同构成。海滩管理组织由渔民、鱼贩、船主、鱼产品加工商和其他以近海渔业为生的利益相关方组成。鱼产品加工出口协会由位于乌干达金贾（Jinja，Uganda）的秘书处统筹管理。

维多利亚湖渔业组织构成如下：

- 部长级部门理事会（Sectoral Council of Ministers）由各成员国/地区负责渔业和水产养殖业的部长或其授权代表组成。
- 协调委员会（Coordination Committee）由各成员国/地区负责渔业和水产养殖业的部门首席执行官或其授权代表组成。
- 高级官员委员会（Senior Officials）由各成员国/地区负责渔业和水产养殖管理和研究的部门负责人或其授权代表组成。
- 渔业管理技术委员会（Fisheries Management Technical Committee）和科学技术委员会（Scientific Technical Committee）由各成员国/地区负责渔业管理的部门负责人或其授权代表组成。
- 工作组（Working Groups）负责在其职能范围内向高级官员委员会提交政策建议。
- 常设秘书处（Permanent Secretariat）由执行秘书全权负责。执行秘书由部长级部门理事会任命，任期五年，由成员国/地区代表轮流担任。

## 4. 目标与职责

维多利亚湖渔业组织的目标：打造东非共同体内具有竞争力、可持续发展的渔业和水产养殖业；推动成员国/地区间合作，协调东非共同体内各国渔业和水产资源可持续利用的政策，制定并采取养护和管理措施。

维多利亚湖渔业组织的职责：推动东非共同体内渔业和水产养殖业的可持续管理和发展，确保粮食安全，创造财富。

## 相关链接：

维多利亚湖渔业组织（Lake Victoria Fisheries Organization，LVFO）的

网址：https：//lvfo.org/

《维多利亚湖渔业组织成立公约》（Convention for the Establishment of the Lake Victoria Fisheries Organization）的网址：http：//www.lvfo.org/sites/default/files/field/Convention%202016%20final%20final%20%28Printed%20version%29.pdf1.pdf

粮农组织介绍维多利亚湖渔业组织的网址：https：//www.fao.org/fishery/en/organization/lvfo/en

# 湄公河委员会
## (Mekong River Commission, MRC)

柬埔寨、老挝、泰国和越南之间的区域合作可以追溯到1957年,随后经联合国批准,上述国家成立了湄公河下游流域调查协调委员会(Committee for Coordination of Investigations on the Lower Mekong Basin)。

1977年,由于国内政治局势不稳定,柬埔寨退出了该组织;由此,1978年由老挝、泰国和越南成立了湄公河临时委员会(Interim Mekong Committee)。

1995年4月5日,柬埔寨、老挝、泰国和越南在泰国清莱(Chiang Rai, Thailand)签署了《湄公河流域可持续发展合作协议》(Agreement on Cooperation for Sustainable Development of the Mekong River Basin)。在该协议下成立了湄公河委员会(Mekong River Commission, MRC),其前身即为1957年成立的湄公河下游流域调查协调委员会。

作为区域合作的平台,湄公河委员会在实施1995年《湄公河流域可持续发展合作协议》方面取得了一定成果。委员会于1997年启动了流域开发规划进程,该进程考虑到了流域内所有人的需要,特别是贫困者和那些依靠水资源获得粮食和收入的人的需要。湄公河委员会还制定了一项协商程序,提供平台让沿岸国家对包括水电发展项目和气候变化影响在内的湄公河事务开展讨论。

湄公河委员会成员国/地区在以下领域开展了广泛的合作:交换和共享数据和信息;监测用水情况;就湄公河改道和河水使用情况向其他成员国/地区通报并开展协商;维持湄公河主流流向并确保水质。这些程序决定了柬埔寨、老挝、泰国和越南在21世纪湄公河地区经济一体化发展过程中开发、使用、养护和管理湄公河资源的途径。

## 1. 成员国/地区

湄公河委员会成员国/地区为:柬埔寨(Cambodia)、老挝(Lao

People's Dem. Rep)、泰国（Thailand）、越南（Viet Nam）。

中国（China）和缅甸（Myanmar）为该委员会的对话伙伴（Dialogue Partner）。

## 2. 管辖区域

湄公河委员会的管辖区域覆盖成员国/地区的湄公河流域。

## 3. 组织架构

湄公河委员会下的联合委员会（Joint Committee）由成员国/地区不低于首长级别的高级官员组成，并得到包括外交部（Ministry of Foreign Affairs）在内的国家职能机构的支持。联合委员会执行湄公河委员会制定的方针和政策。联合委员会每年举行两次会议，并向湄公河委员会报告各项工作进展。联合委员会是湄公河委员会的管理机构。

湄公河委员会秘书处（Secretariat）是委员会的运营机构，在首席执行官的管理下履行技术和行政职能。秘书处负责召集成员国/地区区域会议，并就联合规划、协调与合作向委员会提供技术意见和建议。秘书处还与成员国/地区内的湄公河国家委员会（National Mekong Committees, NMCs）和其他国家机构开展密切合作。

## 4. 目标与职责

自1995年成立以来，湄公河委员会一直致力于制定方案和战略，以最有效地履行其使命，为可持续管理、水资源管理与开发提供有效支持。多年来，湄公河委员会一直将区域合作和全流域规划作为其运作的核心，以期打造一个经济繁荣、社会公正和环境无害的湄公河流域。

打造成经济繁荣、社会公正和环境无害的区域是湄公河流域的发展愿景。成长为世界级的、财政安全的国际水流域组织，为湄公河流域国家服务，以实现湄公河流域愿景，则是湄公河委员会的愿景。为了实现上述愿景，湄公河委员会承担着艰巨使命，着力促进和协调水资源及其他相关资源的可持续管理和发展，以实现国家互利和人民福祉。

**相关链接：**

湄公河委员会（Mekong River Commission, MRC）的网址：http：//

www. mrcmekong. org/

《湄公河流域可持续发展合作协议》（Agreement on Cooperation for Sustainable Development of the Mekong River Basin）的网址：http://www. mrcmekong. org/assets/Publications/agreements/agreement-Apr95. pdf

粮农组织介绍湄公河委员会的网址：https://www. fao. org/fishery/en/organization/mrc/en

# 亚太水产养殖中心网
## (Network of Aquaculture Centers in Asia-Pacific, NACA)

亚太水产养殖中心网（Network of Aquaculture Centers in Asia-Pacific, NACA）是一个政府间组织，旨在通过可持续水产养殖和水生资源管理促进农村发展。亚太水产养殖中心网致力于改善农村人口的生计、减少贫困和增加粮食安全。亚太水产养殖中心网的最终受益对象是农民和农村社区。亚太水产养殖中心网携手研究机构、政府部门、发展机构、农民协会和其他组织共同实施发展援助项目。

## 1. 成员国/地区

亚太水产养殖中心网现拥有以下成员国/地区：澳大利亚（Australia）、孟加拉国（Bangladesh）、柬埔寨（Cambodia）、中国（China）、中国香港（Hong Kong, China）、印度（India）、印度尼西亚（Indonesia）、伊朗（Islamic Republic of Iran）、韩国（Reoublic of Korea）、老挝（Lao People's Dem. Rep）、马来西亚（Malaysia）、缅甸（Myanmar）、尼泊尔（Nepal）、巴基斯坦（Pakistan）、菲律宾（Philippines）、斯里兰卡（Sri Lanka）、泰国（Thailand）、越南（Viet Nam.）。

## 2. 管辖区域

亚太水产养殖中心网的管辖区域为成员国/地区的内水。

## 3. 组织架构

亚太水产养殖中心网的最高决策机构是管理理事会（Governing Council），由成员国/地区政府的代表组成。

技术咨询委员会（Technical Advisory Committee）是由独立专家组成

的机构,负责就亚太水产养殖中心网工作计划的制订提出建议,每两年召开一次会议。

## 4. 目标与职责

亚太水产养殖中心网通过以下工作计划开展其研发任务:专题工作计划;促进亚太地区可持续水产养殖和水生资源管理的跨领域工作计划。以2015年为例,当年的专题工作计划主题为:可持续养殖系统、水生动物健康、新兴全球问题、食品安全与认证、质量和认证、遗传学和生物多样性。其中,跨领域工作计划主题为:从业人员的性别问题、培训和教育、交流。

亚太水产养殖中心网秘书处通过与研究机构、成员国/地区政府和其他合作伙伴共同协作开发相关项目和活动以实施上述工作计划。其中,有些项目在很大程度上依赖参与亚太水产养殖中心网的相关机构协作完成,而秘书处则负责协调相关事务。亚太水产养殖中心网旨在促进技术交流、能力建设、体制建设和可持续水产养殖政策的发展。另外,亚太水产养殖中心网与联合国粮农组织、国际捐助机构和其他区域和国际性组织开展密切合作,共同实施相关的工作计划。

## 相关链接:

亚太水产养殖中心网(Network of Aquaculture Centers in Asia-Pacific,NACA)的网址:http://enaca.org/

《亚太水产养殖中心网协议》(Agreement on the Network of Aquaculture Centres in Asia and the Pacific)的网址:https://enaca.org/?id=853&title=naca-agreement

粮农组织介绍亚太水产养殖中心网的网址:https://www.fao.org/fishery/en/organization/naca/en

# 西北大西洋渔业组织
# (Northwest Atlantic Fisheries Organization, NAFO)

西北大西洋渔业组织（Northwest Atlantic Fisheries Organization, NAFO）是政府间渔业科学和管理机构，于1979年成立，前身为西北大西洋渔业国际委员会（International Commission of the Northwest Atlantic Fisheries, ICNAF）。1977年美国和加拿大分别宣布其专属经济区扩展到200海里，西北大西洋渔业国际委员会为此作出决定，成立一个新的组织以更好地执行西北大西洋的多边渔业管理。1977—1978年，经过各方协商最终达成《西北大西洋渔业合作公约》（Convention on Cooperation in the Northwest Atlantic Fisheries）。在该公约下，西北大西洋渔业组织得以在1979年成立，代替西北大西洋渔业国际委员会执行西北大西洋渔业管理的职责。

西北大西洋渔业组织总部位于加拿大新斯科舍省的达特茅斯（Dartmouth, Nova Scotia, Canada）。

## 1. 成员国/地区

西北大西洋渔业组织有以下成员国/地区：加拿大（Canada）、古巴（Cuba）、丹麦（法罗群岛、格陵兰）[Denmark (in respect of Faroe Islands and Greenland)]、欧盟[European Union (EU)]、法国（圣皮埃尔和密克隆群岛）[France (in respect of St. Pierre et Miquelon)]、冰岛（Iceland）、日本（Japan）、挪威（Norway）、韩国（Republic of Korea）、俄罗斯（Russian Federation）、乌克兰（Ukraine）、英国（United Kingdom）美国（United States of America）。

## 2. 管辖区域

《西北大西洋渔业合作公约》所规定的公约区域（Convention

Area）覆盖大部分的大西洋海域，并包括沿海国管辖下的 200 海里专属经济区①。《西北大西洋渔业合作公约》下的公约区域总面积约为 6551289 平方千米。

然而，西北大西洋渔业委员会仅负责跨界以及专属经济区外海域的渔业管理，这些区域被统称为西北大西洋渔业组织的监管区域（NAFO's Regulatory Area，NRA），面积约为 2707895 平方千米。

## 3. 组织架构

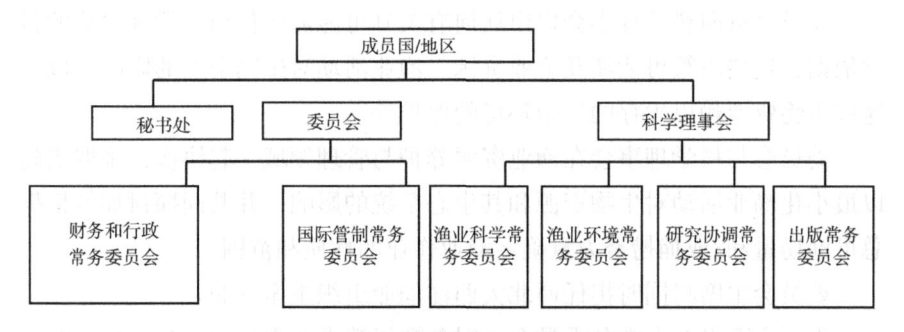

图 1 为西北大西洋渔业组织的组织架构如下：

```
                    成员国/地区
         ┌─────────────┼─────────────┐
       秘书处          委员会        科学理事会
         │        ┌─────┴─────┐   ┌────┬────┬────┬────┐
      财务和行政   国际管制常务  渔业科学常 渔业环境常 研究协调常 出版常务
      常务委员会   委员会      务委员会  务委员会  务委员会  委员会
```

**图 1 西北大西洋渔业组织的组织架构**

西北大西洋渔业组织的组成机构包括：委员会（Commission）、科学理事会（Scientific Council）和秘书处（Secretariat）。

### 3.1 委员会

委员会是总理事会（General Council）和渔业委员会（Fisheries Commission）合并而成的一个机构。委员会主要监督和协调西北大西洋渔业组织的行政、财务和其他内部事务，包括协调其组成机构间的关系以及西北大西洋渔业组织与其他组织的对外关系。西北大西洋渔业组织成员均是委员会成员，每个成员向委员会派送最多 3 名代表。

通过收集、分析和发布相关信息，委员会定期审查鱼类种群的状况，并确定养护和管理措施。委员会以科学为目的制定渔业行为准则，并为收集、提交、验证、获取和使用数据制订指导方针。

---

① 注：这些沿海国为美国、加拿大、法国（圣皮埃尔和密克隆岛）以及丹麦（格陵兰）。

委员会负责管理和养护监管区域内的渔业资源。委员会采纳成员国/地区联合行动的提案，旨在实现监管区域内渔业资源的最优化开发。在审议联合行动的提案时，委员会会虑及科学理事会所提供的相关信息或建议。委员会力求确保联合行动下各措施的统一性：

- 任何适用于在监管区域内和沿海国管辖区域内的一种或一群鱼类种群的提案之间的统一性；或任何通过物种间相互关系对出现在整个或部分沿海国管辖区域内的一种或一群鱼类种群产生影响的提案之间的统一性；
- 沿海国就其渔业管辖区域内渔业活动所针对的一种或一群鱼类种群的管理和养护措施或决定之间的统一性。

委员会可向科学理事会提出任何有关其可能需要作出的管理决策的科学依据，这些决策可能涉及渔业资源、渔业活动对生物资源的影响，以及这些生物资源赖以生存的生态环境的保护等。

委员会与科学理事会在渔业资源养护与管理领域一起协作，采取措施以最小化渔业活动对生物资源和其生态系统的影响，并共同探讨如何根据总可渔捞量和/或捕捞努力量确定渔业作业的性质和范围。

委员会主席将同时担任西北大西洋渔业组织主席一职。

委员会下设2个常务委员会：财务和行政常务委员会（Standing Committee on Finance and Administration，STACFAD）和国际管制常务委员会（Standing Committee on International Control，STACTIC）。

### 3.1.1 财务和行政常务委员会

财务和行政常务委员会就以下事项向委员会提供建议：

- 与秘书处有关的事项；
- 西北大西洋渔业组织的预算；
- 西北大西洋渔业组织会议的时间和地点；
- 西北大西洋渔业组织的出版事务。

财务和行政常务委员会由至少5个成员国/地区的代表组成。这些代表均有专家和顾问协助他们开展工作。

### 3.1.2 国际管制常务委员会

国际管制常务委员会的职责包括：

- 审查和评估委员会制定的养护和执法措施的有效性；
- 审查和评估成员国/地区对委员会制定的养护和执法措施的履约

情况；
- 审查和评估成员国/地区开展的检查和监督活动的报告；
- 审查和评估成员国/地区关于违约行为的报告，包括严重违约行为，并审查和评估成员国/地区对违约行为的后续行动；
- 编制上一年度所有成员国/地区的履约年度报告。根据成员国/地区提交的有关报告以及手头现有的信息，执行秘书汇编资料，履约年度报告根据该汇编资料撰写而成。按照《西北大西洋渔业组织议事章程和财务规则》(NAFO Rules of Procedures and Financial Regulations) 第4.1条的规定，汇编资料和临时议程一并送交所有成员国/地区；
- 促进并协调成员国/地区开展的检查和监督活动；
- 制定检查方案；
- 虑及国际管制措施面临的实际问题；
- 虑及委员会可能向其提交的其他技术事项；
- 获取并汇编关于非成员国/地区在监管区域内开展的渔业活动的信息，包括关于渔船类型、船旗和渔船名称，以及按物种和区域分列的实际或估计的渔获量信息；
- 获取并汇编非成员国/地区在监管区域内渔获的上岸和转载信息，包括船名和船旗的详细信息；按上岸和转载物种列出的数量；以及渔获运输的国家和港口；
- 审查和评估西北大西洋渔业组织成员国/地区可以采取的所有措施，包括控制非成员国/地区渔船在监管区域捕捞的渔产品的进口，以及防止渔船通过悬挂非成员国/地区旗帜开展渔业活动；
- 向委员会提出其他的建议。

国际管制常务委员会由每个委员会的一名代表组成，该代表在专家和顾问协助下开展工作。

## 3.2 秘书处

秘书处为西北大西洋渔业组织提供行政服务。秘书处的总行政长官也即执行秘书，由委员会任命。秘书处的职责包括：
- 为委员会和科学理事会会议做必要的准备工作；
- 准备并发送临时草案和临时议程；
- 和托管政府进行沟通联络；

- 收取出席年度会议和特别会议的代表和观察员的证件/资格证书，并按要求向委员会报告；
- 根据委员会、委员会主席或某些常务委员会的委派行使其他职责。

## 3.3 科学理事会

科学理事会负责编制和保存统计和记录的信息，并出版与环境和生态相关的渔业信息。科学理事会也会应要求向委员会和沿海国家提供关于鱼类种群状态、养护和管理的咨询意见。

如若需要，科学理事会可与拥有相同目标的其他组织合作。

西北大西洋渔业组织成员将自动成为科学理事会成员，每个成员派送相应的代表参加科学理事会。

科学理事会下设4个常务委员会，分别为：渔业科学常务委员会（Standing Committee on Fisheries Science，STACFIS）；渔业环境常务委员会（Standing Committee on Fisheries Environment，STACFEN）；研究协调常务委员会（Standing Committee on Research Coordination，STACREC）；出版常务委员会（Standing Committee on Publications，STACPUB）。

### 3.3.1 渔业科学常务委员会

渔业科学常务委员会的职责包括：
- 评估鱼类种群状况；
- 评估捕捞策略和管理措施对鱼类种群的影响；
- 评估鱼类资源评估的新方法。

### 3.3.2 渔业环境常务委员会

渔业环境常务委员会的职责包括：
- 制定收集、汇编和传播环境信息的政策和程序；
- 定期审查环境状况，并就环境对鱼类的影响向科学理事会提出建议；
- 鼓励和促进成员国/地区的科研合作。

### 3.3.3 研究协调常务委员会

研究协调常务委员会的职责包括：
- 领衔开展公约区域内渔业统计信息的收集、汇编和传播；
- 协调国际合作研究的规划和执行；

- 鼓励和促进科研合作；
- 审查和评估生物学科研进展的最新数据和信息。

3.3.4 出版常务委员会

出版常务委员会的职责包括：

- 制定、协调和审查科学理事会的出版物、编辑的政策文件和议事章程。

## 4.《西北大西洋渔业合作公约》

1978年10月24日在渥太华（Ottawa，Canada）签署的《西北大西洋渔业合作公约》于1979年1月1日生效。该公约的最初7个签署国/地区为：加拿大、古巴、欧洲经济共同体（European Economic Community，EEC）、德意志民主共和国（German Democratic Republic，GDR）、冰岛、挪威和苏联。在该公约下成立了西北大西洋渔业组织，取代了1949年《西北大西洋渔业国际公约》下成立的西北大西洋渔业国际委员会。

《西北大西洋渔业合作公约》的目标是确保长期养护和可持续利用公约区域内的渔业资源，并在此过程中保护这些渔业资源所在的海洋生态系统。

《西北大西洋渔业合作公约》分别于1980年1月1日、1987年10月9日、1996年9月13日和2017年5月18日进行了修订。前三次修订涉及修改该公约附件1中公约区域分区的分界线、公约区域分区和次分区的分界。第四次修订涉及内容广泛，旨在使西北大西洋渔业组织与时俱进得以发展，特别是将生态系统方法纳入该组织的渔业管理举措。第四次修订还简化了西北大西洋渔业组织的决策程序，加强了成员国/地区、船旗国和港口国的义务，并建立了正式的争端解决机制。

## 5. 管辖区域内的渔业活动

西北大西洋渔业组织管理该组织监管区域内的渔业活动，该监管区域隶属于《西北大西洋渔业合作公约》所规定的公约区域，为沿海国管辖外的海域，也即沿海国专属经济区外的海域。

西北大西洋渔业组织管理除大西洋鲑、金枪鱼类、剑旗鱼类、鲸类以及大陆架定栖性种群①之外的所有鱼类种群资源。其管理的三种主要鱼类种群为：底栖鱼类、虾类和深海红鱼。但是，目前西北大西洋渔业组织已暂停虾类和深海红鱼渔业。底栖鱼渔业主要发生在西北大西洋渔业委员会监管区域内的 3LMNO 分区，主要采用底拖网方式。

## 6. 重要的养护与管理措施

西北大西洋渔业组织管辖区域内的渔业管理举措均在《西北大西洋渔业组织养护和执行措施》（NAFO Conservation and Enforcement Measures）中列明。其中，重要的举措包括：

- 捕捞总量和捕捞努力量的限制
- 兼捕的防止措施
- 资源恢复和重建计划
- 鲨鱼养护与管理计划
- 渔船和渔具要求
- 脆弱海洋生态系统（Vulnerable Marine Ecosystems, VMEs）的保护
- 渔业作业监控

为了达到养护与管理的目的，西北大西洋渔业组织还采用了以下举措：规范底钓渔业；渔业报告机制；登临检查；港口国控制等。

西北大西洋渔业组织所采取的养护与管理措施均基于以下四个原则：预防性原则（Precautionary Approach）、生态系统原则（Ecosystem Approach）、基于风险的管理原则（Risk-based Management）、管理策略评估原则（Management Strategy Evaluation）。

## 相关链接：

西北大西洋渔业组织（Northwest Atlantic Fisheries Organization, NAFO）的网址：https://www.nafo.int

《西北大西洋渔业合作公约》（Convention on Cooperation in the Northwest Atlantic Fisheries）的网址：https://www.nafo.int/Portals/0/

---

① 这些资源已经由其他相应组织进行管理，比如大西洋鲑由北大西洋鲑鱼养护组织（NASCO）管理，金枪鱼/类金枪鱼由国际大西洋金枪鱼养护委员会（ICCAT）管理，鲸鱼由北大西洋海洋哺乳动物委员会（NAMMCO）管理。

PDFs/key-publications/NAFOConvention-2017. pdf

《西北大西洋渔业组织决议》(Resolutions of Northwest Atlantic Fisheries Organization) 的网址：https：//www. nafo. int/Portals/0/PDFs/gc/NAFO%20Resolutions. pdf；

《西北大西洋渔业组织议事规则和财务规则》(Rules of Procedures and Financial Regulations of Northwest Atlantic Fisheries Organization) 的网址：https：//www. nafo. int/Portals/0/PDFs/key-publications/rules. pdf；

《西北大西洋渔业组织特权及豁免令》(Privileges and Immunities Order of Northwest Atlantic Fisheries Organization) 的网址：https：//www. nafo. int/Portals/0/PDFs/key-publications/order-in-council. pdf？ver=2016-02-09-122647-213；https：//www. nafo. int/Fisheries/Conservation

粮农组织介绍西北大西洋渔业组织的网址：https：//www. fao. org/fishery/en/organization/nafo

# 北大西洋海洋哺乳动物委员会
# (North Atlantic Marine Mammal Commission, NAMMCO)

北大西洋海洋哺乳动物委员会（North Atlantic Marine Mammal Commission, NAMMCO）是一个国际区域性机构，负责开展国际合作以切实养护、管理和研究北大西洋鲸目动物（鲸鱼和海豚）和鳍类动物（海豹和海象）。

通过区域性合作，北大西洋海洋哺乳动物委员会成员国/地区旨在加强海洋哺乳动物养护并进一步落实有效的管理措施。委员会认可沿海居民依赖海洋谋生的权利和需求。同时，根据可获得的最可靠科学数据，顾及海洋生态系统的复杂性和脆弱性，委员会制定相应的海洋哺乳动物养护措施。

《北大西洋海洋哺乳动物委员会协议》（North Atlantic Marine Mammal Commission Agreement）旨在巩固和推进对北大西洋海洋生态系统的科学认识，使人们更好地了解海洋哺乳动物在海洋生态系统中的作用。

北大西洋海洋哺乳动物委员会于20世纪90年代成立。1992年4月9日委员会的时任成员在格陵兰的努克（Nuuk, Greenland）签署《北大西洋海洋哺乳动物研究、养护和管理合作协议》（Agreement on Cooperation in Research, Conservation and Management of Marine Mammals in the North Atlantic），并随之成立了北大西洋海洋哺乳动物委员会。该协议于1992年7月7日生效。

## 1. 成员国/地区

北大西洋海洋哺乳动物委员会成员国/地区分别为：法罗群岛（Faroe Islands）、格陵兰（Greenland）、冰岛（Iceland）、挪威（Norway）。

## 2. 管辖区域

北大西洋海洋哺乳动物委员会管辖区域覆盖北大西洋公海及其成员国/地区管辖下的海域。《北大西洋海洋哺乳动物委员会协议》未设定委员会管辖区域的界线，也未描述具体的管辖区域范围。

## 3. 组织架构

北大西洋海洋哺乳动物委员会通过理事会及其附属机构开展工作，所有这些机构都遵循协商一致的决策原则。每个成员国/地区派代表参加委员会的所有会议。委员会可以指定工作组或专家组调查具体事件。图1为北大西洋海洋哺乳动物委员会的组织架构。

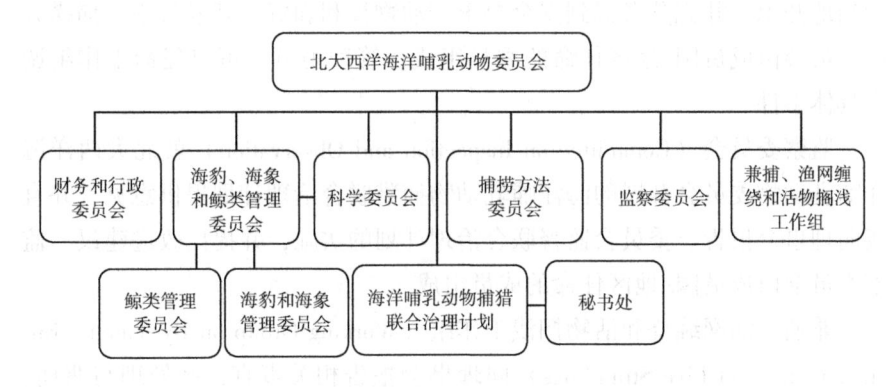

**图1 北大西洋海洋哺乳动物委员会的组织架构**

理事会（Council）负责监督和协调委员会的组织、行政、财务和其他事务，理事会也处理对外关系。理事会每年举行一次会议，并根据其附属机构的意见和建议制订工作计划。理事会由每个成员国/地区政府的代表组成，每个成员国/地区都有一名委员作为其主代表。

财务和行政委员会（Finance and Administration Committee）负责向理事会就预算和行政事项提出建议。该委员会由成员国/地区任命的委员组成。

管理委员会（Management Committees）向理事会和成员国/地区汇报工作进展。该委员会向成员国/地区提出养护和管理的措施建议，同时就海洋哺乳动物种群资源的科学研究需求和优先事项向理事会提出建议。理事会在作出决策之前会参考这些建议。2007年前，委员会针对所有物种的养护设立了海豹、海象和鲸类管理委员会（Management Committees-Seals&Walrus, Cetaceans）。2007年，该管理委员会被下分为2个，即鲸类管理委员会（Management Committee for Cetaceans）、海豹和海象管理委员会（Management Committee for Seals and Walrus）。上述2个管理委员会由成员国/地区任命的委员组成。

应理事会的要求，或者就自身关注的问题，科学委员会（Scientific Committee）根据现有的科学信息和数据向理事会提供科学建议。科学委员会由成员国/地区任命的成员组成。科学委员会通常在秋季举行年度会议。科学委员会大部分工作由工作组具体开展和执行。

捕捞方法委员会（Committee on Hunting Methods）就海洋哺乳动物的捕捞方法提供建议。建议基于可获得的最佳科学发现、技术发展以及传统和当地知识，并充分考虑到安全要求、动物福利和资源开发效率。捕捞方法委员会由成员国/地区任命的委员组成。管理委员会可以任命工作组调查具体事件。

监察委员会（Committee on Inspection and Observation）就北大西洋海洋哺乳动物委员会开展的海洋哺乳动物捕猎联合治理计划提供意见，并直接向理事会报告。委员会监督联合治理计划的实施，并提出改进建议。监察委员会由成员国/地区任命的成员组成。

兼捕、渔网缠绕和活物搁浅工作组（Working Group on By-catch, Entanglements and Live Strandings）向理事会报告相关事宜，并处理与兼捕、渔网缠绕和活物搁浅等动物福祉相关的问题。

## 相关链接：

北大西洋海洋哺乳动物委员会（North Atlantic Marine Mammal Commission, NAMMCO）的网址：https://nammco.no/

粮农组织介绍北大西洋海洋哺乳动物委员会的网址：https://www.fao.org/fishery/en/organization/nammco

# 北大西洋鲑鱼养护组织
# (North Atlantic Salmon Conservation Organization, NASCO)

20世纪60年代之前，各个国家自行开展北大西洋鲑鱼资源开发活动。60年代之后，为了更好地开展西格陵兰和北挪威海的渔业管理，相关国家启动了相应的国际合作。

《北大西洋鲑鱼养护公约》（Convention for the Conservation of Salmon in the North Atlantic Ocean）于1983年10月1日生效，随之在该公约下成立了一个政府间组织，即北大西洋鲑鱼养护组织（North Atlantic Salmon Conservation Organization, NASCO）。北大西洋鲑鱼养护组织的目标是养护和恢复大西洋鲑鱼资源，同时加强野生大西洋鲑鱼的理性管理。

在该公约下，距离海岸线12海里以外的大部分水域均建立了大型保护区，禁止开展针对大西洋鲑鱼的渔业作业。北挪威海（Northern Norwegian Sea）禁止鲑鱼捕捞就是该保护区制度的直接产物——1970年，北挪威海鲑鱼渔业曾达到了发展最高峰，年捕获量近1000吨。

20世纪80年代末、90年代初，北大西洋鲑鱼养护组织通过外交手段采取行动，解决非成员国/地区登记船只在公海捕捞鲑鱼的问题。但是，此后就再也没有关于此类活动的报道了。

尽管北大西洋鲑鱼养护组织最初的工作重点是为西格陵兰（West Greenland）和法罗群岛（Faroe Islands）海域的远洋渔业制定管理措施，但人们普遍认为仅靠这些措施无法保护和恢复鲑鱼种群。北大西洋鲑鱼养护组织大大扩大了其管辖海域，并制定了更广泛的管理措施，比如，要求原产国开展鲑鱼渔业管理，保护和恢复鲑鱼栖息地生态环境，开展鲑鱼水产养殖等。北大西洋鲑鱼养护组织已经就上述管理措施制定了详细的协议和准则。

## 1. 成员国/地区

北大西洋鲑鱼养护组织是一个政府间组织，现拥有7个成员国/地区：加拿大（Canada）、丹麦（法罗群岛和格陵兰）（Denmark（in respect of the Faroe Islands and Greenland））、欧盟（European Union）、挪威（Norway）、俄罗斯（Russian Federation）、英国（United Kingdom）和美国（United States of America）。法国（圣皮埃尔和密克隆）［France（in respect of St. Pierre & Miquelon）］作为观察员出席北大西洋鲑鱼养护组织会议。由于财政原因，冰岛（Iceland）于2009年12月31日退出该组织，但表示在经济形势好转时重新加入组织公约。北大西洋鲑鱼养护组织拥有41个被认可的非政府组织。

## 2. 管辖区域

北大西洋鲑鱼养护组织管辖区域为大西洋北纬36°以北海域，覆盖鲑鱼迁徙区域，既包括北大西洋公海，也包括成员国/地区管辖下的海域。

## 3. 组织架构

北大西洋鲑鱼养护组织下有如下机构：

### 3.1 理事会

北大西洋鲑鱼养护组织的所有成员均派代表参加理事会（Council）。理事会采取四分之三多数票的决策机制。理事会的职能包括：
- 提供研究、分析和交换鲑鱼信息的论坛；
- 协调北大西洋鲑鱼养护组织下各委员会的活动；
- 与其他渔业和科学组织建立工作安排；
- 为科学研究提出建议。

### 3.2 北美委员会

北美委员会（North American Commission）的成员是加拿大和美国。此外，欧盟有权就源自其管辖水域的鲑鱼种群的管理措施提出建议并进行表决。

北美委员会的职能包括：

- 为成员国/地区之间的磋商和合作提供论坛；
- 提出监管措施；
- 向理事会提出科学研究建议。

### 3.3 东北大西洋委员会

东北大西洋委员会（North-East Atlantic Commission）的成员是丹麦（法罗群岛和格陵兰）、欧盟、挪威和俄罗斯。此外，加拿大和美国有权就源自其管辖水域的东格陵兰海域鲑鱼种群的管理措施提出建议并表决。

东北大西洋委员会的职能包括：
- 提供有关鲑鱼种群养护、恢复、增殖放流和合理管理的咨询和合作论坛；
- 提出监管措施；
- 为科学研究提出建议。

### 3.4 西格陵兰委员会

西格陵兰委员会（West Greenland Commission）的成员是加拿大、丹麦（法罗群岛和格陵兰）、欧盟和美国。

西格陵兰委员会的职能包括：
- 提供有关鲑鱼种群养护、恢复、增殖放流和合理管理的咨询和合作论坛；
- 提出监管措施；
- 就科学研究提出建议。

### 3.5 财务和行政委员会

财务和行政委员会（Finance and Administration Committee）由每个成员方的一名代表组成，并在北大西洋鲑鱼养护组织年会之前和期间举行会议。

### 3.6 国际大西洋鲑鱼研究委员会

国际大西洋鲑鱼研究委员会（International Atlantic Salmon Research Board）由北大西洋鲑鱼养护组织建立，旨在促进针对大西洋鲑鱼的海洋死亡原因和应对研究的合作。

## 3.7 秘书处

秘书处（Secretariat）设在苏格兰的爱丁堡（Edinburgh, Scotland, UK），其职能包括：提供行政服务；汇编和公布有关北大西洋鲑鱼种群的统计数据和报告。

## 4. 目标与职责

北大西洋鲑鱼养护组织建立之初就在距离海岸 12 海里以外设立大型保护区或"避难所"（Sanctuary），禁止开展鲑鱼渔业。北大西洋鲑鱼养护组织就远洋渔业采取了监管措施，原产国也结合自身的国际职责和国内渔业管理的现实情况制定了相应的管理措施，在双管齐下的措施下，北大西洋各海域的鲑鱼捕捞努力量大幅减少。即便如此，鲑鱼资源养护还是面临着诸多压力，仅仅关注渔业只能起到事倍功半的作用，为了更落到实处地养护鲑鱼资源，北大西洋鲑鱼养护组织把关注点扩展到渔业之外更广泛的其他领域。

预防性措施（Precautionary Approach）是北大西洋鲑鱼养护组织及其成员采取的渔业管理核心措施之一，旨在养护鲑鱼资源并保护其所处的海域生态环境。预防性措施是在信息不确定、不可靠或不充分时所采取的谨慎行为。北大西洋鲑鱼养护组织制定了一系列与以下方面有关的预防性措施：

- 渔业管理
- 海洋生境保护与恢复
- 水产养殖与物种引进、转移及转基因的影响
- 鲑鱼资源重建计划
- 社会经济因素在管理决策中的应用

北大西洋鲑鱼养护组织还制定了一系列关于捕捞、增殖放流以及基因库建立等问题的指南和建议。

## 相关链接：

北大西洋鲑鱼养护组织（North Atlantic Salmon Conservation Organization, NASCO）的网址：http://www.nasco.int/

《北大西洋鲑鱼养护公约（Convention for the Conservation of Salmon

in the North Atlantic Ocean)》的网址：https://www.consilium.europa.eu/en/documents-publications/treaties-agreements/agreement/?id=1988008&DocLan-guage=en

《北大西洋鲑鱼养护组织手册》（North Atlantic Salmon Conservation Organization Manual）的网址：http://www.nasco.int/pdf/reports_other/NASCO_Handbook.pdf

粮农组织介绍北大西洋鲑鱼养护组织的网址：https://www.fao.org/fishery/en/organization/nasco

# 东北大西洋渔业委员会
# (North-East Atlantic Fisheries Commission, NEAFC)

东北大西洋渔业委员会（North-East Atlantic Fisheries Commission, NEAFC）由各缔约方代表团组成，缔约方同意遵守《东北大西洋渔业未来多边合作公约》（Convention on Future Multilateral Cooperation in North-East Atlantic Fisheries）的规则，该公约于1982年11月生效。

东北大西洋渔业委员会根据国际海洋考察理事会（International Council for the Exploration of the Sea, ICES）的科学性建议提出针对公约区域（Convention Area）的渔业资源养护措施建议。

东北大西洋渔业委员会主要职责是向所有成员提供由一个或多个成员或东北大西洋渔业委员会常设委员会（Permanent Committees）所提出的措施建议，以促进东北大西洋渔业委员会公约区域公海渔业的合理开发。应缔约方要求，东北大西洋渔业委员还为缔约方管辖区域内的渔业发展提出措施建议。

东北大西洋渔业委员会常设秘书处位于英国伦敦（London, UK）。

## 1. 成员国/地区

东北大西洋渔业委员会成员国/地区为：丹麦（法罗群岛和格陵兰）[Denmark (in respect of the Faroe Islands & Greenland)]、欧盟（European Union）、冰岛（Iceland）、挪威（Norway）、俄罗斯（Russian Federation）、英国（United Kingdom）。

东北大西洋渔业委员会还有3个合作非缔约方（Cooperating Non-Contracting Parties），分别为：加拿大（Canada）、新西兰（New Zealand）、圣基茨和尼维斯（Saint Kitts and Nevis）。

## 2. 管辖区域

严格而言，东北大西洋渔业委员会拥有"公约区域"和"监管区域"（Regulatory Area）。

东北大西洋渔业委员会的公约区域覆盖大西洋和北冰洋，具体范围为：费尔韦尔角（Cape Farewell）以南一线的东部区域，即格陵兰（Greenland）南端（西经42°），哈特拉斯角（Cape Hatteras）以西一线的北部区域，即西班牙（Spain）南端（北纬36°），经过新地岛（NovyaSemlya）西端（东经51°）一线的西部区域。其中，波罗的海（Baltic Sea）和地中海（Mediterranean Seas）不在公约区域内。

东北大西洋渔业委员会的监管区域位于其公约区域内。大部分的公约区域为成员管辖下的海域，但有四个区域是公海，这些公海海域即东北大西洋渔业委员会的监管区域，同时该监管区域是国际粮农组织所认定的第27渔区，也是国际海洋考察理事会的数据统计区域。

## 3. 组织架构

东北大西洋渔业委员会主席负责召集、主持委员会成员大会，并确保委员会各项工作正常开展。主席从成员国/地区代表中选出，任期三年，可以连任两届，但不能超过两届。委员会下设：常设秘书处（Permanent Secretariat）；3个常设分委会（Permanent Committees）；5个工作组（Working Groups）。下面详细介绍这些组织部门的运作和职能。

### 3.1 常设秘书处

委员会由设在伦敦的独立秘书处负责管理。常设秘书处于1999年成立。目前，常设秘书处有6名工作人员，秘书长的固定任期为4年。常设秘书处成员包括：秘书长（Secretary）；监测、控制和监督干事（Monitoring Control and Surveillance Officer）；信息技术及网页制作干事（Information Technology and Web Production Officer）；行政助理（Administrative Assistant）；财务及行政助理（Finance and Administrative Assistant）；信息技术及系统开发干事（IT and Systems Development Officer）。

### 3.2 常设委员会

东北大西洋渔业委员会下设3个常设分委会：

- 财务和行政委员会（Finance and Administration Committee）：该委员会由来自不同缔约方的代表组成，所有缔约方均有代表，负责就委员会年度预算的各个方面向其提供咨询意见，并就人事和行政事项向委员会提出建议。
- 监察和履约常设委员会（Permanent Committee on Monitoring and Compliance）：该委员会由所有缔约方的代表组成，负责就有关捕捞管制和计划执行的问题向委员会提供咨询意见。
- 管理和科学常设委员会（Permanent Committee on Management and Science）：该委员会负责与国际海洋考察理事会保持密切联系，国际海洋考察理事会为东北大西洋渔业委员会提供科学性建议，并就有关禁渔区的区域管理（比如：设立禁渔区等）向委员会提供意见。

## 3.3 工作组

工作组由缔约方代表组成，讨论针对某种鱼类种群或某一特定海域的具体问题，然后向东北大西洋渔业委员会提出建议。工作组应东北大西洋渔业委员会的要求而成立，只要委员会认为其有存在的意义，工作组就会继续在该领域开展工作。以 2018 年为例，当时东北大西洋渔业委员会拥有 5 个工作组，分别为：

- 数据管理联合咨询组（Joint Advisory Group on Data Management）：这是东北大西洋渔业委员会和西北大西洋渔业组织（Northwest Atlantic Fisheries Organization，NAFO）共同设立的独立工作组，旨在协调两个组织之间的数据采集，并在需要时向缔约方和其他区域性渔业管理组织提供技术咨询。
- 统计工作组（Working Group on Statistics）：确保东北大西洋渔业委员会集中收集和整理生成的渔获量统计数据得以定期更新，并且确保国际社会全年内均可获取这些数据。
- 东北大西洋渔业委员会未来发展工作组（Working Group on the Future of NEAFC）：该工作组根据东北大西洋渔业委员会年度会议制定的任务执行相应工作内容；为了进一步加强东北大西洋渔业委员会的职能，并确保东北大西洋渔业委员会仍然是与时俱进且有效的区域性渔业管理组织，东北大西洋渔业委员会未来发展工作组应确定未来委员会面临的挑战，以便能够更好地应对挑战，实现目标。

- 分配标准工作组（Working Group on Allocation Criteria）：该工作组由缔约方代表组成。该工作组负责制定、分析和建议东北大西洋鱼类种群资源的配额分配标准，这些鱼类种群不仅包括监管区域内互不依赖的种群，也包括沿海国管辖海域和委员会监管区域内的跨界种群。

- 沿海国谈判框架工作组（Working Group on a Framework for Coastal State Negotiations）：该小组由沿海国代表组成，就东北大西洋跨界远洋鱼类种群和跨界红鱼种群的沿海国间谈判框架提出建议。

截至本书编写时（2024年2月），东北大西洋渔业委员会下设立的工作组有3个，分别是数据管理联合咨询组、统计工作组、东北大西洋渔业委员会未来发展工作组。由此可知，工作组是根据需要设定的，并不是一成不变的。

## 4. 监管区域内的渔业活动

东北大西洋渔业委员会监管下的渔业主要涉及以下鱼类种群：红鱼（深海红鱼和远洋深海红鱼）、鲭鱼、黑线鳕、鲱鱼［挪威大西洋-斯堪的安（Atlanto-Scandian）地区春季产卵的鲱鱼］、蓝鳕，以及其他深海物种等。

东北大西洋的捕捞总量约为1050万吨，其中，东北大西洋渔业委员会监管区域内的渔业捕捞量约为330万吨，占捕捞总量的31%。

## 5. 重要的养护与管辖措施

东北大西洋渔业委员会制定监管区域的渔业养护与/或管理措施。根据不同的管理目标，这些"措施"可以涵盖渔业管理的各个领域，例如，既有针对几个种群或单个物种的措施，也有针对特定的地区或季节的措施。

根据独立科学机构国际海洋考察理事会的科学性建议，由各成员国/地区代表组成的委员会最终决定所要采取的措施。其中大部分措施是在每年11月举行的委员会年度会议上决定的；但是，如有需要，也可以在任何时候通过邮寄投票作出决定。

为了规范管理，渔船必须遵守《现行管理措施》（Current Management Measures）和《东北大西洋渔业委员会监控和执法计划》（NEAFC Scheme of Control and Enforcement）。其中，《东北大西洋渔业委员会监控和执法计划》规定了监管区域内渔业活动的监测、控制和监督程序。授予渔船捕捞许可证的船旗国有责任确保渔船符合所有的规定。

成立至今，东北大西洋渔业委员会制定了各种渔业养护与管理措施。截至本书编写时（2024年2月），根据该委员会网站公布信息，共309项建议（Recommendations）中涉及的养护与管理措施已经失效①，这些措施随着鱼类种群数量、海洋环境等变化而不再执行；共50项建议中涉及的养护与管理措施正在执行中②，这些措施大多数针对大西洋鲱鱼、鲭鱼、黑线鳕、蓝鲜鳕、蓝鳕、鳐鱼、银鲛、白斑角鲨的养护和管理。养护和管理措施包括禁捕区、禁捕季、捕捞限额、捕捞许可证、禁止刺网等渔具、禁止弃鱼、渔具网目限制等，也有部分措施针对渔业数据收集、争端解决机制。

另外，东北大西洋渔业委员会还制定了相关规则确保上述养护与管理措施的有效执行。所有在委员会监管区域开展渔业活动的渔船必须记录并上报捕捞努力量、捕捞量、转载、上岸港等数据，渔船必须装备监控设备，由各成员国/地区组成的海上检察人员可以实施渔船的海上登临检查，港口国承担对外国渔船的检查、监督和控制，并确保第三方渔船遵守委员会相关规定。

## 6. 国际合作行动

东北大西洋渔业委员会与其他国际组织之间开展了密切的国际合作。以下介绍东北大西洋渔业委员会所开展的重要的国际合作：

### 6.1 《奥斯陆巴黎保护东北大西洋海洋环境公约》与东北大西洋渔业委员会的合作

2014年，《奥斯陆巴黎保护东北大西洋海洋环境公约》（Convention for the Protection of the Marine Environment of the North‐East Atlantic, OSPAR）和东北大西洋渔业委员会签署了"国际组织之间在东北大西洋国家管辖外选定海域合作和协调共同安排"（Collective Arrangement between Competent International organizations on Cooperation and Coordination

---

① 请参考 http：//www.neafc.org/managing_fisheries/measures/historic。

② 请参考 http：//www.neafc.org/managing_fisheries/measures/current。

Regarding Selected Areas in Areas Beyond National Jurisdiction in the North-East Atlantic）。该安排是合法、称职的国际组织之间签署的针对东北大西洋国家管辖外区域（Areas Beyond National Jurisdiction，ABNJ）人类活动管理问题的正式安排。该安排的主要目标是提供一个各利益相关方参与的综合多边论坛，共同讨论东北大西洋国家管辖外海域的人类活动管理问题。

从《奥斯陆巴黎保护东北大西洋海洋环境公约》的角度来看，与东北大西洋渔业委员会合作可以促进生态系统方法在人类的海洋活动管理中的运用。《奥斯陆巴黎保护东北大西洋海洋环境公约》非常关注用养护、恢复和预防性措施保护东北大西洋海洋生物种群、生境和生态系统，因而其对东北大西洋渔业委员会采取措施保护海洋生态系统免受渔业潜在不利影响的目标非常感兴趣。从东北大西洋渔业委员会的角度来看，与《奥斯陆巴黎保护东北大西洋海洋环境公约》的合作可以有助于在更广泛生态系统内执行相关的渔业资源养护措施，并最终实现渔业资源的长期养护和最佳利用，从而达到可持续的经济、环境和社会效益。

另外，政策协调性也是东北大西洋渔业委员会和《奥斯陆巴黎保护东北大西洋海洋环境公约》合作的关键动力之一，使双方共同的缔约国能在两项公约下更好地履行职责。

2010年，东北大西洋渔业委员会就曾积极寻求与其他相关组织之间的合作。许多组织都应邀参与了东北大西洋国家管辖外区域开展更广泛合作的讨论。受邀参与讨论的组织包括：国际海底管理局（International Seabed Authority，ISA）；国际海事组织（International Maritime Organization，IMO）；大西洋金枪鱼养护委员会（International Commission for the Conservation of Atlantic Tunas，ICCAT）。

## 6.2 国际海洋考察理事会与东北大西洋渔业委员会的合作

国际海洋考察理事会（International Council for the Exploration of the Sea，ICES）的任务是促进和鼓励海洋研究和调查，特别是与海洋生物资源有关的研究和调查。根据双方于2007年签署的合作备忘录，国际海洋考察理事会将向东北大西洋渔业委员会提供独立、不受政治影响、并遵循最佳国际质量程序的科学性信息和建议。国际海洋考察理事会的年度建议侧重于东北大西洋渔业委员会公约区域主要商业渔业资源的状态和管理以及海洋生态系统的状态，因此理事会提供的数据包括产卵种群生物量、总种群生物量、捕捞死亡率、渔获量和丢弃量。理事会提供的建议还包括人类活动对海洋生态系统影响的信息。针对所建议的具体的管理措施，理事会还将评估这些措施的执行和成果。具体而言，当引入新管理措施时，理事会将根据掌握的最佳信息对该措施进行评估。若存在非法、未报告和无管制捕捞行为（Illegal, Unreported and Unregulated Fishing, IUU Fishing），理事会将根据上述捕捞行为对渔业的影响给出相应的管理措施建议。

国际海洋考察理事会将派相应咨询工作组负责人或其他代表参加东北大西洋渔业委员会的年度会议，并在会议上陈述理事会收集整理的科学信息，并向东北大西洋渔业委员会提供相应的管理措施建议。此外，国际海洋考察理事会的一名专业顾问也将出席东北大西洋渔业委员会会议。同时，东北大西洋渔业委员会也有权以观察员身份出席国际海洋考察理事会的年度会议和科学年会。

## 6.3 国际海事组织与东北大西洋渔业委员会的合作

2009年，国际海事组织（International Maritime Organization, IMO）与东北大西洋渔业委员会签署了合作协议。根据合作协议，两个组织将就共同关心的问题相互协商，以确保最大限度地协调针对上述问题的工作和行动。双方秘书长将交换信息资料，并让对方知悉围绕上述问题所做的行动计划和工作方案。因此，在任一方提议发起一项另一方可能感兴趣的计划或方案时，双方将进行磋商，尽可能地就双方应该承担的责任以及做出的决策开展协调。国际海事组织秘书长将邀请东北大西洋渔业委员会秘书长派遣代表参加由其召集或主持的会议，以共同商议东北大西洋渔业委员会感兴趣的事项。反之，东北大西洋渔业委员会秘书长也将邀请国际海事组织秘书长派遣观察员参加由其召集或主持的会议，以共同商议国际海事组织感兴趣的事项。

**相关链接：**

东北大西洋渔业委员会（North-East Atlantic Fisheries Commission, NEAFC）的网址：http://www.neafc.org/

《东北大西洋渔业多边合作协议》（Convention on Future Multilateral Cooperation in North East Atlantic Fisheries）的网址：http://www.

neafc. org/system/files/Text-of-NEAFC-Convention-04. pdf

《东北大西洋渔业委员会议事规则》（Rules of Procedures of North-East Atlantic Fisheries Commission）的网址：https：//www. neafc. org/system/files/Rules-of-Procedure%202021%20version_0. pdf

《东北大西洋渔业委员会财务和行政委员会规则》（Rules for Finance and Administration Committee of North-East Atlantic Fisheries Commission）的网址：https：//www. neafc. org/system/files/fac_rules. pdf

东北大西洋渔业委员会执行中的养护与管理措施（NEAFC Current Management Measures）：https：//www. neafc. org/managing_fisheries/measures/current

东北大西洋渔业委员会尚未超过反对期的养护与管理措施或建议（NEAFC Pending Management Measures）的网址：https：//www. neafc. org/managing_fisheries/measures/pending

东北大西洋渔业委员会被提出反对意见的养护与管理建议（NEAFC Objections to Recommendations）的网址：https：//www. neafc. org/managing_fisheries/measures/objections-to-recommendations

东北大西洋渔业委员会执行过、现已失效的养护与管理措施（NEAFC Historical Management Measures）的网址：https：//www. neafc. org/managing_fisheries/measures/historic

《东北大西洋渔业委员会和1992年《奥斯陆巴黎保护东北大西洋海洋环境公约》下成立委员会的合作备忘录》[Memorandum of Understanding between North-East Atlantic Fisheries Commission（NEAFC）and Commission establishe by the 1992 Convention for the Protection of the Marine Environment of the North-East Atlantic（OSPAR Commission）]的网址：http：//www. neafc. org/system/files/opsar_mou. pdf

《东北大西洋渔业委员会和国际海洋考察理事会的合作备忘录》[Memorandum of Understanding between North-East Atlantic Fisheries Commission（NEAFC）and International Council for the Exploration of the Sea（ICES）]的网址：https：//www. neafc. org/system/files/NEAFC-ICES_MoU-2019_final%20%28without%20signatures%29%28Annex-1%20updated%202022-signed%202023%29. pdf

《国际海事组织和东北大西洋渔业委员会的合作备忘录》[Agreement

of Co-operation between International Maritime Organization (IMO) and North East Atlantic Fisheries Commission (NEAFC)]的网址：http://www.neafc.org/system/files/IMO_Agreement-of-Cooperation-between-IMO-NEAFC_Dec2009.pdf

粮农组织介绍东北大西洋渔业委员会的网址：https://www.fao.org/fishery/en/organization/neafc/en

# 北太平洋溯河鱼类委员会
# (North Pacific Anadromous Fish Commission, NPAFC)

北太平洋溯河鱼类委员会（North Pacific Anadromous Fish Commission，NPAFC）是《北太平洋溯河鱼类保护公约》（Convention for the Conservation of Anadromous Stocks in the North Pacific Ocean）下建立的政府间组织，该公约于1992年2月11日签署，并于1993年2月16日生效。

北太平洋溯河鱼类委员会的主要目标是加强公约区域（Convention Area）内溯河鱼类（太平洋鲑鱼和硬头鳟）的养护。除公约规定的养护措施外，北太平洋溯河鱼类委员会有权向成员国/地区提出溯河鱼类养护的建议措施，协调和审查措施的执行情况，促进成员国/地区就违反公约规定的行为、渔获量、捕捞努力量、资源增殖等信息进行交流，并鼓励开展针对太平洋鲑鱼及其生态相关物种的科学研究。

## 1. 成员国/地区

目前北太平洋溯河鱼类委员会成员国/地区为：加拿大（Canada）、日本（Japan）、韩国（Republic of Korea）、俄罗斯（Russian Federation）、美国（United States of America）。

## 2. 管辖区域

北太平洋溯河鱼类委员会的公约区域包括北太平洋公海，以及北纬33°以北200海里专属经济区以外的相邻海域。

为了科学目的，北太平洋溯河鱼类委员会采取的养护措施可以覆盖朝南延伸至200海里以外的相邻海域。

## 3. 组织架构

北太平洋溯河鱼类委员会的组织架构如图1所示。

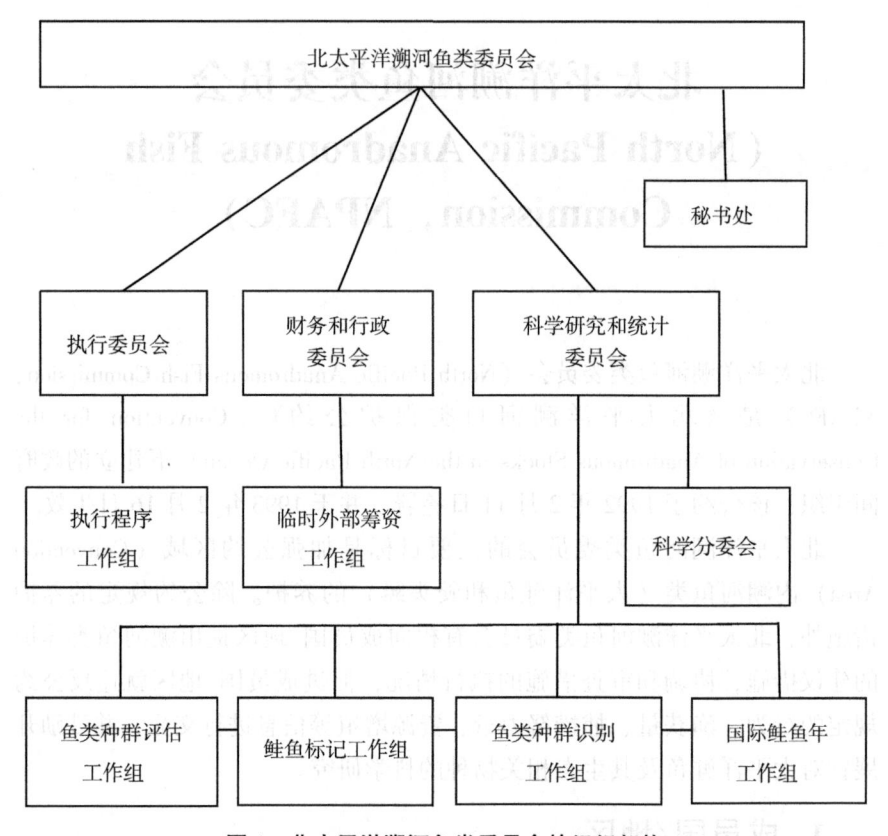

**图 1　北太平洋溯河鱼类委员会的组织架构**

科学研究和统计委员会（Committee on Scientific Research & Statistics, CSRS）于 1995 年设立科学分委会（Science Sub-Committee, SSC）。科学分委会负责开展北太平洋溯河鱼类委员会制订的科学计划，并协调计划的实施，同时也为科学研讨会提供战略计划。同时，科学分委会协调与北太平洋海洋科学组织（North Pacific Marine Science Organization, PICES）、北大西洋鲑鱼养护组织（North Atlantic Salmon Conservation Organization, NASCO）等国际组织的合作。

科学分委会下设 4 个工作组（Working Groups），分别为：

- 鱼类种群评估工作组（Working Group on Stock Assessment）。鱼类种群评估工作组于 1995 年成立，协调开展对鲑类鱼类种群状态的统计与数据分析，从而作出正确的种群状况评估。

- 鲑鱼标记工作组（Working Group on Salmon Marking）。鲑鱼标记工作组于1998年成立，成立之初为临时工作组，1999年成为正式工作组。鲑鱼标记工作组的工作内容包括：交流耳石标记计划；避免标记冲突，杜绝重复标记；管理耳石标记库和数据库。2016年，鲑鱼标记工作组与鲑鱼标签工作组（Working Group on Salmon Tagging）合并，新工作组保留了"鲑鱼标记工作组"的名称，并负责耳石标记和鲑鱼标签。
- 鱼类种群识别工作组（Working Group on Stock Identification）。鱼类种群识别工作组于1999年成立，成立之初为临时工作组，2011年成为正式工作组。鱼类种群识别工作组旨在促进成员国/地区合作开发、标准化和传播遗传数据库和其他相关数据库，以鼓励开发新的遗传技术，并促进统计技术的传播。
- 国际鲑鱼年工作组（International Year of the Salmon Working Group，IYS）。国际鲑鱼年是北太平洋溯河鱼类委员会于2018—2019年开展的一项活动。国际鲑鱼年工作组可以提供平台，协调并鼓励围绕鲑鱼及其与人类关系的跨学科研究。在国际鲑鱼年期间开展的关于鲑鱼研究的新技术、新观察内容、新分析方法旨在填补人类对鲑鱼认知的空缺，以更好地了解不断变化海洋环境下的鲑鱼生存状况。

科学研究和统计委员会下曾经还设立过2个工作组：鲑鱼标签工作组（Working Group on Salmon Tagging），该工作组于2007年成立，2016年与鲑鱼标记工作组合并；白令海峡-阿留申群岛鲑鱼国际调查工作组（Bering-Aleutian Salmon International Survey，BASIS），该工作组于2001年成立，2015年解散。

## 4. 管辖的鱼类种群

除了太平洋鲑鱼和硬头鳟，北太平洋溯河鱼类委员会也负责管辖洄游至管辖区域的其他溯河鱼类种群，包括：粉鲑、马苏大马哈鱼、红大马哈鱼、大眼鲷、奇努克鲑和樱桃鲑。上述鱼类种群均被列入《北太平洋溯河鱼类保护公约》附录名单。北太平洋溯河鱼类委员会的任务即管理上述鱼类的渔业活动。

## 相关链接：

北太平洋溯河鱼类委员会（North Pacific Anadromous Fish Commission，

NPAFC）的网址：https：//npafc.org/

《北太平洋溯河鱼类养护公约》（Convention for the Conservation of Anadromous Stocks in the North Pacific Ocean）的网址：https：//www.npafc.org/wp-content/uploads/Public-Documents/Handbook/Handbook-3rd-E-Convention-Only-English.pdf

《北太平洋溯河鱼类委员会议事规则》（Rules of Procedure of North Pacific Anadromous Fish Commission）的网址：https：//www.npafc.org/wp-content/uploads/Public-Documents/Handbook/Handbook-3rd-E-RoP-Only-English.pdf

《北太平洋溯河鱼类委员会财务条例》（Financial Rules of North Pacific Anadromous Fish Commission）的网址：https：//www.npafc.org/wp-content/uploads/Public-Documents/Handbook/Handbook-3rd-E-Financial-Rules-Only-English.pdf

粮农组织介绍北太平洋溯河鱼类委员会的网址：https：//www.fao.org/fishery/en/organization/npafc/en

# 北太平洋渔业委员会
# (North Pacific Fisheries Commission, NPFC)

自 2006 年以来，北太平洋渔业委员会（North Pacific Fisheries Commission, NPFC）就深海鱼类区域性管理和海洋生态系统保护进行了多次非正式磋商。之后，委员会又经过多次正式磋商和准备会议，最终于 2012 年 2 月 24 日签订了《北太平洋公海渔业资源养护和管理公约》（Convention on the Conservation and Management of the High Seas Fisheries Resources in the North Pacific Ocean），北太平洋渔业委员会也随之于 2015 年 7 月 19 日正式成立。委员会秘书处于 2015 年 9 月 3 日成立，在秘书处成立之前，临时秘书处设在日本。

在北太平洋渔业委员会成立的最初两年内设立了科学委员会（Scientific Committee）。迄今，科学委员会就脆弱海洋生态系统、北太平洋五刺鲷（North Pacific Armorhead）、秋刀鱼（Pacific Saury）和鲐鱼（Chub Mackerel）举行了数次深入的科学研讨会，同时举行了科学委员会年度会议和资源预评估会议。北太平洋渔业委员会也设立了技术和履约委员会（Technical and Compliance Committee）、财务和行政委员会（Finance and Administration Committee）。技术和履约委员会也举办会议讨论渔业管理事宜。在 3 个委员会中，财务和行政委员会是最晚成立的，但该委员会在 2017 年 7 月成立后也举办了相应的会议讨论财务和行政事宜。

## 1. 成员国/地区

北太平洋渔业委员会成员分别为：加拿大（Canada）、中国（China）、欧盟（European Union）、日本（Japan）、韩国（Republic of Korea）、俄罗斯（Russian Federation）、中国台湾（Chinese Taiwan）、美国（United States of America）、瓦努阿图（Republic of Vanuatu）。

合作非缔约方（Cooperating Non-contracting Party）为：巴拿马（Panama）。

## 2. 管辖区域

北太平洋渔业委员会管辖区域包括北太平洋公海海域，但不包括白令海（Bering Sea）和单一国家专属经济区包围的公海海域。管辖区域的南部界线自环绕北马里亚纳群岛（Northern Mariana Islands）的美国管辖水域外限起，沿北纬20°线，向东连接以下坐标点：

- 北纬20°，东经/西经180°；
- 北纬10°，东经/西经180°；
- 北纬10°，西经140°；
- 北纬20°，西经140°；
- 向东至墨西哥（Mexico）管辖水域外限交汇处。

## 3. 组织架构

北太平洋渔业委员会由其全体成员和合作非缔约方组成。委员会至少每两年举行一次例会，必要时也可举行其他会议。作为附属机构的3个分委员会向委员会提供工作支持。这3个分委员会分别为：科学委员会；技术和履约委员会；财务和行政委员会。各个分委员会均拥有各自的专家技术支持工作组。分委员会可以下设工作组，同时召开相关会议对特定问题进行讨论。所有委员会和分委员会的会议均向认可的观察员国/地区开放。

北太平洋渔业委员会的组织架构如图1所示。

在科学委员会下设有3个小科学委员会/技术工作组（Small Scientific Committee/Technical Working Group）：底层鱼类和海洋生态小科学委员会（Small Scientific Committee on Bottom Fish and Marine Ecosystems，SSC BF-ME）；秋刀鱼小科学分委会（Small Scientific Committee on Pacific Saury，SSC PS）；鲐鱼种群评估技术工作组（Technical Working Group on Chub Mackerel Stock Assessment，TWG CMSA）。另外，科学委员会下还设立了另外4个非正式的小工作组（Working Groups），以应对北太平洋渔业委员会关注的其他鱼类种群的问题，这些小工作组分别为：北太平洋柔鱼小工作组（SWG on Neon Flying Squid）；太平洋褶柔鱼小工作组（SWG on Japanese Flying Squid）；远东拟沙丁鱼小工作组（SWG on Japanese Sar-

```
                    ┌─────────────────┐
                    │ 北太平洋渔业委员会 │
                    └────────┬────────┘
                             │
         ┌───────────────────┼───────────────┐
         │                   │               │
         │              ┌─────────┐          │
         │              │  秘书处  │          │
         │              └─────────┘          │
    ┌─────────┐    ┌──────────────┐   ┌──────────────┐
    │ 科学委员会│    │技术和履约委员会│   │财务和行政委员会│
    └────┬────┘    └───────┬──────┘   └──────────────┘
         │                 │
  ┌──────┴──────┐    ┌─────┴───────┐
  │底层鱼类和海洋生│    │规划和发展工作组│
  │  态工作组    │    └─────────────┘
  └─────────────┘
         │                 │
  ┌──────┴──────┐    ┌─────┴───────┐
  │  秋刀鱼工作组 │    │  执行工作组  │
  └─────────────┘    └─────────────┘
         │
  ┌──────┴──────┐
  │鲐鱼种群评估技术│
  │    工作组    │
  └─────────────┘
```

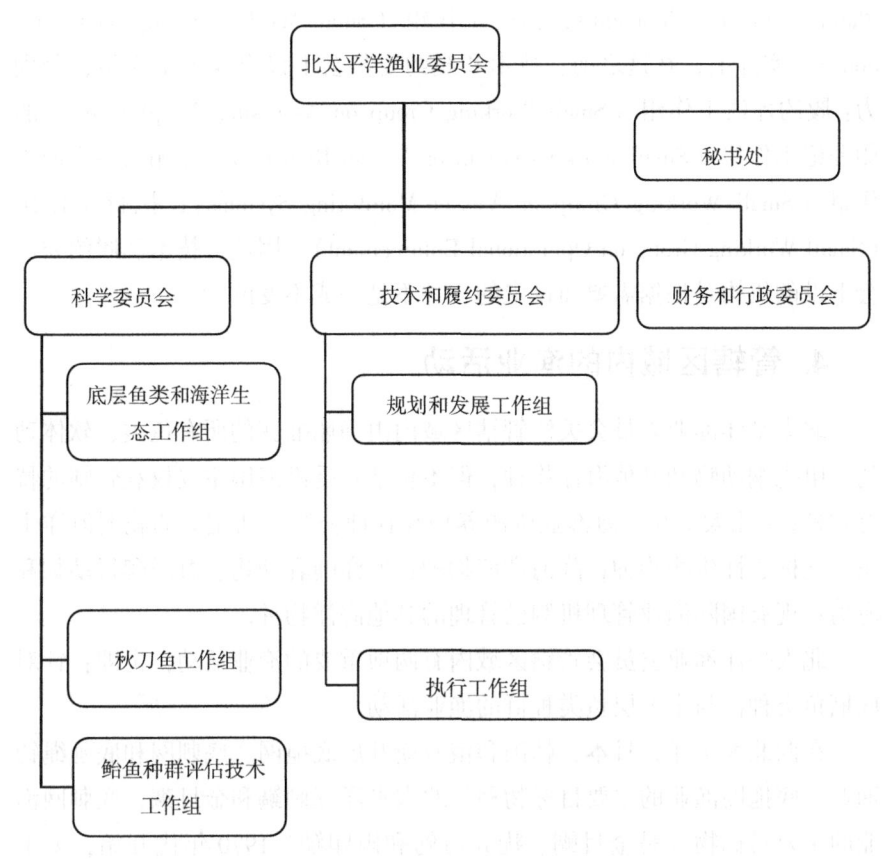

**图 1　北太平洋渔业委员会的组织架构**

dine）；澳洲鲭小工作组（SWG on Blue (Spotted) Mackerel）。实际上，在这之前，北太平洋渔业委员会科学委员会下设有 5 个小科学委员会/技术工作组，分别为：底层鱼类小科学委员会（Small Scientific Committee on Bottom Fish, SSC BF）；脆弱海洋生态系统小科学委员会（Small Scientific Committee on Vulnerable Marine Ecosystems, SSC VME）；秋刀鱼小科学委员会（Small Scientific Committee on Pacific Saury, SSC PS）；秋刀鱼资源评估技术工作组（Technical Working Group on Pacific Saury Stock Assessment）；鲐鱼技术工作组（Technical Working Group on Chub Mackerel）。因此，科学委员会下设的机构是根据需要而设定的，并不是一成不变的。

在技术和履约委员会下设 2 个工作组，以解决委员会的具体工作部署，这 2 个工作组分别为：规划和发展工作组（Small Working Group on

Planning and Development);执行工作组(Small Working Group on Operations)。实际上,在这之前,技术和履约委员会下设有 4 个工作组,分别为:履约评估工作组(Small Working Group on Assessing Compliance);船舶登记工作组(Small Working Group on Vessel Registry);船舶监控系统工作组(Small Working Group on Vessel Monitoring Systems);执行工作组(Small Working Group on Operational Enforcement)。因此,技术和履约委员会下设的机构是根据需要而设定的,并不是一成不变的。

## 4. 管辖区域内的渔业活动

北太平洋渔业委员会关注管辖区域内由渔船捕获的所有鱼类、软体动物、甲壳纲动物和其他海洋物种,但不包括:受沿海国主权权利管辖的特有物种;《北太平洋公海渔业资源养护和管理公约》所定义的脆弱海洋生态系统标志性生物物种;降河产卵物种;海洋哺乳动物、海洋爬行动物和海鸟;现有国际渔业管理机制已管理的其他海洋物种。

北太平洋渔业委员会管辖区域内有两项重要的渔业活动,也即:针对底栖鱼类种群与中上层鱼类种群的渔业活动。

在西北太平洋,日本、韩国和俄罗斯开展底拖网、底刺网和底延绳钓渔业。底拖网渔业的主要目标物种是北太平洋五刺鲷和金目鲷,底刺网渔业的主要目标物种是金目鲷、疣异海鲂和雨印鲷。1970 年代开始,太平洋东北部出现海山延绳钓渔业。加拿大在海山海域通过延绳钓钩和其他的延绳钓捕捞装置开展银鳕鱼渔业作业。

在北太平洋,中国、日本、韩国、俄罗斯和中国台北的重要渔业目标物种是秋刀鱼(Pacific saury)。渔船主要使用固定式抄网或升降网捕捞秋刀鱼。日本和俄罗斯的渔船主要在其本国专属经济区内作业,中国、韩国和中国台北的渔船则主要在北太平洋公海作业。

除了秋刀鱼,北太平洋渔业委员会管辖海域及其毗邻海的其他重要捕捞目标物种为:鲐鱼、澳洲鲭(Spotted Mackerel)、远东拟沙丁鱼(Japanese Sardine)、北太平洋柔鱼(Neon Flying Squid)、太平洋褶柔鱼(Japanese Flying Squid)。

## 5. 目标与职责

《北太平洋公海渔业资源养护和管理公约》的目标是确保公约区域

（Convention Area）内渔业资源的长期养护和可持续利用，同时保护北太平洋的海洋生态系统。

基于可获得的最佳科学信息和科学分委会的建议，北太平洋渔业委员会承担以下工作职责：

- 通过执行养护和管理措施，保证管辖区域内渔业资源的长期可持续发展，制定渔业资源的总可捕捞量或总可捕捞强度；
- 保证总可捕捞量和总可捕捞强度符合科学分委会的建议；
- 必要时，通过同一生态系统中的物种或依赖于或附属于主要捕捞目标物种的其他物种开展相应的养护和管理措施；
- 必要时，通过任何渔业资源和同一生态系统中的物种或依赖于或附属于主要捕捞目标物种的其他物种制定相应的管理机制；
- 防止渔业作业对管辖区域内脆弱的海洋生态系统造成重大负面影响；
- 通过确定渔业属性和内容分配捕捞机会；
- 经协商一致，决定管辖区域内新兴渔业的范围和开展的条件，以及这类渔业的属性和内容，并分配捕捞机会；
- 在渔业资源可持续发展的前提下，决定新成员获得渔业利益的方式。

科学分委会向北太平洋渔业委员会提供科学建议和意见，因此科学分委会的工作很大程度上影响北太平洋渔业委员会所制定的渔业管理举措。科学委员会的主要工作职责是：

- 向委员会提出研究计划；
- 规划、开展和审议管辖区域内鱼类种群状况的科学评估，确定需要采取的养护和管理措施，并向委员会提出意见和建议；
- 收集、分析并发布科学信息；
- 评估渔业活动对渔业资源和同一生态系统内的其他物种、或依赖于或附属于主要捕捞目标物种的其他物种的影响；
- 制定确定脆弱海洋生态系统的程序，包括确定脆弱海洋生态系统的标准；
- 确定并向委员会建议应增加的脆弱海洋生态系统中应禁止直接捕捞的物种；
- 建立基于科学信息的标准和准则，以决定底层渔业活动是否可能

对脆弱海洋生态系统或对基于国际标准所建立的特定水域内的海洋生物造成重大负面影响,并为避免此类影响提出意见和建议;

- 审议评估、决定和管理措施,提出任何必要的意见和建议;
- 制定规定和标准,规范对渔业资源和同一生态系统中的物种或依赖于或附属于主要捕捞目标物种的其他物种以及管辖区域内渔业活动等数据的收集、核实和报告,并规范对此类数据的安全使用、交换、评估和发布;
- 向北太平洋渔业委员会提供为实现任一管理目标可采取的养护和管理替代措施的分析,以便北太平洋渔业委员会作出管理决策;
- 向北太平洋渔业委员会提供科学委员会认为适合的、或北太平洋渔业委员会要求的其他科学意见和建议。

技术和履约委员会的主要工作职能为:

- 监督、审议委员会通过的养护和管理措施的遵守情况,并在必要时向北太平洋渔业委员会提供建议;
- 审议委员会通过的监督、控制、监视和执法措施的执行情况,并在必要时向北太平洋渔业委员会提供建议。

## 相关链接:

北太平洋渔业委员会(North Pacific Fisheries Commission,NPFC)的网址:http://www.npfc.int/

《北太平洋公海渔业资源养护与管理公约》(Convention on the Conservation and Management of the High Seas Fisheries Resources in the North Pacific Ocean)的网址:https://www.npfc.int/system/files/2017-01/Convention%20Text.pdf

《北太平洋渔业委员会行政文件》(North Pacfic Fisheries Commission Administrative Document)的网址:https://www.npfc.int/system/files/2021-04/NPFC%20Compendium%20Administrative%20Documents%20Rev%203.pdf

北太平洋渔业委员会执行中的养护和管理措施(Active Conservation and Management Measures of North Pacfic Fisheries Commission)的网址:https://www.npfc.int/active-conservation-and-management-measures

粮农组织介绍北太平洋渔业委员会的网址:https://www.fao.org/fishery/en/organization/npfc

# 拉丁美洲渔业发展组织
# (Latin American Organization for Fisheries Development, OLDEPESCA)

拉丁美洲渔业发展组织（Latin American Organization for Fisheries Development, OLDEPESCA）于1982年10月29日成立。拉丁美洲渔业发展组织前身为拉丁美洲经济体系行动委员会（Action Committees of Latin American Economic System, SELA）下于1977年成立的海洋及淡水产品行动委员会（Action Committee on Sea and Freshwater Products, CAPMAD）。自成立伊始，拉丁美洲渔业发展组织专注于解决渔业问题。1985年1月1日，拉丁美洲渔业发展组织正式行使其工作职责。

拉丁美洲渔业发展组织的主要职责是通过协同行动促进拉丁美洲的区域发展与区域合作，以此充分满足拉丁美洲的粮食需求，利用拉丁美洲渔业资源为拉丁美洲人民谋利益。

## 1. 成员国/地区

拉丁美洲渔业发展组织成员国/地区为：伯利兹（Belize）、玻利维亚（Plurinational State of Bolivia）、哥斯达黎加（Costa Rica）、古巴（Cuba）、厄瓜多尔（Ecuador）、萨尔瓦多（EI Salvador）、圭亚那（Guyana）、洪都拉斯（Honduras）、墨西哥（Mexico）、尼加拉瓜（Nicaragua）、秘鲁（Peru）、委内瑞拉（Boliv Rep of Venezuela）。

## 2. 管辖区域

拉丁美洲渔业发展组织的管辖区域包括各成员国/地区的领海、内水以及专属经济区。

## 3. 目标与职责

拉丁美洲渔业发展组织的工作目标如下：促进海洋和淡水产品的生产

和贸易；推动此类产品的消费；提高人民收入；创造更多的就业机会；促进拉丁美洲渔业资源的合理开发；协调各成员国/地区的联合行动。

拉丁美洲渔业发展组织的区域合作主要集中在以下领域：渔业资源研究；渔业资源开发；工业化和基础设施建设；水产养殖；技术开发；市场营销；教育培训；国际合作。

拉丁美洲渔业发展组织开展的项目如下：建设信息机制；制订区域培训计划；成立东太平洋金枪鱼组织（East Pacific Tuna Organization）；评估的的喀喀湖（Lake Titicaca）主要物种资源的状况；开展区域水产养殖项目；开展拉丁美洲和加勒比地区渔业项目的技术开发；建造和修理中小型船舶；促进渔产品的对外贸易；推进中美洲地区的渔业研究；拉丁美洲和加勒比地区渔业组织和区域发展的前瞻性研究；沿海渔业的区域性合作；中美洲和巴拿马地区的渔业发展①。

---

① 在该项目下，在巴拿马设立了技术秘书处。

# 中美洲渔业和水产养殖组织
# (Central America Fisheries and Aquaculture Organization, OSPESCA)

中美洲渔业和水产养殖组织（Central America Fisheries and Aquaculture Organization, OSPESCA）是中美洲一体化体系（Central American Integration System, SICA）发展过程中建立的。中美洲渔业和水产养殖组织的目标是：协调与监管中美洲地区渔业和水产养殖相关的政策，制定产业发展战略，执行和监测该组织所制定的各项管理制度。中美洲渔业和水产养殖组织旨在促进中美洲地区渔业和水产养殖业的可持续发展，协调成员国/地区之间的渔业合作，加快中美洲一体化进程。

中美洲渔业和水产养殖组织是由中美洲各国渔业相关部门联合建议下成立的，并于1995年12月18日由各国决议通过而成立。随后，1999年12月26日，各国政府与中美洲一体化体系秘书长同意将中美洲渔业和水产养殖组织秘书处纳于该一体化体系下，并把该组织秘书处安置在中美洲一体化体系总部的所在地萨尔瓦多首都圣萨尔瓦多（San Salvador, Salvador）。

中美洲一体化体系为中美洲区域国家（伯利兹、哥斯达黎加、萨尔瓦多、危地马拉、洪都拉斯、尼加拉瓜和巴拿马）以及多米尼加提供一体化的体制框架，该体系成立于1991年，联合国大会1993年12月10日第A/48L号决议（United Nations Resolution A/48L）核准了它的设立。

中美洲渔业和水产养殖组织于1999年加入中美洲一体化体系总秘书处，又于2014年成立了隶属于总秘书处的专门区域部（Specialized Regional Directorate），负责协调渔业和水产养殖区域性治理和可持续发展的战略、政策和项目。

"2015—2025年渔业和水产养殖一体化政策"（Fisheries and Aquaculture Integration Policy 2015—2025）为中美洲渔业和水产养殖组织提供工作指导。

自2004年以来，中美洲渔业和水产养殖组织与不同的国际组织制定和执行了20余个国际合作项目和谅解备忘录。在该组织的若干行动方针中，包括实施区域性治理模式，就若干渔业（龙虾、鲨鱼等）的区域性治理和其他问题，要求其所有成员国/地区采取具有约束力的措施，如抵制非法、未报告和无管制捕捞（Illegal，Unreported and Unregulated Fishing，IUU Fishing）、保证健康的虾养殖、在捕虾业中确保海龟排斥装置（Turtle excluder device，TED）、船队和水产养殖设施的区域登记、渔船队的监测和卫星控制等。迄今为止，中美洲渔业和水产养殖组织已经批准了11项区域性条例。

在过去的20余年，国家行政部门、渔民、水产养殖组织以及价值链的其他参与者学会了思考、交流经验和协作，从而推动整个中美洲地区渔业的可持续发展。在十几年前，他们就已经意识到，为了改善和便于沟通、协调具有区域性影响的行动、促进各方达成共识、确保所有成员国/地区在平等条件下获得利益，通过中美洲渔业和水产养殖组织开展与相关组织和合作伙伴的对话是最有效的。

2013年，中美洲渔业和水产养殖组织获得"玛格丽塔·利扎拉加"奖章（"Margarita Lizarraga" Medal），表彰"其对中美洲国家可持续渔业和水产养殖发展的重大贡献"；中美洲渔业和水产养殖组织被认为是一个具有示范性作用的政府间组织，其成就的催化作用可以被推广到其他区域；中美洲渔业和水产养殖组织对实施联合国《负责任渔业行为守则》的贡献是杰出的、实际的、有形的和可持续的，同时促进了其他区域的效仿。

## 1. 成员国/地区

中美洲渔业和水产养殖组织成员国/地区为：伯利兹（Belize）、哥斯达黎加（Costa Rica）、多米尼加（Dominican Republic）、萨尔瓦多（El Salvador）、危地马拉（Guatemala）、洪都拉斯（Honduras）、尼加拉瓜（Nicaragua）、巴拿马（Panama）。

## 2. 管辖区域

中美洲渔业和水产养殖组织的管辖区域覆盖该组织成员国/地区管辖下的水域，包括内水和专属经济区。

## 3. 组织架构

中美洲渔业和水产养殖组织下设：

部长委员会（Council of Ministers），是该组织的最高权力机构，负责制定相关政策，一年举行两次会议；

副部长委员会（Committee of Vice-Ministers），是该组织的行政决策机构，负责指导、监督和评估中美洲渔业及水产养殖业政策和政策的执行情况，一年举行一次会议；

渔业和水产养殖管理者分委会（Commission of Directors of Fisheries and Aquaculture），是该组织负责科学和技术决策的机构，一年举行两次会议；

中美洲渔业和水产养殖组织区域部（Regional Directorate of OSPESCA），是负责执行管理部门决策的机构，由区域负责人负责开展工作；

区域工作组（Regional Working Groups），该组织下设9个区域工作组，分别负责政策、捕捞、水产养殖、休闲渔业、法律、性别、气候变化、鲨鱼和高度洄游物种、小型渔业指南等事务，为中美洲渔业和水产养殖组织区域部提供技术支撑。

咨询委员会（Consultive Boards），是负责提供咨询意见和建议的机构，并代表该组织参与以下2个渔业组织的活动：代表小型渔业渔民的中美洲手工渔民联合会（Central American Confederation of Artisanal Fishers, CONFEPESCA）；代表渔业和水产养殖产业的中美洲水产养殖渔业企业家组织。

## 4. 目标与职责

中美洲渔业和水产养殖组织的工作目标与职责为：

- 促进中美洲地区的渔业和水产养殖业政策一体化；
- 促进和监督中美洲渔业和水产养殖业区域性框架条约的执行；
- 采用生态系统和跨学科的管理方法，协调中美洲渔业和水产养殖业相关机构和部门之间的合作；
- 推动中美洲地区的渔业和水产养殖业立法；
- 制定和促进中美洲地区渔业和水产养殖业发展战略，开展相关项目，推动相关区域性协议的制定；
- 鼓励渔业和水产养殖业从业者成立相关社团及组织；
- 协调并组织举办中美洲渔业和水产养殖业相关的国际论坛。

**相关链接：**

中美洲渔业和水产养殖组织（Central America Fisheries and Aquaculture Organization，OSPESCA）的网址：https://www.sica.int/ospesca/inicio

粮农组织介绍中美洲渔业和水产养殖组织的网址：https://www.fao.org/fishery/en/organization/ospesca/en

# 红海和亚丁湾环境保护区域组织
# (Regional Organization for the Conservation of the Environment of the Red Sea and Gulf of Aden, PERSGA)

红海和亚丁湾环境保护区域组织（Regional Organization for the Conservation of the Environment of the Red Sea and Gulf of Aden, PERSGA）的起源可追溯到1970年代初。当时阿拉伯联盟教育、文化及科学组织[①]（Arab League Educational, Cultural and Scientific Organization, ALESCO）发起了一项保护红海和亚丁湾环境的项目（Program for the protection of the environment of the Red Sea and Gulf of Aden）。1974年，阿联教科文组织在联合国教科文组织（UNESCO）的协助下，在德国不来梅港（Bremerhaven, Germany）召开了一次会议，讨论了开展跨学科研究方案的初步构想。随后的会议确定了主要的区域关切事项和拟议的活动计划，由此，会议各方提议启动红海和亚丁湾环境保护项目。随后，临时秘书处在埃及开罗（Cairo, Egypt）设立，在阿联教科文组织主持下由秘书处具体执行红海和亚丁湾环境保护项目。秘书处于1980年迁往沙特阿拉伯吉达（Jeddah, Saudi Arabia）。红海和亚丁湾环境保护项目的法律基础源于1982年签署的《红海和亚丁湾保护区域公约》[②]（Conservation of the Red Sea and Gulf of Aden）。红海和亚丁湾环境保护区域组织于1995年9月在阿拉伯联盟下成立。随后，在埃及举行的第一次理事会会议上正式宣布红海和亚丁湾环境保护区域组织的成立，参与制定《红海和亚丁湾保护区域公约》的各方均出席了该会议。

---

① 简称即为：阿联教科文组织。
② 《红海和亚丁湾保护区域公约》也被简称为：《吉达公约》（Jeddah Convention）。

## 1. 成员国/地区

红海和亚丁湾环境保护区域组织成员国/地区为：吉布提（Djibouti）、埃及（Egypt）、约旦（Jordan）、沙特阿拉伯（the Kingdom of Saudi Arabia）、索马里（Somalia）、苏丹（Sudan）、也门（Yemen）。

## 2. 管辖区域

红海和亚丁湾环境保护区域组织的管辖区域为：红海（Red Sea）、亚喀巴湾（Gulf of Aqaba）、苏伊士湾（Gulf of Suez）、以地中海（Mediterranean）为界线的苏伊士运河（Suez Canal），以及以下界线内的亚丁湾（Gulf of Aden）：从拉斯达巴特阿里（Ras Dharbat Ali）北纬16°39′、东经53°03.5′，到北纬16°00′、东经53°25′，再到索科特拉岛（Socotra Island）北纬12°40′、东经55°00′，然后到拉斯哈芬（Ras Hafun）北纬10°26′、东经51°25′。

## 3. 组织架构

红海和亚丁湾环境保护区域组织是一个由理事会（Council）管理的政府间组织，理事会成员包括7个成员国/地区的环境部长。委员会每两年举行一次会议，会议审核并批准技术和财政相关的政策。

该组织的日常事务由秘书处（Secretariat）管理。秘书处成员是从该区域内各国招聘而来的专业人士，秘书长负责管理秘书处。自红海和亚丁湾环境保护区域组织1995年成立以来，秘书处及总部均设在沙特阿拉伯吉达（Jeddah）。

## 4. 目标与职责

作为政府间机构，红海和亚丁湾环境保护区域组织致力于保护红海、亚喀巴湾、苏伊士运河和亚丁湾周围的索科特拉群岛（Socotra Archipelago）及附近水域的沿海和海洋环境。该组织还致力于改进红海和亚丁湾沿海和海洋资源的可持续管理和利用。可持续管理和利用主要体现在减少环境威胁、改善沿海社区居民生计、改善制度、法律和财政安排。

1997年，红海和亚丁湾环境保护区域组织启动战略行动计划，为该组织的环境保护活动和项目提供实施纲要。该战略行动计划分阶段执行，每个阶段均有优先事项和重点关注领域。在全球环境基金（GEF）的支持下，在 1999—2005 年实施了战略行动计划的第一阶段。从 2006 年开始的第二阶段主要专注于可持续发展和加强制度建设。

## 相关链接：

红海和亚丁湾环境保护区域组织（Regional Organization for the Conservation of the Environment in the Red Sea and Gulf of Aden，PERSGA）的网址：http：//www.persga.org/index.php

《红海和亚丁湾环境保护公约》（Conservation of the Red Sea and Gulf of Aden）的网址：http：//www.persga.org/inner.php? mainid = 32

粮农组织介绍红海和亚丁湾环境保护区域组织的网址：https：//www.fao.org/fishery/en/organization/persga/en

# 北太平洋海洋科学组织
# (North Pacific Marine Science Organization, PICES)

北太平洋海洋科学组织(North Pacific Marine Science Organization, PICES)是一个政府间科学组织,成立于1992年,旨在推动和协调北太平洋北部及其毗连海域的海洋研究。

1973年在加拿大温哥华(Vancouver, Canada)举行的联合国粮农组织会议上首次提出了设立北太平洋海洋科学组织的构想,但是直到20世纪70年代后期才得以系统讨论。华盛顿大学海洋研究所(Institute for Marine Studies of the University of Washington)随后在美国华盛顿州西雅图(Seattle, USA)举行了几次非正式会议,来自加拿大、日本、苏联和美国的科学家交换了意见,在这些会议上达成的概念性意见成为北太平洋海洋科学组织成立后的工作宗旨。

1986年在美国阿拉斯加州安克雷奇(Anchorage, USA)举办的非正式会议在北太平洋海洋科学组织的成立历史上具有重要意义。在本次会议上,首次有中国代表参会。参加会议的各方达成了协议,就成立政府间区域性海洋科学组织进行沟通协调。同时,各方力促加拿大政府协调举办下一次会议,该会议于1987年12月在加拿大渥太华(Ottawa, Canada)举办。随后,1988年12月在加拿大不列颠哥伦比亚省再次举行会议。1989年12月在西雅图举行了《北太平洋海洋科学组织公约》(Convention For A North Pacific Marine Science Organization)起草会议。1990年12月12日在渥太华举办的会议上,各方一致同意成立北太平洋海洋科学组织[①]。加拿大、中国、日本、美国和苏联代表草拟了《北太平洋海洋科学组织公

---

① 注:鉴于北太平洋海洋科学组织的简称为PICES, ICES则是国际海洋考察理事会(International Council for the Exploration of the Sea)的简称,因而该组织被称为"北太平洋国际海洋考察理事会"。

约》草案。在会议上,美国代表提出由美国组办 1991 年北太平洋海洋科学家第一次会议,1991 年 12 月 10-13 日在西雅图举办了该会议。

加拿大、日本和美国签署《北太平洋海洋科学组织公约》之后①,该公约于 1992 年 3 月 24 日生效。中国于 1992 年 8 月签署该公约,并于同年 10 月以成员国/地区的身份参加了在加拿大不列颠哥伦比亚省维多利亚(Victoria, Canada)举行的北太平洋海洋科学组织第一次年会。尽管苏联一直参与之前为建立北太平洋海洋科学组织做准备的政府间讨论和协商,但俄罗斯直到 1994 年 9 月才批准该公约;在 1995 年仲夏,韩国也成为北太平洋海洋科学组织成员国/地区。

## 1. 成员国/地区

北太平洋海洋科学组织成员国/地区分别为:加拿大(Canada)、日本(Japan)、中国(China)、韩国(Republic of Korea)、俄罗斯(the Russian Federation)和美国(United States of America)。

## 2. 管辖区域

北太平洋海洋科学组织管辖区域覆盖公海以及各国管辖下的海域,具体而言,即处于温带和次北极地区的北太平洋及其毗连海海域,该组织特别关注北纬 30°以北的海域。出于科学原因,未来北太平洋海洋科学组织关注的领域可能延伸到北太平洋更南的海域。

## 3. 组织架构

管理理事会(Governing Council)是北太平洋海洋科学组织的决策机构,由各个国家的代表组成。

执行委员会(Executive Committee)是负责向管理理事会直接报告的常设委员会。经理事会批准,执行委员会可以通过建立附属机构以满足太平洋海洋科学组织的工作需要。

科学和技术委员会(Scientific and Technical Committees)是经过管理理事会批准、由科学理事会(Science Board)设立的。作为动态性委员会,各个科学和技术委员会相当于工作组,根据科学和技术研究的需要而

---

① 五个签署国中的三个国家一旦签署公约,公约即刻生效。

设立。各个科学和技术委员会负责监督其附属机构的活动，确定北太平洋海洋科学组织的工作重点，并提交科学理事会和管理理事会，供其做决策。

技术委员会（Technical Committees）负责开展技术活动以夯实该组织的科学基础。

经管理理事会的批准，科学理事会可以设立科学项目（Scientific Program），以解决该组织所面临的主要科学问题。科学项目主要针对该组织未来十年的工作计划提出意见和建议。科学项目下设有组织机构，科学理事会则担任科学项目的科学指导委员会。

专家组（Expert Groups）是根据决策而设定的组织实体，可以以部门（Section）、工作组（Working Group）、顾问组（Aolvisory Panel）、研究组（Study Group）等形式存在。

经科学理事会的认可和管理理事会的批准，部门由一个科学委员会或数个科学委员会共同建立。作为动态分委会，部门负责研究本组织持续关注的重要科学问题。

经科学理事会的认可和管理理事会的批准，工作组由一个科学委员会或数个科学委员会共同建立。通常工作组的期限为三年，负责具体的科研任务，并向北太平洋海洋科学组织汇报研究结果

经科学理事会的认可和管理理事会的批准，顾问组得以设立，为科学/技术委员会或科学项目提供科学建议。

经科学理事会的认可，研究组由管理理事会或执行委员会建立，通常期限不超过一年，负责研究任何与本组织有关的科学、政策、咨询及/或财务问题，并就此提出建议。

## 4. 目标与职责

北太平洋海洋科学组织的工作目标如下：
- 推进和协调北太平洋北部及其毗连海的海洋科学研究，尤其是针对北纬30°以北海域的科学研究；
- 发展对海洋环境、全球气候与气候变化、生物资源及其生态系统、人类活动影响的科学认识；
- 推动就这些问题所开展的科学信息收集和交换。

北太平洋海洋科学组织采取了各种措施以推动北太平洋的科学研究。

比如,"未来"项目①(FUTURE)是成员国/地区和北太平洋海洋科学组织的附属机构共同承担的一个综合性科学项目,旨在研究北太平洋生态系统对气候变化和人类活动的反应,基于对自然功能的理解来预测未来生态系统的发展,向成员国/地区、政府、利益相关者和公众传达北太平洋的最新科学发现。

自成立以来,北太平洋海洋科学组织采取了跨学科的运作方式,其中,常设的各个委员会专注于以下领域的研究:生物海洋学、渔业科学、物理海洋学和气候、海洋环境质量。监测和数据管理技术委员会(Technical Committees on Monitoring and Data Management)以及有害藻华和碳-气候互动专题组(Specialty Sections on Harmful Algal Blooms and Carbon-climate Interactions)的设立使常设委员会的名单目录进一步扩大。这些技术委员会、专题组间相互交流和合作。在北太平洋海洋科学组织年会上,这些技术委员会、专题组也经常联合举办各种专题会议。最为重要的是,北太平洋海洋科学组织也积极开拓与其他国际组织的合作,比如,1996—2009年与全球海洋生态系动力学研究计划(Global Ocean Ecosystem Dynamics,GLOBEC)合作共同开展气候变化和承载能力科学项目。

鉴于北太平洋海洋科学组织所作出的杰出科学贡献,该组织已经成为北太平洋海洋科学研究的领头羊,同时也是开展北太平洋海洋科学研究国际合作的核心力量。

## 相关链接:

北太平洋海洋科学组织(North Pacific Marine Science Organization,PICES)的网址:https://meetings.pices.int/

《北太平洋海洋科学组织公约》(Convention For A North Pacific Marine Science Organization)的网址:https://meetings.pices.int/about/convention

《北太平洋海洋科学组织议事规则》(Rules of Procedure of North Pacific Marine Science Organization)的网址:https://meetings.pices.int/about/rules_procedure

《北太平洋海洋科学组织财务规则》(Financial Regulations of North Pa-

---

① 注:该项目旨在预测和理解北太平洋的发展趋势、不确定性和生态系统反应。

cific Marine Science Organization）的网址：https：//meetings. pices. int/about/financial_regulations

粮农组织介绍北太平洋海洋科学组织的网址：https：//www. fao. org/fishery/en/organization/pices/en

# 太平洋鲑鱼委员会
# (Pacific Salmon Commission,PSC)

长期以来太平洋鲑鱼资源管理一直是美国和加拿大共同关注的问题。经过多年谈判,双方于1985年签署了《太平洋鲑鱼条约》(Pacific Salmon Treaty),该条约为鲑鱼资源养护和两国利益保障制定了长期目标。太平洋鲑鱼委员会(Pacific Salmon Commission,PSC)是美国和加拿大政府为实施《太平洋鲑鱼条约》而成立的机构。

太平洋鲑鱼委员会旨在指导成员国/地区发展可持续渔业及鲑鱼资源养护,防止过度捕捞,保证渔业最佳产量。同时,根据来源于美加各自水域的鲑鱼资源量,委员会也尽量保证双方能获得与该资源量相匹配的渔业利益。

根据美加各自提交的渔业年度报告,太平洋鲑鱼委员会向两国提出渔业管理建议,其中也包括建议可允许捕捞总量。

## 1. 成员国/地区

太平洋鲑鱼委员会成员国/地区为:加拿大(Canada)、美国(United States of America)。

## 2. 管辖区域

太平洋鲑鱼委员会管辖区域包括从育空河(Yukon River)向南到美国西北部的沿海水域和跨界河流。

## 3. 组织架构

太平洋鲑鱼委员会由16名成员组成,美国和加拿大各拥有8名成员。每个成员国/地区的8名成员中,4名是固定的委员会委员,另外4名非固定成员,他们代表商业渔业和休闲渔业利益相关者,且也分别代表联邦政府、州政府和部落利益。委员会（Commission）和专家组（Panels）根据双边技术委员会（Technical Committees）提供的科学建议履行职责。

太平洋鲑鱼委员会下设 5 个区域性专家组（Regional Panel）。其中，南部、北部、跨界和弗雷泽河专家组（Southern, Northern, Transboundary and Fraser River Panels）向太平洋鲑鱼委员会提供技术和监管建议。上述 4 个分委会均由美加各派 6 名代表参加，分别代表政府和渔业产业与社团的利益。育空河专家组（Yukon River Panel）是太平洋鲑鱼委员会下的第五个专家组，就起源于育空河的鲑鱼，每年提交管理措施建议。与其他依据《太平洋鲑鱼条约》而设立的专家组不同，育空河专家组遵循其自身的章程，不需要向委员会做报告。

太平洋鲑鱼委员会秘书处（Secretariat）位于加拿大温哥华（Vancouver, Canada）。秘书处拥有 26 名工作人员，其中包括行政和科学专业人员，他们协调委员会会议，提供科学评估，开展实地调查，并保存可追溯至 20 世纪初的大量信息档案。

## 4. 目标与职责

太平洋鲑鱼委员会是一个国际决策机构。委员会通过 4 个区域性专家组的渔业专家执行《太平洋鲑鱼条约》下动态的渔业管理工作。由美加两国鲑鱼科学家所组成的双边技术委员会就鲑鱼种群现状和渔业管理举措提供科学建议。

作为一个条约组织，太平洋鲑鱼委员会通过国家、省/州、原住民和部落代表之间的研究和定期会议来促进该条约的实施，以管理两国商业渔业、休闲渔业、生计渔业。

太平洋鲑鱼委员会主要负责管理源自一国水域而在另一国水域被捕获的鲑鱼资源，也负责管理影响另外一国渔业管理、或从生物学上影响另外一国种群状态的鲑鱼资源。此外，太平洋鲑鱼委员会在履行鲑鱼管理的同时也顾及硬头鳟（Steelhead Trout）的养护问题。

## 相关链接：

太平洋鲑鱼委员会（Pacific Salmon Commission, PSC）的网址：https: //www.psc.org/

《加拿大和美国政府关于太平洋鲑鱼管理条约》（Treaty Between the

Government of Canada and The Government of the United States of America Concerning Pacific Salmon)的网址: https://www.psc.org/publications/pacific-salmon-treaty/

粮农组织介绍太平洋鲑鱼委员会的网址: https://www.fao.org/fishery/en/organization/psc

# 美洲水产养殖网
# （Aquaculture Network for the Americas，RAA）

水产养殖一直是美洲地区发展最快的产业之一，不仅为居民提供生计，而且促进粮食安全，并消除贫困。为了促进拉丁美洲和加勒比国家水产养殖业的可持续性发展，美洲水产养殖网（Aquaculture Network for the Americas，RAA）作为一个政府间合作机制应运而生。

美洲水产养殖网是巴西政府2009年向周边国家请求水产养殖技术援助的契机下成立的。2010年，根据《巴西利亚纲领》（Charter of Brasilia），美洲水产养殖网正式成立。2012年，《美洲水产养殖网公约》（Convention of the RAA）在尼加拉瓜（Nicaragua）签署，在公约签署会议上，11个国家正式表示愿意加入美洲水产养殖网。

在巴西-粮农组织国际合作项目（Program for International Cooperation Brazil-FAO）支持下，美洲水产养殖网得到了进一步的发展。在该合作项目下，美洲水产养殖网提供的技术援助服务得以发挥作用，使该组织机构也得到了夯实，使之胜任推动美洲水产养殖业可持续性发展的工作职责，从而帮助拉丁美洲和加勒比地区摆脱饥饿与贫困。同时，在该合作项目下，美洲水产养殖网的各项管理规章得以健全，使其能够作为一个独立机构有效运作。通过与该区域内的各国政府之间的相互协调，美洲水产养殖网提供各类信息，比如：各国水产养殖的最佳实践方法；养殖产品的市场流通；改善和畅通价值链的途径；技术和应用科学的运用；制度建设和政策制定；把稀缺资源养护、妇女和原住民纳入水产养殖产业的途径。

## 1. 成员国/地区

美洲水产养殖网有以下15个成员国/地区：阿根廷（Argentina）、玻利维亚（Plurinational State of Bolivia）、巴西（Brazil）、哥伦比亚（Colombia）、

智利（Chile）、哥斯达黎加（Costa Rica）、古巴（Cuba）、厄瓜多尔（Ecuador）、多米尼加（Dominican Republic）、危地马拉（Guatemala）、洪都拉斯（Honduras）、尼加拉瓜（Nicaragua）、巴拿马（Panama）、巴拉圭（Paraguay）、乌拉圭（Uruguay）。

## 2. 管辖区域

美洲水产养殖网管辖区域为各成员国/地区管辖下的水域和内陆领土。

## 3. 目标与职责

美洲水产养殖网是一个基于自愿遵守透明、平等、妥协、社会和环境责任而成立的区域性政府间合作组织。美洲水产养殖网旨在通过美洲各国之间的区域合作促进水产养殖业的可持续发展和公平发展，尤其是关注水产养殖业发展过程中的社会、经济、科学、技术和环境因素。

美洲水产养殖网主要开展以下领域的工作：

- 加强美洲水产养殖网的制度建设。以美洲水产养殖网为平台，拉丁美洲和加勒比地区各国的渔业和水产养殖部部长每年出席会议。在会议上，各国部长讨论如何通过国内的公共政策更好地承担美洲水产养殖网所制定的各项职责和义务，以此促进本国家庭式水产养殖场的发展，从而通过发展有限资源条件下的水产养殖业（Aquaculture of Limited Resources，AREL）为本国的粮食安全作出贡献。

- 建设试点养殖场。该区域部分国家（安提瓜和巴布达、哥斯达黎加、哥伦比亚、厄瓜多尔、危地马拉和巴拉圭）支持建设试点养殖场的倡议。试点养殖场旨在促进养殖业的可持续发展，提高居民收入，提供更多就业机会，推动农村和沿海地区的发展。在该项目下，目前有8个养殖场进入试点，试点养殖场获得各种扶持和资助，比如养殖场得到重建或扩大，养殖人员获得养殖管理培训，养殖场获得资助购买设备和材料。

- 水产养殖技术推广。该项目于2014年3月启动，旨在发挥技术推广人员在水产养殖中的作用。技术推广以学习、讨论和反思养殖实践的方式进行。

- 培训。近两年美洲水产养殖网开设了2门在线课程：一门课程涉及水产养殖生产力和水产养殖产品质量，另一门课程涉及水产养殖管理和水产品生产。总计120人通过上述2门课程接受了在线培训。

- 国际合作工作组。美洲水产养殖网设立了 2 个工作组,以促进各国关于比目鱼和亚马逊鱼类的知识交流。

**相关链接:**

粮农组织介绍美洲水产养殖网(Aquaculture Network for the Americas-Red De Acuicultural De Las Americas, RAA)的网址: https://www.fao.org/fishery/en/organization/raa

# 渔业区域委员会
# (Regional Commission for Fisheries, RECOFI)

渔业区域委员会（Regional Commission for Fisheries, RECOFI）旨在促进海洋生物资源的开发养护、合理管理和最佳利用，以及推动管辖范围内水产养殖业的可持续发展。1999年，《渔业区域委员会成立协议》（Agreement for the Establishment of the Regional Commission for Fisheries）在《粮农组织章程》（FAO Constitution）第14条下得以签订。该协议于1999年11月获得粮农组织理事会批准，并于2001年2月26日生效。

## 1. 成员国/地区

目前渔业区域委员会成员国/地区为：巴林（Bahrain）、伊拉克（Iraq）、伊朗（Islamic Republic of Iran）、科威特（Kuwait）、阿曼（Oman）、卡塔尔（Qatar）、沙特阿拉伯（Saudi Arabia）、阿拉伯联合酋长国（United Arab Emirates）。

## 2. 管辖区域

渔业区域委员会的管辖区域均为国家管辖下的水域。其中，南部由以下菱形线为界：从北纬16°39′、东经53°3′30″的拉斯达巴特·阿里（Ras Dhabat Ali）到北纬16°00′、东经53°25′，然后至北纬17°00′、东经56°30′，再至北纬20°30′、东经60°00′，最后至北纬25°04′、东经61°25′的拉斯法斯特（Ras Al-Fasteh）。

## 3. 组织架构

渔业区域委员会下设的委员会（Commission）由所有成员国/地区的一名代表组成。委员会下设立了2个附属机构：渔业管理工作组

（Working Group on Fisheries Management，WGFM）和水产养殖工作组（Working Group on Aquaculture，WGA）。委员会有权采纳并执行获得三分之二以上多数投票赞同的养护和管理措施。委员会的任何成员国/地区均有权利反对某项举措，且该成员国/地区不受该举措的约束。委员会通常每两年举行一次会议，日期由委员会决定。

目前，渔业区域委员会秘书处由粮农组织提供，设在粮农组织驻埃及开罗（Cairo，Egypt）的近东和北非区域办事处（FAO Regional Office for the Near East and North Africa）所在地。

## 4. 目标与职责

渔业区域委员会的目标与职责如下：
- 调查渔业资源状况，包括资源数量和开发水平，以及基于此的渔业现状；
- 根据现有的最佳科学证据，采取预防性措施，制定和建议海洋生物资源养护和管理措施，这些措施包括：
  - 规范捕捞方法及渔具；
  - 规定特定捕捞目标物种个体的最小尺寸；
  - 设立休渔期和休渔区；
  - 确定总可捕捞量和捕捞努力量，并在成员国/地区之间进行捕捞量、捕捞努力量分配；
- 调查渔业产业的经济和社会效益，并就渔业发展提出建议；
- 鼓励、建议、协调开展渔业培训和推广活动；
- 鼓励、建议、协调开展研究和开发活动，包括渔业和海洋生物资源养护领域的合作项目；
- 收集、出版或发布可开发海洋生物资源的信息和根据资源状况可以开展的渔业信息；
- 促进水产养殖和渔业可持续发展；
- 开展其他有助于实现上述目标的活动。

## 相关链接：

《渔业区域委员会成立协议》（Agreement for the Establishment of Regional Commission for Fisheries，RECOFI）的网址：http://www.fao.org/

fishery/static/recofi/recofi_agreement_text.pdf

《渔业区域委员会议事规则》(Rules of Procedures of Regional Commission for Fisheries) 的网址：http://www.fao.org/fishery/static/recofi/recofi_Rules_procedure.pdf

粮农组织介绍渔业区域委员会的网址：https://www.fao.org/fishery/en/organization/recofi

# 东南亚渔业发展中心
# (Southeast Asian Fisheries Development Center, SEAFDEC)

东南亚渔业发展中心（Southeast Asian Fisheries Development Center, SEAFDEC）为政府间的自治机构，成立于1967年。2017年东南亚渔业发展中心理事会特别会议审议并通过该中心的核心任务是"弘扬并促进成员国/地区之间的协同行动，以确保东南亚渔业和水产养殖的可持续发展。"

## 1. 成员国/地区

东南亚渔业发展中心由11个成员国/地区组成，分别为：文莱（Brunei Darussalam）、柬埔寨（Cambodia）、印度尼西亚（Indonesia）、日本（Japan）、老挝（Lao People's Dem. Rep）、马来西亚（Malaysia）、缅甸（Myanmar）、菲律宾（Philippines）、新加坡（Singapore）、泰国（Thailand）和越南（Viet Nam）。

## 2. 管辖区域

东南亚渔业发展中心是一个以科研为工作中心的研究组织，不开展渔业管理相关的工作，因此该中心没有明确的管辖区域范围。

## 3. 组织架构

东南亚渔业发展中心由位于泰国的秘书处（Secretariat）指挥运作。东南亚渔业发展中心秘书处的任务是协调和监督中心的总体政策制定和规划，并作为协调部门引导和实施理事会决策和决议。此外，秘书处还定期组织举办东南亚渔业发展中心会议；会议期间，成员国/地区就该中心的运作提出建议和指导。同时，秘书处也会组织举办区域性技术咨询会议，或者就成员国/地区提议的事务召开磋商会议。

东南亚渔业发展中心下设5个技术部门,分别为:培训部(Training Department, TD);海洋渔业研究部(Marine Fisheries Research Department, MFRD);水产养殖部(Aquaculture Department, AQD);海洋渔业资源开发和管理部(Marine Fishery Resources Development and Management Department, MFRDMD);内陆渔业资源开发和管理部(Inland Fishery Resources Development and Management Department, IFRDMD)。

培训部于1968年在泰国(Thailand)成立。培训部致力于发展现代渔业技术,通过弘扬负责任的捕捞技术和实践促进资源开发和改善沿海渔业管理,并可持续发展区域渔业。2006年批准的新战略计划对培训部的组织架构和工作职能进行了调整。培训部当前的工作重心是促进沿海渔业管理,以确保沿海社区开展负责任的资源开发活动并维持可持续生计;培训部的另一个工作重心是通过开发最佳捕捞方法和能源优化技术发展近海渔业,以确保渔产品的稳定供应,并减少沿海地区的捕捞压力。

海洋渔业研究部于1969年在新加坡(Singapore)成立。海洋渔业研究部负责推进、开展和协调捕捞后技术的研究,并促进该地区渔产品加工业的发展。海洋渔业研究部的工作重心包括研究和开发捕捞后技术和实践,例如:开发渔产品加工技术;优化渔产品的利用,并提高其质量和安全性。海洋渔业研究部的另一个工作重心是开发评估海产品安全性和质量的技术性方法,并出版资料手册供成员国/地区参考。

水产养殖部于1973年在菲律宾(Philippines)成立,致力于广泛开展水产养殖相关的科学研究、技术验证、培训和信息传播,涉及领域包括:改进亲鱼管理和鱼种质量;促进负责任和环境友好型水产养殖;诊断和控制水产疾病;水产养殖增殖;养殖国际关注的水生物种。水产养殖部关注的水产养殖品种包括鱼、虾、蟹、软体动物和海藻。此外,为了促进农村发展,缓解贫困问题,水产养殖部还弘扬良好的水产养殖实践,并推广有效的水生资源管理措施。

海洋渔业资源开发和管理部于1992年在马来西亚(Malaysia)成立,职责为开展海洋渔业资源相关的各项活动,对具有重要商业价值的鱼类种群开展生物学研究,以推动资源评估和管理,并开展针对鲨鱼和海龟等国际关注的水生物种的养护和管理。海洋渔业资源开发和管理部还会开展相应活动,以支持成员国/地区收集内陆捕捞渔业的信息和制定渔业可持续发展和管理的指标。

内陆渔业资源开发和管理部于2014年在印度尼西亚巨港（Palembang, Indonesia）成立，是东南亚渔业发展中心的第五个技术部门，负责开展支持东南亚地区内陆捕捞渔业可持续发展和管理的活动，开发针对内陆渔业资源的数据收集方法以及监测评估方法，为渔业发展和管理提供科学依据。

## 4. 目标与职责

2017年11月15日举办的东南亚渔业发展中心理事会特别会议暨中心成立50周年庆典审议并通过了"东南亚渔业发展中心未来发展决议"（Resolution on the Future of SEAFDEC），该决议包括"2030年愿景、使命和战略"（Vision, Mission, and Strategies Towards 2030）。为了实现"可持续管理和发展渔业和水产养殖业，解决粮食安全问题、贫困问题和生计问题，从而造福于东南亚地区人民"，该决议还制定了东南亚渔业发展中心未来应采取的六项战略行动。以下为六项战略行动的主要内容：

• 认识到《联合国海洋法公约》（United Nations Convention on the Law of the Sea, UNCLOS）、《联合国可持续发展目标》（United Nations Sustainable Development Goals, SDG）、粮农组织《负责任渔业行为守则》（Code of Conduct for Responsible Fisheries, CCRF）等国际公约和行动计划中的相关规定对制定加强东南亚可持续渔业发展的方案和活动至关重要；

• 确认根据区域性渔业政策框架采取行动的必要性。重要的政策框架包括2011年6月主题为"为2020年人类而渔：适应不断变化的环境"（Fish for the People 2020: Adaptation to a Changing Environment）的东盟-东南亚渔业发展中心会议上由东盟国家渔业部长和高级官员签署的《东盟地区粮食安全目标下的可持续渔业发展决议和行动计划》（Resolution and Plan of Action on Sustainable Fisheries for Food Security for the ASEAN Region）；

• 确认支持东南亚渔业发展中心成员国/地区实施中心与成员国/地区共同制定的区域性指南和政策建议的必要性；

• 铭记在东盟-东南亚渔业发展中心战略伙伴关系（ASEAN-SEAFDEC Strategic Partnership, ASSP）框架下加强与东盟合作的必要性，支持在东盟-东南亚渔业发展中心渔业协商集团（ASEAN-SEAFDEC Fisheries Consultative Group，FCG）机制下实施活动，同时虑及"东盟渔业合作战略行动计划（2016—2020）"［Strategic Plan of Action on ASEAN Cooperation in Fisheries (2016—2020)］；

● 认识到东南亚渔业发展中心在加强成员国/地区之间、与其他区域性及国际性组织和捐助机构之间合作方面继续发挥积极作用的必要性，促进东南亚渔业和水产养殖业的可持续发展；

● 意识到东南亚以外不同组织、机制和安排下制定区域准则、政策建议及框架的事实现状。

确定采纳"2030年愿景、使命和战略"的决心。"2030年愿景、使命和战略"的具体内容如下：

愿景：渔业和水产养殖业的可持续管理和发展，解决粮食安全，减少贫困，提供生计，从而造福东南亚地区人民；

使命：弘扬和促进成员国/地区之间的合作，以确保东南亚渔业和水产养殖业的可持续发展。具体内容如下：

● 研究和发展渔业、水产养殖业、捕捞后渔产品加工和营销、社会经济学和生态学，以获取可靠的科学数据和信息；

● 根据现有的科学数据和信息、当地知识、区域咨询和现行国际措施，制定并提供政策指导方针；

● 技术转让和能力建设，以提高成员国/地区应用技术的能力，鼓励渔业资源与水产养殖可持续开发政策和管理工具的实施和使用；

● 监测和评估东盟-东南亚渔业发展中心合作机制下通过的区域性渔业政策和管理框架的实施情况；

● 监测和评估新兴的国际渔业问题，比如其对区域性渔业、粮食安全和社会经济的影响。

六项战略的具体内容如下：

● 确保渔业的可持续发展，解决粮食安全问题，减少贫困，解决生计，以造福东南亚人民：

·评估区域内重要海洋鱼类种群的状况，并制定针对此类鱼类种群管理措施的准则；

·评估内陆渔业的状况，汇编成员国/地区内陆渔业政策和法规的基线信息；

·汇编科学数据和信息，包括关于内陆和海洋渔业的当地知识，以支持可持续渔业的政策制定和管理；

·制定和推广打击非法、未报告和无管制捕捞（Illegal, Unreported and Unregulated Fishing, IUU Fishing）的区域性措施和工具；

·开发适用于该区域渔业发展的创新性管理工具和概念；

·开发和推广负责任的捕捞技术，包括能源优化、减少碳排放和减少渔船的渔后损失；

·集成整合栖息地管理和渔业管理，并为养护重要渔业资源提供支持。

● 支持水产养殖业的可持续性增长，以弥补渔业产量不足，解决粮食安全问题，减少贫困，解决生计，从而造福东南亚地区人民：

·开发、核实和推广负责任和可持续水产养殖技术，以提高亲鱼质量，发展种鱼生产技术；

·在饲料配方中寻找鱼粉的替代品，促进饲料的经济实用；

·制定切实可行的鱼类健康管理战略，包括建立水生动物疾病预警系统；

·为农村水产养殖业的发展开发适当的技术，解决人民生计，减少贫困；

·汇编科学数据和信息，包括促进可持续水产养殖业政策发展的当地知识。

● 确保东南亚地区鱼和渔产品的安全和质量：

·开发和推广加工技术，为市场提供符合国际标准的优质、健康、安全的鱼和渔产品；

·将内源性加工技术提高到标准水平或合适水平；

·定期监测化学和生物污染物，确保海产品安全；

·推广该区域渔产品加工企业的海产品食品质量保证体系。

● 根据市场要求促进该区域鱼和渔产品贸易及其合规性：

·加强成员国/地区之间的合作，以落实东盟地区鱼和渔产品贸易的国际标准；

·制定区域标准、政策和准则，以加强区域/国际贸易；

·开发和推广该区域鱼和渔产品的可追溯系统。

● 处理与国际渔业有关的跨领域问题，如劳工问题、性别问题和气候变化等。

·提供平台，以监测和评估新兴国际渔业相关问题对该区域渔业和经济部门的影响；

·组织论坛，加强成员国/地区对国际渔业相关问题的认识，协调东盟共同立场的发展，应对针对上述问题的区域关注；

·监测气候变化对渔业和水产养殖业的潜在影响，提高对上述问题的认识，并制定措施以适应并缓解上述影响；

·制定区域举措，促进在渔业和水产养殖业管理中虑及环境和生物多样性保护问题；

·认识到小规模渔业、渔业劳动福利、海上安全以及渔业和水产养殖业性别平等问题的重要性。

● 授权东南亚渔业发展中心以加强其在该区域的作用，并改善其对成员国/地区的服务：

·加强东南亚渔业发展中心的能力建设，以切实落实东盟政策和指导方针，并落实对上述政策和指导方针执行的监督；

·加强成员国/地区人力资源的能力建设，采纳区域政策和指导方针，并使其地方化；

·加强在相关领域与其他组织的合作，积极参与国际渔业论坛；

·加强东南亚渔业发展中心的人力资源建设，汇集东南亚当地的专业知识，以提高东南亚渔业发展中心的工作绩效；

·向更广泛的国际群体推介东南亚渔业发展中心，以获得来自其他组织、政府和捐助机构的更广泛支持。

**相关链接：**

东南亚渔业发展中心（Southeast Asian Fisheries Development Center, SEAFDEC）的网址：http://www.seafdec.org/

粮农组织介绍东南亚渔业发展中心的网址：https://www.fao.org/fishery/en/organization/seafdec

# 东南大西洋渔业组织
# (South East Atlantic Fisheries Organization, SEAFO)

东南大西洋渔业组织（South East Atlantic Fisheries Organization, SEAFO）是一个政府间渔业科学和管理机构，主要目标是确保东南大西洋海洋生物资源的长期养护和可持续利用，并保护生物资源赖以生存的海洋环境及生态系统。

东南大西洋渔业组织是东南大西洋区域性渔业管理组织，遵循《联合国海洋法公约》（United Nations Convention on the Law of the Sea, UNCLOS）第118条和《联合国鱼类种群协定》（United Nations Fish Stocks Agreement, UNFSA）相关规定开展相应的渔业管理职责。该组织制定的《东南大西洋渔业资源养护和管理公约》（Conservation and Management of Fisheries Resources in the South East Atlantic Ocean）旨在通过有效执行公约规定确保其管辖区域内渔业资源的长期养护和可持续利用。

早在1995年，纳米比亚就率先提出建立东南大西洋渔业管理组织的倡议，并获得安哥拉、南非和英国（代表圣赫勒拿、特里斯坦达库尼亚和阿森松群岛）的支持。1995年至1997年，上述东南大西洋沿海国举行数次会议，就区域性渔业管理组织的成立达成了一致立场，并把会议谈判结果呈交该组织第一次正式会议，对东南大西洋渔业有兴趣的其他国家也获邀参加了该次会议。

东南大西洋渔业组织秘书处位于纳米比亚的斯瓦科普蒙德（Swakopmund, Namibi）。

## 1. 成员国/地区

东南大西洋渔业组织成员国/地区为：安哥拉（Angola）、欧盟（European Union）、日本（Japan）、韩国（Republic of Korea）、纳米比亚（Namibia)、南非（South Africa）。

## 2. 管辖区域

东南大西洋渔业组织管辖区域覆盖东南大西洋公海中相当大的一部分，即东南大西洋沿海国国家管辖范围以外的所有海域。

## 3. 组织架构

东南大西洋渔业组织由委员会（Commission）、科学委员会（Scientific Committee）、履约委员会（Compliance Committee）和作为附属机构的财务和行政常设委员会（Standing Committee on Administration and Finance）以及秘书处（Secretariat）组成。

### 3.1 委员会

委员会是东南大西洋渔业组织的最高决策机构。各缔约方均为委员会成员，并有权选派一名代表出席委员会，同时还有权选派一名副代表和顾问共同出席委员会。

针对所有实质性问题，成员均需通过协商一致的方式进行裁决，其他非实质性的事项则由出席会议的多数成员作出裁决。委员会欢迎与其他区域性渔业管理组织开展合作，以加强全球公海渔业治理，分享信息，共同对抗非法、未报告和无管制捕捞行为（Illegal, Unreported and Unregulated Fishing, IUU Fishing）。东南大西洋渔业组织作为观察员出席下列国际渔业组织的年度会议：南极海洋生物资源养护委员会（Commission for the Conservation of Antarctic Marine Living Resources, CCAMLR）；国际大西洋金枪鱼养护委员会（International Commission for the Conservation of Atlantic Tunas, ICCAT）；西北大西洋渔业组织（Northwest Atlantic Fisheries Organization, NAFO）；北大西洋海洋哺乳动物委员会（North Atlantic Marine Mammal Commission, NAMMCO）；东北大西洋渔业委员会（Northeast Atlantic Fisheries Commission, NEAFC）。同时，东南大西洋渔业组织与联合国粮农组织等国际机构之间也建立了密切的工作关系。

### 3.2 科学委员会

各缔约方均有权选派一名代表参加科学委员会会议，并可由副代表和顾问陪同。科学委员会第一次会议于 2005 年 9 月在纳米比亚温得和克（Windhoek，Namibi）举行。

科学委员会根据委员会的指示履行相应职能，这些职能包括：
- 就管辖区域内海洋生物资源信息开展广泛的咨询和合作，以更有效收集、分析和交流上述信息；
- 为海洋生物资源养护和管理措施的制定设定标准和方法；
- 评估相关海洋生物资源种群的状态及发展趋势；
- 分析渔业和其他人类活动对生物资源种群直接与间接的影响；
- 评估科学委员会建议的捕捞方式、捕捞量以及养护和管理措施的潜在影响；
- 应委员会要求或自发向委员会提交养护与管理措施建议、研究计划及报告。

### 3.3 履约委员会

履约委员会应根据委员会指示开展相应的职能工作，代表东南大西洋渔业组织协调成员的履约行为，与科学委员会就共同关切问题进行协调，并执行委员会指示的其他任务。

### 3.4 财务和行政常设委员会

财务和行政常设委员会负责监察秘书处开展的行政与财务活动，并向委员会提出预算建议。

### 3.5 秘书处

设在纳米比亚斯瓦科普蒙德（Swakopmund，Namibia）的秘书处由执行秘书（Executive Secretary）主管，由数据管理员（Data Manager）和行政干事（Administrative Officer）协助执行秘书开展具体工作。秘书处的主要工作职责是协调东南大西洋渔业组织的各项活动。

## 4.《东南大西洋渔业资源养护与管理公约》

东南大西洋渔业组织成员于 1997—2001 年就《东南大西洋渔业资源养护与管理公约》进行了几轮的协商与谈判。2001 年 4 月，该公约在温得和克（Windhoek，Namibia）得以通过，安哥拉、欧盟、冰岛、纳米比亚、挪威、韩国、南非、英国（代表圣赫勒拿、特里斯坦达库尼亚和阿森松群岛）、美国共同签署了该公约，公约于2003年4月生效。虽然俄罗斯和乌克兰参加了公约的协商与谈判，但未签署公约。

《联合国鱼类种群协定》于1995年通过，《东南大西洋渔业资源养护与管理公约》是该协定通过之后首个建立区域性管理组织的渔业条约。由于在签署《东南大西洋渔业资源养护与管理公约》时，《联合国鱼类种群协定》尚未生效，因此没有为东南大西洋渔业组织谈判的参与者规定具有约束力的义务，但它仍然构成了东南大西洋渔业公约谈判的重要背景。

自2001年《东南大西洋渔业资源养护与管理公约》签署之日起，纳米比亚渔业海洋资源部（Ministry of Fisheries and Marine Resources in Namibia）担任了东南大西洋渔业组织的临时秘书处。2005年3月，随着组织工作人员的任命，常任秘书处也得以在纳米比亚的沃尔维斯湾（Walvis Bay, Namibi）成立。2011年，东南大西洋渔业组织秘书处搬迁至纳米比亚的斯瓦科普蒙德（Swakopmund）。

## 5. 管辖区域内的渔业活动

东南大西洋渔业组织管辖区域范围广泛，但是现在渔船捕捞作业主要集中在以下三个区域：瓦尔迪维亚浅滩海山区（Valdivia Bank Seamounts Complex）；流星海山区（Meteor）；发现号海山区（Discovery Seamounts）。2013年，东南大西洋捕捞区域面积约为43000平方千米（形似100千米直径的六角形区域），约为东南大西洋渔业组织管辖区域（约1600万平方千米）的0.27%。

近年来，东南大西洋渔业组织成员的渔船在上述区域捕获的主要商业目标物种是：深海红蟹［主要是红褐色的查氏蟹（Chaceon erytheiae）］；金目鲷［金眼鲷（Beryx splendens）］；小鳞犬牙南极鱼（Dissostichus eleginoides）；大洋拟五棘鲷（Pseudopentaceros richardsoni）。

穆氏无鳔鲉（Hoplostethus mouchezi）是瓦尔迪维亚浅滩拖网渔业的最主要兼捕物种，而长尾鳕（Macrourid sp.）则是小鳞犬牙南极鱼渔业的主要兼捕物种。

## 6. 养护与管理措施

### 6.1 养护与管理措施的原则

东南大西洋渔业组织采取的养护和管理措施原则如下：
- 根据现有的最佳科学证据采纳相应措施，以确保渔业资源的长期养护和可持续利用；
- 采用预防性措施；
- 适当考虑到捕捞作业对海鸟、鲸类、海豹和海龟等相关生态物种的影响；
- 必要时对与渔业目标物种属于同一生态系统、或与之相关或依赖其的物种采取养护和管理措施；
- 尽可能减少捕捞作业与管理措施对整个海洋生物资源体系的不利影响；
- 保护海洋环境的生物多样性。

### 6.2 重要的养护与管理措施

东南大西洋渔业组织面临的一个巨大挑战便是打击并阻止非法、未报告和无管制捕捞行为（Illegal, Unreported and Unregulated Fishing, IUU Fishing），迄今该组织并未完全掌握管辖区内上述捕捞行为的性质和程度。东南大西洋渔业组织委员会于2013年通过了《观察、检查、履约和执行系统》（System of Observation, Inspection, Compliance and Enforcement），拟加强对非法、未报告和无管制捕捞行为的监察与打击力度。其中，针对所有渔船的港口国检查是解决上述问题的第一步。东南大西洋渔业组织面临的另一个挑战是收集管辖区域的渔业和海洋学信息以及改进数据收集和报告制度。所有渔船均需接受强制的船上科学观察员制度，观察员进行数据收集，渔船每两个小时需报告方位。

东南大西洋渔业组织委员会敦促对该区域渔业具有"真正兴趣"的国家和渔业实体加入该组织，从而使该组织制定的各项养护和管理措施得到完全的遵守。

东南大西洋渔业组织委员会以生态系统和预防性方法（Ecosystem and Precautionary Approach）为原则制定管理和养护措施。委员会根据科学委员会的建议制定上述措施，同时接受履约委员会提供的监测，控制和监督（Monitoring, Control and Surveillance, MCS）建议。

东南大西洋渔业组织成员有责任确保其船旗国缔约方的渔船遵守法规。成员有义务确保采用法律程序减少违反该组织养护措施和执行规则的行为。

东南大西洋渔业组织已采取了相应措施打击非法、未报告和无管制捕捞行为，这些措施包括：禁止在东南大西洋渔业组织管辖区域内进行海上转载；仅允许授权渔船开展捕捞作业；建立非法、未报告和无管制捕捞渔船黑名单（IUU Vessel List），黑名单也包括东北大西洋渔业委员会、西北大西洋渔业组织和南极海洋生物资源养护委员会黑名单上的渔船。

东南大西洋渔业组织委员会制定并实施保护深海鲨鱼的管理措施。渔船需报告鲨鱼捕获量，需充分利用和保留鲨鱼身体部位（不包括内脏、皮肤和头部），鲨鱼鳍的重量不能超过5%的船上鲨鱼总重量。

东南大西洋渔业组织委员会还制定了管理措施以减少公约区域内的海鸟兼捕现象，并改进海龟兼捕报告制度，目的是降低捕捞作业引发的海龟死亡率。

东南大西洋渔业组织同时建议禁止在管辖区域内使用刺网，并对丢失渔具制定严格的收回和报告制度。

东南大西洋渔业组织制定了一项综合的渔业监测、调查和控制制度（Monitor, Survey and Control）。在该制度下，所有渔船必须：

- 获得授权才能开展渔业作业；
- 每五天报告一次捕获情况；
- 每两小时通过船舶远程监控管理系统（VMS）报告方位；
- 配有独立船上科学观察员；
- 遵守港口检查程序；
- 杜绝管辖区域内的转载现象。

## 相关链接：

东南大西洋渔业组织（South East Atlantic Fisheries Organization, SEAFO）的网址：http://www.seafo.org

《东南大西洋渔业资源养护与管理公约》（Convention on the Conversation and Management of FisheryResources in the South East Atlantic Ocean）的网

址：http://www.seafo.org/About/Convention-Text

《东南大西洋渔业组织议事规则》(Rules of Procedure of South East Atlantic Fisheries organization) 的网址：http://www.seafo.org/Documents/Rules-of-Procedure

《东南大西洋渔业组织议财务条例》(Financial Regulation of South East Atlantic Fisheries organization) 的网址：http://www.seafo.org/About/Financial-Regulation

粮农组织介绍东南大西洋渔业组织的网址：https://www.fao.org/fishery/en/organization/seafo

# 南印度洋渔业协议
（South Indian Ocean Fisheries Agreement，SIOFA）

《南印度洋渔业协议》（South Indian Ocean Fisheries Agreement，SIOFA）于2006年7月7日在罗马（Rome，Italy）签署，并于2012年6月生效。

第一次成员国/地区会议，也即协议组织的决策机构会议，于2013年10月在澳大利亚举行。第二次成员国/地区会议于2015年3月在毛里求斯举行，会议同意将总部设在法国海外省的留尼汪岛（La Réunion），该岛位于印度洋，是欧盟最偏远的岛屿。第三次成员国/地区会议于2016年7月在留尼汪岛举行上，会议最终确定了重要的行政管理措施，为使南印度洋渔业协议组织能够正常运作，会议还选举产生了执行秘书、主席和副主席。同时，法国政府与南印度洋渔业协议组织签署了总部协议。此外，会议还极力推动七项重要的养护和管理措施的通过。会议期间达成的各项举措为该协议组织管理框架的构建奠定了基础，从而确保南印度洋渔业协议区域内渔业资源的长期可持续发展和海洋环境的保护。

## 1. 成员国/地区

迄今为止，南印度洋渔业协议组织有10个成员国/地区，分别为：澳大利亚（Australia）、中国（China）、库克群岛（Cook Islands）、欧盟（European Union）、法国［代表其印度洋领土（Overseas Territories）］（France on behalf of its Indian Ocean Territories）、日本（Japan）、韩国（Republic of Korea）、毛里求斯（Mauritius）、塞舌尔（Seychelles）和泰国（Thailand）。另外，南印度洋渔业协议组织有2个合作非缔约方（Cooperating Non-Contracting Party，CNCP），即科摩罗（Comoros）和印度（India），还有1个渔业实体（Participating Fishing Entity），即中国台湾（Chinese Taiwan）。

虽然，肯尼亚（Kenya）、马达加斯加（Madagascar）、莫桑比克（Mozambique）和新西兰（New Zealand）也是本协定的签署国，但是尚未得到批准。

## 2. 管辖区域

南印度洋渔业协议的管辖区域，不包括沿海国管辖的海域。

## 3. 组织架构

根据《南印度洋渔业协议》，南印度洋渔业协议组织下设3个委员会，分别是：履约委员会（Compliance Committee）、科学委员会（Scientific Committee）、财务和行政常设委员会会（Standing Committee on Administration and Finance）。科学委员会下设2个工作组，分别是：渔业资源评估工作组（Stock Assessment Working Group）和生态风险评估工作组（Ecological Risk Assessment Working Group）。

履约委员会的职责如下：

- 监督、审查和评估《南印度洋渔业协议》及缔约方会议达成的渔业资源养护与管理措施的执行情况和履约情况，并就此向缔约方会议提交咨询意见和建议；
- 特别关注缔约方会议达成的渔业资源养护与管理措施的履约情况，这些措施对实现《南印度洋渔业协议》制定的目标至关重要，涉及领域广泛，比如：履行数据报告的义务；禁止非法、未报告和无管制捕捞（Illegal, Unreported and Unregulated Fishing, IUU Fishing）；采取监测和管控措施；
- 向缔约方会议提交关于新的履约和管理措施建议，包括解决不履约行为的措施建议；
- 监测、审查和分析本区域内捕捞相关的信息，并向缔约方会议提交阻止试图破坏《南印度洋渔业协议》目的的活动的措施建议；
- 提供恰当的、或缔约方会议所需要的其他信息、技术建议和意见。

科学委员会的职责是：

- 考虑到本区域内环境和海洋特征以及相关科学研究的结果，对渔业资源和捕捞对海洋环境的影响进行科学评估；

- 鼓励和推动科研合作，以提高对渔业资源状况的了解；
- 向缔约方会议提交捕捞监测措施的科学建议和意见；
- 向缔约方会议提交渔业数据收集和交换标准和形式的科学建议和意见；
- 缔约方会议可以确认的、除上述职能外的其他任何科学职能。

财务和行政常设委员会的职责如下：
- 向缔约方会议提交行政和财务相关的意见和建议；
- 向缔约方会议提交缔约方需要或认为合适的信息和建议；
- 履行财务条例所规定的各项职责；
- 按照缔约方会议的指示执行其他任务。

## 4. 管辖的鱼类种群

《南印度洋渔业协议》管辖的鱼类种群涵盖管辖区域内的鱼类、软体动物、甲壳类动物和其他定居物种，但不包括《联合国海洋法公约》（United Nations Convention on the Law of the Sea，UNCLOS）附件 1 所列的高度洄游鱼类种群和第 77（4）条规定的沿海国渔业管辖范围内的定居物种。《南印度洋渔业协议》管辖的主要鱼类种群为：大洋拟五棘鲷（Pelagic armourhead）、小鳞犬牙南极鱼（Patagonian）、线鳞鲷（Oreos）、胸棘鲷（Orange roughy），角鲨（Dogfish）和金眼鲷（Alfonsino）。

## 5. 养护与管理措施

《南印度洋渔业协议》的目标是通过缔约方之间的合作确保本区域内渔业资源的长期养护和可持续利用，同时充分考虑与本协议缔约方接壤的发展中国家的渔业需求，特别是不发达国家和发展中的小岛屿国家。

以南印度洋渔业协议组织 2023 年执行的养护与管理措施[①]为例，这些措施共 16 项，大致分为以下几类：监督监管控制机制、捕捞许可证、港口检查、渔具规定、船舶监控、减少海鸟兼捕、数据收集和使用等。

---

① 请参考执行中的南印度洋渔业协议养护与管理措施（2023 年 10 月更新）[Active Conservation and Management Measures of the South Indian Ocean Fisheries Agreement（updated October 2023）]。

**相关链接：**

南印度洋渔业协议（South Indian Ocean Fisheries Agreement，SIOFA）的网址：https://siofa.org

《南印度洋渔业会议最后决议》（Final Act of the Conference on the Southern Indian Ocean Fisheries Agreement）的网址：http://www.apsoi.org/sites/default/files/documents/SIOFA%20AGREEMENT_EN.pdf.

执行中的南印度洋渔业协议养护与管理措施（2023年10月更新）[Active Conservation and Management Measures of the South Indian Ocean Fisheries Agreement（updated October 2023）]的网址：https://siofa.org/sites/default/files/documents/cmm/Active%20SIOFA%20CMMs%20Compiled.pdf

《成员会议议事规则》（Rules of Procedures of Meetings of the Parties）的网址：http://www.apsoi.org/sites/default/files/documents/SIOFA%20Rules%20of%20procedures.pdf

《成员会议财务规则》（Financial Regulations of the Meeting of the Parties）的网址：http://www.apsoi.org/sites/default/files/documents/SIOFA%20Financial%20Regulations_EN_rev2.pdf

粮农组织介绍南印度洋渔业协议的网址：https://www.fao.org/fishery/en/organization/siofa

# 太平洋共同体
# (Pacific Community, SPC)

太平洋共同体（Pacific Community, SPC），原名为南太平洋委员会（South Pacific Commission），于1947年根据《堪培拉协议》（Canberra Agreement）成立。太平洋共同体是太平洋地区主要的科学与技术组织，自成立以来，该组织致力于推动太平洋地区发展。太平洋共同体是一个国际发展组织，拥有27个成员。在1997年第50周年大会上，南太平洋委员会更名为太平洋共同体，以体现该组织成员的广泛性。经过数十年的发展，该组织成员的地域并不局限于南太平洋，而是遍布太平洋地区。2015年11月，该组织的法定名称"太平洋共同体"被广泛采纳。由于南太平洋委员会缩写词"SPC"已经在太平洋地区被广泛认可，因而该缩写词得以被保留。

太平洋共同体关注的科研领域涵盖20多个，其在渔业科学、公共医疗监督、地球科学、粮食安全视角下植物基因资源养护领域的科学研究成果卓越，并使其在国际社会享有盛誉。

## 1. 成员国/地区

南太平洋委员会于1947年在6个国家的协调下成立，彼时这些国家管理着太平洋岛屿地区的领土。这6个国家分别为：澳大利亚（Australia）、法国（France）、新西兰（New Zealand）、荷兰（Kingdom of the Netherlands）、英国（United Kingdom）和美国（United States of America）。经过数十年的发展，该组织的成员队伍得以不断成长。现在，该组织拥有27个成员国/地区，其中，包括24个太平洋岛国以及3个创始国[①]。太平洋共同体的成员国/地区分别为：美属萨摩亚（American Samoa）、澳大利亚（Australia）、库克群岛（Cook Islands）、密克罗尼西亚（Federated States

---

[①] 注：随着荷兰于1962年移交太平洋领地，其退出了太平洋共同体。

of Micronesia)、斐济（Fiji）、法国（France）、法属波利尼西亚（France Polynesia）、关岛（Guam）、基里巴斯（Kiribati）、马绍尔群岛（Marshall Islands）、瑙鲁（Nauru）、新喀里多尼亚（New Caledonia）、新西兰（New Zealand）、纽埃（Niue）、北马里亚纳群岛（Northern Mariana Islands）、帕劳（Palau）、巴布亚新几内亚（Papua New Guinea）、皮特凯恩群岛（Pitcairn Islands）、萨摩亚（Samoa）、所罗门群岛（Solomon Islands）、托克劳（Tokelau）、汤加（Tonga）、图瓦卢（Tuvalu）、英国（United Kingdom）、美国（United States of America）、瓦努阿图（Vanuatu）、沃利斯和富图纳群岛（Wallis and Futuna Islands）。

## 2. 管辖区域

太平洋共同体的管辖区域。

## 3. 组织架构

太平洋共同体的管理机构是太平洋共同体大会（Conference of the Pacific Community），该大会每两年举行一次。在没有召开会议的那年，太平洋共同体的政府和行政代表委员会（Committee of Representatives of Governments and Administrations，CRGA）有权对管理事务做出决定。政府和行政代表委员会下设3个分委会，分委会向政府和行政代表汇报工作。这3个分委会分别为：战略计划执行分委会（Sub-committee on the Implementation of the Strategic Plan）、教育质量太平洋分委会（Pacific Board for Educational Quality）、审计和风险分委会（Audit and Risk Committee）。

### 相关链接：

太平洋共同体秘书处（Pacific Community，SPC）的网址：http://www.spc.int/

粮农组织介绍太平洋共同体秘书处的网站：https://www.fao.org/fishery/en/organization/spc/en

# 南太平洋区域性渔业管理组织
# (South Pacific Regional Fisheries Management Organization, SPRFMO)

南太平洋区域性渔业管理组织（South Pacific Regional Fisheries Management Organization, SPRFMO）是一个政府间组织，致力于南太平洋渔业资源的可持续养护和利用，从而保护该海域的海洋生态系统。

2006年，澳大利亚、智利和新西兰首先发起了政府间磋商，希冀开展切实的国际合作推动南太平洋公海非高度洄游鱼类种群资源养护和海洋生物多样性保护。该磋商过程促成了一系列国际会议的举行，这些会议旨在督促各国履行国际法规定的国家义务，并积极开展国际合作以有效养护和管理公海生物资源。通过这些国际会议，与会者决定建立一个区域性渔业管理组织以有效推进各国的渔业合作。

2009年11月14日，在上述各国举行的第八届国际会议上通过了《南太平洋公海渔业资源养护和管理公约》（Convention on the Conservation and Management of High Seas Fishery Resources in the South Pacific Ocean），并决定在该公约下成立南太平洋区域性渔业管理组织。同时，与会者通过了一项决议，决定在本次会议之后举行预备会议以协助南太平洋区域性渔业管理组织委员会有效启动各项工作。

南太平洋区域性渔业管理组织于2012年8月24日正式成立。

新西兰是《南太平洋公海渔业资源养护和管理公约》的保存国，南太平洋区域性渔业管理组织秘书处设于新西兰的惠灵顿（Wellington, New Zealand）。

## 1. 成员国/地区

南太平洋区域性渔业管理组织目前有17个成员国/地区，分别来自亚洲、欧洲、美洲和大洋洲。17个成员国/地区分别为：澳大利亚（Australia)、伯利兹（Belize）、智利（Chile）、中国（China）、库克群岛（Cook Islands）、古巴（Republic of Cuba）、厄瓜多尔（Ecuador）、欧盟（European Union）、丹麦（代表法罗群岛）（Kingdom of Denmark in respect of the Faroe Islands）、韩国（Republic of Korea）、新西兰（New Zealand）、秘鲁（Peru）、俄罗斯（Russian Federation）、中国台湾（Chinese Taiwan）、美国（United States of America）、瓦努阿图（Vanuatu）、巴拿马（Panama）。南太平洋区域性渔业管理组织的合作非缔约方（Cooperating non-Contracting Parties，CNCPs）为：库拉索（Curaçao）、利比里亚（Liberia）。

## 2. 管辖区域

《南太平洋区域性渔业管理组织公约》适用于南太平洋公海海域，该海域覆盖了约全球四分之一的公海面积。

## 3. 组织架构

南太平洋区域性渔业管理组织下设秘书处（Secretariat）、委员会（Commission）以及科学委员会（Scientific Committee）。其中，科学委员会的职责如下：

- 计划、开展和审查针对渔业资源状况的科学评估；
- 向南太平洋区域性渔业管理组织委员会提供评估（包括预防性参考点在内的各项参考点）和管理战略的咨询和建议；
- 向南太平洋区域性渔业管理组织委员会及其附属机构就渔业对海洋生态造成的影响（包括脆弱的海洋生态系统）提供咨询和建议；
- 鼓励和促进科研合作。

科学委员会下设4个工作组，分别为：竹䇲鱼工作组（Jack Mackerel Working Group）、深海工作组（Deepwater Working Group）、鱿鱼工作组（Squid Working Group）和栖息地监测工作组（Habitat Monitoring Working Group）。工作组在年度科学委员会会议期间或会议前后召开会议，一般工作组会组织小范围小组进行专题讨论，但工作组也可以就他们感兴趣的领域举行闭会期间的专题研讨会。

## 4. 管辖区域内的渔业活动

金枪鱼这类高度洄游鱼类种群不受南太平洋区域性渔业管理组织管

辖。目前，在南太平洋区域性渔业管理组织管辖区域的主要商业渔业捕捞对象为东南太平洋的竹荚鱼（Jack Mackerel）和大赤鱿（Jumbo Flying Squid），以及极少部分的西南太平洋海岭附近的深海鱼类种群。另外，南太平洋公海的重要鱼类种群还包括鲐鱼（Chub Mackerel）和其他鱿鱼类物种。

尽管南太平洋公海上有许多海岭和海脊，但是渔业活动一般出现在拥有突出海岭和海脊的海域，比如：豪斯勋爵高地（Lord Howe Rise）、南塔斯曼高地（South Tasman Rise）、路易斯维尔山脊（Louisville Ridge）。

南太平洋公海渔业的捕捞对象主要为：底栖生物（Benthic Species；主要生活在海床上的无脊椎动物）；中下层鱼类种群（Demersal Species；主要是生活在靠近海底的鱼类）；中上层鱼类种群（Pelagic Species；主要是生活在水面和水中的鱼类和对虾）。对底栖生物和中下层鱼类种群而言，商业捕捞的海水深度限制在 1500 米左右。底栖生物中，主要的商业捕捞对象为：胸棘鲷（Orange Roughy）、仙海鲂（Oreos）、金眼鲷（Alfonsino）和蓝鼻鱼（Bluenose）。针对中上层鱼类种群的渔业活动不受海水深度的影响，但往往与营养物质的上涌有关，其捕捞对象主要是竹荚鱼。

目前南太平洋公海渔业捕捞方式包括：围网（purse seining）、中层拖网（pelagic trawling）、底拖网（bottom trawling）、远洋延绳钓（pelagic longlining）、海底延绳钓（bottom longlining）和笼壶（potting）。

## 5. 重要的养护与管理措施

南太平洋区域性渔业管理组织所制定的《南太平洋区域性渔业管理组织养护和管理措施》（SPRFMO Conservation and Management Measures）为南太平洋公海海域渔业管理提供制度框架。该组织每年修订该养护和管理措施，或者采用新的养护和管理措施。

每年，南太平洋区域性渔业管理组织会根据情况采纳新的渔业资源养护和管理措施或者修订原来的措施，以 2023 年南太平洋区域性渔业管理组织发布的《南太平洋区域性渔业管理组织养护和管理措施》为例，其罗列了 22 项正在执行的养护和管理措施及其执行制度，其中包括：投入和产出控制、数据收集、控制和监督、港口检查、登临与检查、观察员制度、探捕渔业管理等。上述养护和管理措施均落到实处：部分养护与管理措施针对特定鱼类种群,比如竹荚鱼;部分措施则针对渔业数据的收集、报告、核实和交换;部分针对捕捞方式及渔具,比如底钓、流刺网;部分针对渔船管理,比如捕捞许可证、渔船监测、登临与检查、观察员制度、渔获物转载;部分则针对误捕、探索性渔业等。

**相关链接:**

南太平洋区域性渔业管理组织(South Pacific Regional Fisheries Management organization, SPRFMO)的网址:http://www.sprfmo.int/

《南太平洋公海渔业资源养护与管理公约》(Convention on the Conservation and Management of High Seas Fishery Resources in the South Pacific Ocean)的网址:http://www.sprfmo.int/assets/Basic-Documents/Convention-web-12-Feb-2018.pdf

执行中的南太平洋区域性渔业管理组织养护与管理措施(2023年)(2023 Active Conservation and Management Measures of South Pacific Regional Fisheries Management Organization)的网址:https://www.sprfmo.int/assets/Fisheries/Conservation-and-Management-Measures/2023-CMMs/SPRFMO-CMMs-in-force-2023-rs.pdf

粮农组织介绍南太平洋区域性渔业管理组织的网址:https://www.fao.org/fishery/en/organization/sprfmo

# 分区域渔业委员会
# (Sub-regional Fisheries Commission, SRFC)

## 1. 成员国/地区

分区域渔业委员会的成员国/地区分别为：佛得角（Cabo Verde）、冈比亚（Gambia）、几内亚（Guinea）、几内亚比绍（Guinea Bissau）、毛里塔尼亚（Mauritania）、塞内加尔（Senegal）、塞拉利昂（Sierra Leone）。

## 2. 管辖区域

分区域渔业委员会的管辖区域为各成员国/地区的领海、毗连区和专属经济区。

## 3. 目标与职责

分区域渔业委员会的目标是加强成员国/地区之间的合作，职责为协调以下事务：

- 养护和开发分区域海域的渔业资源；
- 采用国际最佳渔业实践方法；
- 开展追踪、控制和监督方面的分区域合作；
- 提高成员国/地区在分区域渔业科学领域的研究能力。

## 相关链接：

分区域渔业委员会（Sub-regional Fisheries Commission，SRFC）的网址：http://spcsrp.org/en

粮农组织介绍分区域渔业委员会的网址：https://www.fao.org/fishery/en/organization/srfc

# 西南印度洋渔业委员会
# (Southwest Indian Ocean Fisheries Commission, SWIOFC)

西南印度洋渔业委员会（Southwest Indian Ocean Fisheries Commission, SWIOFC）于2004年由粮农组织理事会根据《粮农组织章程》（FAO Constitution）第6条第1款、经第1/127号决议通过而设立。委员会于2005年在其第一届会议上通过了其《议事规则》（Rules of Procedures）。

## 1. 成员国/地区

西南印度洋渔业委员会成员国/地区必须是粮农组织成员国/地区和准成员国/地区，且是领土全部或部分处于委员会管辖区域的印度洋沿海国。上述国家通过书面通知粮农组织总干事（Director-General）其加入委员会的兴趣，批准后即成为该委员会成员国/地区。

目前西南印度洋渔业委员会成员国/地区为：科摩罗（Comoros）、法国（France）、肯尼亚（Kenya）、马达加斯加（Madagascar）、马尔代夫（Maldives）、毛里求斯（Mauritius）、莫桑比克（Mozambique）、塞舌尔（Seychelles）、索马里（Somalia）、南非（South Africa）、坦桑尼亚（United Republic of Tanzania）、也门（Yemen）。

## 2. 管辖区域

西南印度洋渔业委员会的管辖区域为所有印度洋水域，包括各成员国/地区管辖范围下的水域。管辖范围的界线如下：东非海岸线北纬10°处开始，平行向东至东经65°，再沿着子午线向南至赤道，从那里平行向东至东经80°，再沿着子午线平行南至南纬45°处，从那里平行向西至东经30°，再沿着子午线向北至非洲大陆的海岸线。

## 3. 目标与职责

西南印度洋渔业委员会旨在通过海洋生物资源的适当管理，促进西南印度洋地区海洋生物资源的可持续利用，并在不损害沿海国主权的前提下，解决西南印度洋渔业委员会成员国/地区面临的渔业管理和发展的共同问题。

西南印度洋渔业委员会致力于促进粮农组织《负责任渔业行为守则》（Code of Conduct on Responsible Fisheries，CCRF）各项规定在管辖区域内的实施，鼓励成员国/地区在渔业管理中采用预防性措施和生态系统方法。

西南印度洋渔业委员会的职责如下：
- 通过制定促进成员间合作的体制制度改善渔业管理；
- 帮助渔业管理人员制定和实施适当考虑环境、社会和经济因素的渔业管理措施；
- 调查管辖区域渔业资源状况及渔业产业发展状况；
- 促进、鼓励和协调管辖区域内海洋生物资源相关的科学研究，制定科学研究方案，并组织协调科学研究工作；
- 促进统计、生物、环境和社会经济数据及其他海洋渔业信息的收集、交流、传播、分析和研究；
- 提供可靠的科学依据，以协助成员国/地区作出渔业管理决策；
- 向成员国/地区政府和主管渔业组织提供管理措施方面的建议；
- 建议并促进监测、控制和监督（Monitoring, Control and Surveillance, MCS）合作，特别是区域或分区域层面的合作；
- 鼓励、推荐和协调委员会感兴趣领域的培训项目；
- 促进和鼓励在渔业作业中使用最合适的渔船、渔具、捕捞技术、物流和加工技术。

## 相关链接：

《西南印度洋渔业委员会决议及章程》（Resolution and Statutes of the South West Indian Ocean Fisheries Commission）的网址：http://www.fao.org/fishery/docs/DOCUMENT/safr/swiofc_1_2005/inf4e.pdf

粮农组织介绍西南印度洋渔业委员会（Southwest Indian Ocean Fisheries Commission，SWIOFC）的网址：https://www.fao.org/fishery/en/organization/swiofc

# 中西太平洋渔业委员会
# (Western and Central Pacific Fisheries Commission, WCPFC)

中西太平洋高度洄游鱼类种群养护和管理委员会（Commission for the Conservation & Management of Highly Migratory Fish Stocks in the Western & Central Pacific Ocean）简称中西太平洋渔业委员会（Western and Central Pacific Fisheries Commission, WCPFC），是根据 2004 年 6 月 19 日生效的《中西太平洋高度洄游鱼类种群养护与管理公约》①（Convention on the Conservation and Management of Highly Migratory Fish Stocks in the Western and Central Pacific Ocean）而成立的区域性渔业管理组织。围绕《中西太平洋渔业公约》而开展的谈判于 1994 年开始，经过 6 年谈判，各方达成一致，公约最终得以缔结。从公约缔结到生效期间又举行了一系列的委员会筹备会议，奠定了委员会成立的基础。

《中西太平洋渔业公约》是国际渔业协定，旨在通过有效管理确保西太平洋和中太平洋高度洄游鱼类种群（比如：金枪鱼（tuna）、旗鱼（billfish）、马林鱼（marlin）等）的长期养护和可持续利用。根据公约条款制定的养护和管理措施适用于管辖区域内的上述鱼类种群，也适用于公约区域内的特定区域。

## 1. 成员国/地区

中西太平洋渔业委员会现有成员国/地区为：澳大利亚（Australia）、中国（China）、加拿大（Canada）、库克群岛（Cook Islands）、欧盟（European Union）、密克罗尼西亚（Federated States of Micronesia）、斐济（Fiji）、法国（France）、印度尼西亚（Indonesia）、日本（Japan）、基里巴斯

---

① 简称《中西太平洋渔业公约》。

(Kiribati)、韩国（Republic of Korea）、马绍尔群岛（Marshall Islands）、瑙鲁（Nauru）、新西兰（New Zealand）、纽埃（Niue）、帕劳（Palau）、巴布亚新几内亚（Papua New Guinea）、菲律宾（Philippines）、萨摩亚（Samoa）、所罗门群岛（Solomon Islands）、中国台湾（Chinese Taiwan）、汤加（Tonga）、图瓦卢（Tuvalu）、美国（United States of America）、瓦努阿图（Vanuatu）。中西太平洋渔业委员会参与方（Participating Territories）为：美属萨摩亚（American Samoa）、北马里亚纳群岛（Commonwealth of the Northern Mariana Islands）、法属波利尼西亚（French Polynesia）、关岛（Guam）、新喀里多尼亚（New Caledonia）、托克劳（Tokelau）、沃利斯岛和富图纳群岛（Wallis and Futuna）。

合作非成员国/地区（Cooperating Non-members）为：厄瓜多尔（Ecuador）、萨尔瓦多（El Salvador）、尼加拉瓜（Nicaragua）、巴拿马（Panama）、利比里亚（Liberia）、泰国（Thailand）、越南（Viet Nam）、库拉索岛（Curacao）。

## 2. 管辖区域

《中西太平洋渔业公约》所覆盖的区域几乎占地球表面的20%。虽然理论上西部边界延伸至东亚，但公约区域并不包括南海。在东部，公约区域毗邻或重叠美洲热带金枪鱼委员会（Inter-American Tropical Tuna Commission, IATTC）管辖区域。在南部，公约区域边界延伸至南纬60°。北部则延伸至阿拉斯加（Alaska）和白令海（Bering Sea）。

## 3. 组织架构

根据《中西太平洋渔业公约》，中西太平洋渔业委员会作为管理机构成立，由签署该公约的各个国家的代表所组成。委员会下设3个附属机构：科学委员会（Scientific Committee）、技术和履约委员会（Technical and Compliance Committee）和北方委员会（Northern Committee）。这些附属机构每年举行一次会议，会议结束之后，中西太平洋渔业委员会将举行年度会议。

## 4. 目标与职责

太平洋拥有世界上数量最大的金枪鱼鱼类种群，包括长鳍金枪鱼

(albacore)、鲣鱼 (skipjack) 和黄鳍金枪鱼 (yellowfin tuna)，同时也拥有马林鱼 (marlin)、剑鱼 (swordfish) 等旗鱼。总的来说，这些鱼类种群通常被统称为高度洄游鱼类种群，因为它们能够跨越各个海域以及国家海域界线进行长距离洄游。在中西太平洋 (Western and Central Pacific Ocean, WCPO)，一些国家对上述鱼类种群开展商业捕捞，创造每年数十亿美元的产业收益。但与大多数自然资源一样，渔业资源是有限的，如果疏于管理，就可能面临过度开发的威胁。因此，中西太平洋渔业委员会专注于有效管理和养护这些高度洄游鱼类种群，以实现可持续开发。

针对高度洄游鱼类种群的捕捞方法有许多，但是中西太平洋渔业委员会主要管理延绳钓① (longline) 渔船和围网② (purse seine) 渔船，也关注曳绳钓③ (troll line)、竿钓 (pole and line) 和从事小规模捕捞方法的渔船，包括一些从事手工捕捞的渔船。不同的渔具类型针对不同的鱼类种群，例如，延绳钓最常用于捕捞大眼金枪鱼 (bigeye tuna)、黄鳍金枪鱼和剑鱼，而围网则用于鲣鱼，因此中西太平洋渔业委员会往往针对各种渔具制定相应的养护和管理措施。

中西太平洋赤道附近海域是非常高产的渔场，渔船在此处捕捞各种金枪鱼、马林鱼和剑鱼。许多岛国就坐落在这些富饶的渔场，因此与拥有丰富渔业资源的岛国和诸如日本、韩国和美国等远洋渔业发达的国家/地区之间开展合作对渔业资源养护和管理尤显重要。

《中西太平洋渔业公约》借鉴了《联合国鱼类种群协定》(United Nations Fish Stocks Agreement) 的许多条款，但同时也关注中西太平洋地区政治、社会经济、地理和环境特征。《中西太平洋渔业公约》力求解决公海渔业管理面临的各种问题，比如：无管制捕捞、投资过度、船队容量过剩、渔船改挂船旗以规避管制、渔具选择性不够、数据库不可靠，以及针对高度洄游鱼类种群养护和管理的多边合作不足等。中西太平洋渔业委员会成员需遵守具有法律约束力的《中西太平洋渔业公约》各项条款规定，委员会也充分认识到发展中国家的特殊要求，也积极推进与其有重叠管辖区域的区域性渔业管理组织之间的合作。

---

① 延绳钓 (longline) 是在钓线上以固定间隔设置渔钩进行捕捞的作业方式。

② 围网 (purse seine) 是以长带形或一囊两翼形网具包围鱼群进行捕捞的作业方式。

③ 曳绳钓 (troll line) 是以钓线、钓钩、沉子等组成的渔具开展的作业方式。钓钩装有真饵或假饵，由钓船拖曳前进，诱鱼追食上钩。常用以钓捕海洋中大型贪食性鱼类。

## 5. 国际合作

中西太平洋渔业委员会与其他区域性渔业管理组织在内的其他政府间机构保持广泛的合作关系，旨在促进共同感兴趣领域的协作与交流。目前与中西太平洋渔业委员会保持正式合作关系的机构包括：太平洋共同体秘书处（代表大洋渔业项目）(Secretariat of the Pacific Community in respect of the Oceanic Fisheries Programme)；太平洋岛屿论坛渔业局 (Pacific Islands Forum Fisheries Agency, FFA)；北太平洋金枪鱼类和类金枪鱼类临时科学委员会 (International Scientific Committee for Tuna and Tuna-like Species in the North Pacific Ocean, ISC)；太平洋区域环境方案秘书处 (Secretariat for the Pacific Regional Environment Programme)；印度洋金枪鱼委员会 (Indian Ocean Tuna Commission, IOTC)；南极海洋生物资源养护委员会 (Commission for the Conservation of Antarctic Marine Living Resources, CCAMLR)；南部蓝鳍金枪鱼养护委员会 (Commission for the Conservation of Southern Bluefin Tuna, CCSBT)；信天翁和海燕保护协定 (Agreement for the Conservation of Albatross and Petrels, ACAP)；北太平洋溯河鱼类委员会 (North Pacific Anadromous Fish Commission, NPAFC)。

对中西太平洋渔业委员会来说，与太平洋岛屿论坛渔业局的合作尤其重要。太平洋岛屿论坛渔业局是由独立的太平洋岛国组成的政府间机构，这些岛国在太平洋地区拥有共同的渔业利益。中西太平洋渔业委员会与太平洋岛屿论坛渔业局之间合作关系密切，太平洋岛屿论坛渔业局的成员也是中西太平洋渔业委员会的成员。太平洋共同体秘书处是中西太平洋渔业委员会的另一个重要合作伙伴。太平洋共同体秘书处为中西太平洋渔业委员会提供科学服务，同时管理委员会的各类数据，这种合作关系避免了在收集和处理关于该区域的渔业科学数据和信息方面的重复工作。

《中西太平洋渔业公约》还鼓励中西太平洋渔业委员会携手联合国粮农组织及可能与其拥有共同目标的联合国其他相关组织开展广泛的合作关系。

## 相关链接：

中西太平洋渔业委员会 (Commission for the Conservation & Management

of Highly Migratory Fish Stocks in the Western & Central Pacific Ocean/Western and Central Pacific Fisheries Commission，WCPFC）的网址：https：//www.wcpfc.int/

《中西太平洋高度洄游性鱼类资源养护和管理公约》（Convention on the Conservation and Management of Highly Migratory Fish Stocks in the Western and Central Pacific Ocean）的网址：https：//www.wcpfc.int/doc/convention-conservation-and-management-highly-migratory-fish-stocks-western-and-central-pacific

中西太平洋渔业委员会正在执行的养护与管理措施（Currently in Force WCPFC Conservation and Management Measures and Resolutions）的网址：https：//cmm.wcpfc.int/

粮农组织介绍中西太平洋渔业委员会的网址：https：//www.fao.org/fishery/en/organization/wcpfc/en

# 中西大西洋渔业委员会
# (Western Central Atlantic Fishery Commission, WECAFC)

中西大西洋渔业委员会(Western Central Atlantic Fishery Commission, WECAFC)于1973年由粮农组织理事会(FAO Council)根据《粮农组织章程》(FAO Constitution)第6条第1款在第4/61号决议下协调成立。该渔业组织关注大西洋中西部海域的海洋渔业资源,这些资源以虾类为主。该委员会的主要职责是收集和发布相关的渔业统计数据和资料,协调各国的渔业相关考察计划,发展海水养殖,培训人员,协调国际援助。

## 1. 成员国/地区

中西大西洋渔业委员会向领土全部或部分位于委员会管辖范围内的沿海国以及在管辖海域开展渔业作业的国家开放。这些国家必须以书面形式通知中西大西洋渔业委员会总干事希望成为委员会成员的愿望。

当前,中西大西洋渔业委员会的成员国/地区为:安提瓜和巴布达(Antigua and Barbuda)、巴哈马(Bahamas)、巴巴多斯(Barbados)、伯利兹(Belize)、巴西(Brazil)、哥伦比亚(Colombia)、哥斯达黎加(Costa Rica)、古巴(Cuba)、多米尼克(Dominica)、多米尼加(Dominican Republic)、欧盟(European Union)、法国(France)、格林纳达(Grenada)、危地马拉(Guatemala)、几内亚(Guinea)、圭亚那(Guyana)、海地(Haiti)、洪都拉斯(Honduras)、牙买加(Jamaica)、日本(Japan)、墨西哥(Mexico)、荷兰(Kingdom of the Netherlands)、尼加拉瓜(Nicaragua)、巴拿马(Panama)、韩国(Republic of Korea)、圣基茨和尼维斯(Saint Kitts and Nevis)、圣卢西亚(Saint Lucia)、圣文森特/格林纳丁斯群岛(Saint Vincent/Grenadines)、西班牙(Spain)、苏里南(Suriname)、特立尼达和多巴哥(Trinidad and Tobago)、英国(United Kingdom)、美国(United States of America)、委内瑞

拉（Boliv Rep of Venezuela）。

## 2. 管辖区域

中西大西洋渔业委员会管辖区域不仅包括中西大西洋公海，也包括沿海国管辖范围下的海域。

## 3. 组织架构

### 3.1 主要机构

委员会（Commission）是中西大西洋渔业委员会的主要管理机构，它由所有成员国/地区组成。委员会会议通常每两年举行一次。

### 3.2 科学咨询小组

科学咨询小组（Scientific Advisory Group，SAG）由5名具有专业背景和渔业经验的科学家组成。该小组向委员会及其特设工作组提供科学咨询意见和建议，向委员会提交管辖区域内鱼类种群状况以及未来走向的评估报告，并了解该区域渔业的状况、趋势和前景。科学咨询小组也是每两年召开一次会议，但会议在委员会会议同一年度内召开。

### 3.3 工作组

工作组（Working Groups）是由委员会根据需要而建立的。工作组根据现有的最佳科学信息向成员国/地区提供渔业管理咨询意见和建议。例如，2012年委员会第14届会议决定设立的工作组如下：

- 大螯虾工作组（Working Group on Spiny Lobster）
- 休闲渔业工作组（Working Group on Recreational Fisheries）
- 女王凤凰螺工作组（Queen Conch Working Group）
- 小安的列斯群岛可持续系泊集鱼装置（Fish Aggregating Device，FAD）渔业发展工作组（Working Group on Development of Sustainable Moored Fish Aggregating Device (FAD) Fishing in the Lesser Antilles）
- 东加勒比飞鱼工作组（Flying Fish in the Eastern Caribbean Working Group）
- 深海渔业管理工作组（Working Group on the Management of

Deep-sea Fisheries)
- 产卵聚集工作组（Spawning Aggregations Working Group）

大多数工作组是与其他区域机构合作组成的联合工作组，这些合作的区域机构有：加勒比区域渔业机制（Caribbean Regional Fisheries Mechanism，CRFM）；中美洲渔业和水产养殖组织（Central America Fisheries and Aquaculture Organization，OSPESCA）；加勒比渔业管理理事会（Caribbean Fisheries Management Council，CFMC）；法国海洋勘探研究所（French Research Institute for Exploration of the Sea，IFREMER）。参加工作组的成员为：成员国/地区的渔业科学家、专家、管理人员和决策者；区域伙伴组织和非政府组织代表。工作组均具有具体的工作目标和时限。成员国/地区和非政府组织提供数据供各工作组使用，工作组通过分析数据向委员会提出渔业管理的咨询意见和建议。工作组定期举行会议，会议时间则由成员国/地区决定。

### 3.4 秘书处

中西大西洋渔业委员会秘书处设在粮农组织加勒比分区域办事处（Subregional Office for the Caribbean，SLC）。中西大西洋渔业委员会是区域渔业机构秘书处网络（Regional Fishery Body Secretariats Network）的成员，该机构每两年召开一次会议。

## 4. 目标与职责

中西大西洋渔业委员会的总目标是根据粮农组织《负责任渔业行为守则》（Code of Conduct on Responsible Fisheries，CCRF）的宗旨，促进管辖区域内海洋生物资源的有效养护、管理和开发，并解决成员国/地区面临的渔业管理和发展方面的共同问题。

中西大西洋渔业委员会的工作遵循以下三项原则：
- 执行粮农组织《负责任渔业行为守则》的规定，包括遵循预防性措施（Precautionary Approach）和生态系统方法（Ecosystem Approach）；
- 适当保护小规模、手工和自给自足型渔业；
- 就共同关心的问题与其他国际组织开展密切协调与合作。

中西大西洋渔业委员会的主要职责如下：
- 通过改进制度改善渔业管理，并以此促进成员国/地区之间的合作；

- 协助其成员国/地区执行国际渔业规范，特别是粮农组织《负责任渔业行为守则》及《国际行动计划》（International Plans of Action）；
- 促进、协调并酌情开展统计、生物、环境、社会经济信息以及海洋渔业信息的收集、交流、传播、分析和研究；
- 通过开展教育、培训、推广等活动促进、协调并酌情加强管辖区域内的机构能力和人力资源发展；
- 促进成员国/地区国内法律法规之间的协调，以及养护和管理措施之间的兼容性；
- 应成员国/地区请求，酌情协助其在国内法律法规下促进跨界和高度洄游鱼类种群资源的养护、管理和发展；
- 寻求资助和其他资金来源，以确保委员会的长期运作，并酌情为此目的设立一个捐款信托基金；
- 向成员国/地区提供资金资助以开展管辖区域内海洋生物资源的养护、管理和发展。

## 相关链接：

中西大西洋渔业委员会（Western Central Atlantic Fishery Commission, WECAFC）的网址：https://www.fao.org/wecafc/en/

《中西大西洋渔业委员会章程》（修订版）（Revised Statutes of the Western Central Atlantic Fishery Commission）的网址：http://www.fao.org/fishery/docs/DOCUMENT/wecafc/statutes.pdf

《中西大西洋渔业委员会成员国关于加强国际渔业条例实施的决议》（Resolution of the Members of the Western Central Atlantic Fishery Commission on Strengthening the Implementation of International Fisheries Instruments）的网址：http://www.fao.org/fishery/docs/DOCUMENT/wecafc/resolution.pdf

粮农组织介绍中西大西洋渔业委员会的网址：https://www.fao.org/fishery/en/organization/wecafc/en

# 《中华人民共和国政府和大韩民国政府渔业协定》
# (Agreement between the Government of the People's Republic of China and the Government of Republic of Korea for Fisheries)

在中韩黄海海域专属经济区和大陆架划定之前,《中华人民共和国政府和大韩民国政府渔业协定》[①](Agreement between the Government of the People's Republic of China and the Government of Republic of Korea for Fisheries)是两国在睦邻友好指导思想下达成的临时性国家间渔业安排,旨在规范两国在该海域的渔业活动、加强两国渔业合作、维护两国共同的渔业利益。

在1982年《联合国海洋法公约》的专属经济区制度下,为了规范中韩两国在黄海海域的渔业秩序,养护和合理利用海洋生物资源,维持海上正常作业秩序,双方同意在大陆架及专属经济区划界完成之前签署《中韩渔业协定》。在此背景下,《中韩渔业协定》于2000年8月3日得以签署,并于2001年6月30日正式生效。

《中韩渔业协定》是两国在海域划界尚未完成之前就渔业达成的过渡性安排。虽然协定在原则上响应《联合国海洋法公约》规定将各自管辖海域从领海扩展到专属经济区,但鉴于该海域的现实情况,协定确定了在不同海域采取不同的渔业管理措施的决定。《中韩渔业协定》包含16条条款和2个附件,主要内容如下:

缔约一方可以凭借缔约另一方发放的入渔许可证进入另一方专属经济区从事渔业活动,但必须遵守本协定条款及另一方的有关法令,缔约一方

---

① 简称《中韩渔业协定》。

也应采取措施确保在另一方专属经济区的本国渔业活动的规范性；另外，缔约另一方有权决定缔约一方在其专属经济区的每年的可捕鱼种、渔获配额、作业区域等。

在两国设立的"暂定措施水域"，缔约一方对从事渔业活动的本国国民及渔船采取管理和其他必要措施，但不对从事渔业活动的缔约另一方国民及渔船采取管理和其他措施。缔约一方发现缔约另一方国民及渔船违反协定规定进行渔业作业时，可就事实提醒该国民及渔船注意，并将事实及有关情况通报缔约另一方。缔约另一方应在尊重对方的通报并采取必要措施后将结果通报对方。

在两国设立的"过渡水域"，为逐步实施专属经济区制度，缔约各方应逐步调整并减少在缔约另一方一侧过渡水域作业的本国国民及渔船的渔业活动；另外，在"过渡水域"，对本国及缔约另一方的国民及渔船，执行和上述"暂定措施水域"相同的管理原则。

在暂定措施水域北限线所处纬度以北的部分水域及暂定措施水域和过渡水域以南的部分水域，维持现有渔业活动，不将本国有关渔业的法律、法规适用于缔约另一方的国民及渔船，除非缔约双方另有协议。

两国在相关海域开展渔业科学研究、海洋生物资源养护、海上安全、紧急避难等方面的广泛合作。

《中韩渔业协定》对规范黄海渔业秩序、发展两国渔业合作、维护两国渔业利益、稳定两国双边关系具有重要作用。该协定是继1997年《中华人民共和国和日本国渔业协定》之后，中国与周边国家签署的第二个双边渔业协定。在该协定下，两国渔民在黄海海域的传统外海渔业活动受到一定限制，但长远而言，该协定有助于规范两国在黄海海域的渔业活动，并逐渐实现相应的专属经济区制度。

# 《中华人民共和国政府和日本国政府渔业协定》
## (Agreement between the Government of the People's Republic of China and the Government of Japan for Fisheries)

在中日两国黄海及东海海域专属经济区和大陆架划定之前，《中华人民共和国和日本国渔业协定》。① （Agreement between the Government of the People's Republic of China and the Government of Japan for Fisheries） 是中日两国在睦邻友好指导思想下达成的临时性国家间渔业安排，旨在规范两国在该海域的渔业作业、加强两国渔业合作、维护两国共同的渔业利益。

中国与日本在1955年及1975年分别签订了民间和政府间的渔业协定，将两国领海外的海域作为协定水域，执行船旗国管辖制度。但随着1982年《联合国海洋法公约》专属经济区制度的建立，以及海洋渔业资源开发与养护意识的不断强化，上述中日间的协定渐渐不能适应时代的发展。

为了继续规范两国在东海及黄海海域的渔业秩序，养护和合理利用海洋生物资源，维持海上正常渔业作业秩序，双方同意在大陆架及专属经济区划界完成之前签署新的中日渔业协定。在此背景下，《中日渔业协定》于1997年11月11日得以签署，经过两国就主要分歧的不断协商，协定最终于2000年6月1日正式生效。

《中日渔业协定》是两国在海域划界尚未完成之前就渔业达成的过渡性安排。虽然协定在原则上响应《联合国海洋法公约》规定将各自管辖海域从领海扩展到专属经济区，但鉴于该海域的复杂情况，协定确定了在不同海域采取不同的渔业管理措施的决定。《中日渔业协定》包含14条

---

① 简称《中日渔业协定》。

条款和 2 个附件，主要内容如下：

- 缔约一方可以凭借缔约另一方发放的入渔许可证进入对方专属经济区从事渔业活动，但必须遵守本协定条款及对方的有关法令，缔约一方也应采取措施确保在对方专属经济区的本国渔业活动的规范性；另外，对方有权决定缔约一方在其专属经济区的每年的可捕鱼种、渔获配额、作业区域等。

- 在北纬 27°—30°40′、距两国领海基线 52 海里外设立"暂定措施水域"。在该水域，缔约各方对从事渔业活动的本国国民及渔船采取管理和其他必要措施，但不对从事渔业活动的缔约另一方国民及渔船采取管理和其他措施。缔约一方发现缔约另一方国民及渔船违反协定规定进行渔业作业时，可就事实提醒该国民及渔船注意，并将事实及有关情况通报缔约另一方。缔约另一方应尊重对方的通报，并在采取必要措施后将结果通报对方。

- 在暂定措施水域北限以北，东经 124°45′—127°30′之间的"中间水域"，维持现有渔业活动，不将本国有关渔业的法律、法规适用于缔约另一方的国民及渔船，除非缔约双方另有协议。

- 两国在相关海域开展渔业科学研究、海洋生物资源养护、海上安全、紧急避难等方面的广泛合作。

《中日渔业协定》对规范东海及黄海渔业秩序、发展两国渔业合作、维护两国渔业利益、稳定两国双边关系具有重要作用。该协定也是中国与邻国签署的第一个向专属经济区制度过渡的渔业协定。就长远而言，在该协定下两国渔船均面临着从对方一侧的海域逐渐撤出的最终命运，作业区域的减小无疑对本国近海渔业资源造成了压力，但也使各国意识到海洋生物资源养护与管理的重要性。

# 《中华人民共和国政府和越南社会主义共和国政府北部湾渔业合作协定》
# (Agreement on Fisheries Cooperation in the Beibu Gulf between the Government of the People's Republic of China and the Government of the Socialist Republic of Vietnam)

《中华人民共和国政府和越南社会主义共和国政府北部湾渔业合作协定》[①]（Agreement on Fisheries Cooperation in the Beibu Gulf between the Government of the People's Republic of China and the Government of the Socialist Republic of Vietnam）是在中越进行北部湾划界同时对该水域渔业活动做出过渡性安排的协定，该协定是两国在睦邻友好指导思想下达成的临时性国家间渔业安排，旨在规范两国在该水域的渔业活动、加强两国渔业合作、维护两国共同的渔业利益。

1982年《联合国海洋法公约》出台后，为响应公约关于领海、专属经济区、大陆架的制度，中国与越南在北部湾划界的同时，对该水域的渔业活动也相应做出了过渡性安排。《中越北部湾渔业协定》与《中华人民共和国和越南社会主义共和国关于两国在北部湾领海、专属经济区和大陆架的划界协定》于2000年12月25日同时签署，并于2004年6月30日同时生效。

《中越北部湾渔业协定》是两国在北部湾划界同时就渔业达成的过渡性安排，协定适用于北部湾两国一部分的专属经济区和两国领海相邻的一部分水域，双方在相互尊重主权、主权权利和管辖权的基础上，在上述水

---

① 简称《中越北部湾渔业协定》。

域进行渔业合作，这种渔业合作不影响两国各自的领海主权和专属经济区权益。《中越北部湾渔业协定》共有22条条款和1个附件，主要内容如下：

- 在北部湾封口线以北、北纬20°以南、距北部湾划界协定所确定的分界线各自30.5海里的两国各自专属经济区设立"共同渔区"，两国在共同渔区进行长期渔业合作，共同制定共同渔区生物资源的养护、管理和可持续利用措施。措施包括：由该协定下设立的中越北部湾渔业联合委员会确定共同渔区的作业船数量，对己方渔船实行捕捞许可制度，入渔国民和渔船必须遵守中越北部湾渔业联合委员会的相关规定，缔约方有权对进入共同渔区己方一侧水域的缔约双方国民和渔船进行监督检查，且对在共同渔区内己方一侧水域违反规定的缔约另一方国民和渔船进行处理。

- 缔约方对共同渔区以北（自北纬20°起算）本国专属经济区内缔约另一方的现有渔业活动做出"过渡性安排"。过渡性安排下，缔约方逐年削减上述渔业活动。过渡性安排自本协议生效之日起四年内结束。

- 为避免缔约双方小型渔船误入缔约另一方领海引起纠纷，缔约双方在两国领海相邻部分自分界线第一界点起沿分界线向南延伸10海里、距分界线各自3海里的范围内设立"小型渔船缓冲区"。缔约一方如发现缔约另一方小型渔船进入小型渔船缓冲区己方一侧水域从事渔业活动，可予以警告，并采取必要措施令其离开该水域，但应克制，不扣留，不逮捕，不处罚或使用武力。如发生有关渔业活动的争议，应报告中越北部湾渔业联合委员会予以解决；如发生有关渔业活动以外的争议，由两国各自相关授权机关依照国内法予以解决。

- 两国在相关海域开展渔业科学研究、海洋生物资源养护、海上安全、紧急避难等方面的广泛合作。

《中越北部湾渔业协定》在中越两国进行北部湾划界时对该水域渔业活动进行过渡性安排，从而降低北部湾划界对现有渔业活动的影响。该协定对中越两国共同养护和合理利用北部湾渔业资源、实现北部湾沿岸地区的长治久安和可持续发展具有重大意义。虽然该协定对中越两国在北部湾的传统渔业作业范围和方式带来影响，但协定体现了中越双方贯彻《联合国海洋法公约》领海、专属经济区制度的决心。

# 其他

波罗的海鲑鱼常设委员会（Baltic Sea Salmom Standing Committee, BSSSC）于 1962 年成立。参加国有丹麦、德国、波兰、瑞典。管辖区域为波罗的海。成员国会议在各国轮流召开。主要职责是协助开发和利用鲑鱼资源，研究交流鲑鱼孵化方法。

西南大西洋区域渔业咨询委员会（Regional Fi-sheries Advisory Commission for the South-West Atlantic, CARPAS）根据粮农组织《章程》第 5 条第 1 款的规定，于 1961 年成立，总部设在巴西里约热内卢（Rio de Janeiro, Brazil）。参加国有阿根廷、巴西和乌拉圭。管辖区域为大西洋西南部海域和其内陆水域。主要职责是协调成员国制定办法，管理和合理开发渔业资源，收集和传播有关渔业情报信息和培训渔业人才等。

国际西北大西洋渔业委员会（International Commission for the North-West Atlantic Fisheries, ICNAF）于 1949 年成立，总部设在加拿大新斯科舍（Nova Scotia, Canada）。参加国有保加利亚、法国、意大利、丹麦、挪威、波兰、葡萄牙、罗马尼亚、西班牙、英国、美国、苏联、日本、古巴、德国、冰岛、加拿大。管辖区域是大西洋西北部，即 39°N 以北，42°W 以西海域。主要职责是研究渔业资源量，提出养护措施建议（包括禁渔区、禁渔期、可捕规格、渔具管制和捕捞限额），收集和分析统计数据资料，举行听询会和出版报告等。该组织是西北大西洋渔业组织的前身，1979 年由西北大西洋渔业组织代替。

国际东南大西洋渔业委员会（International Com-mission for the South-East Atlantic Fisheries, ICSEAF）于 1969 年成立，总部设在西班牙马德里（Madrid, Spain）。参加国（地区）有比利时、保加利亚、古巴、法国、德国、以色列、意大利、日本、波兰、葡萄牙、南非、西班牙、苏联、韩国、安哥拉、罗马尼亚、伊拉克。管辖区域为自刚果河以南至 50°S 非洲外海的所有海域。主要职责是从事调查研究，并就禁渔区、禁渔期、可捕规格、渔具控制、捕捞限额和其他养护措施建议联合行动。

国际北太平洋渔业委员会（International North Pacific Fisheries Commission，INPFC）于1953年成立，总部设在加拿大温哥华（Vancoaver, Canada）。参加国有加拿大、日本、美国。管辖水域为北太平洋及邻接海除领海以外的海域的所有渔业资源。主要职责是研究鱼类资源，建议联合养护活动，实施调节体制。该组织是北太平洋渔业组织的前身。

印度洋渔业委员会（Indian Ocean Fisheries Commission，IOFC）根据粮农组织《组织法》第6条第2款规定，于1967年成立，总部设在意大利罗马粮农组织总部内。参加国（地区）有澳大利亚、巴林、古巴、埃塞俄比亚、法国、希腊、印度、印度尼西亚、伊拉克、以色列、日本、约旦、肯尼亚、科威特、马达加斯加、马来西亚、毛里求斯、荷兰、挪威、阿曼、巴基斯坦、葡萄牙、卡塔尔、韩国、越南、斯里兰卡、瑞典、坦桑尼亚、泰国、阿拉伯联合酋长国、英国、美国、毛里塔尼亚、伊朗、马尔代夫、波兰、莫桑比克、沙特阿拉伯、索马里、塞舌尔群岛、西班牙、科摩罗群岛、孟加拉国。管辖区域是印度洋和邻接海洋（不包括南极区）。主要职责是协调制订渔业发展和保护资源的规划，发展科学研究工作，着重是沿岸资源管理工作等。

印度—太平洋渔业理事会（Indo - Pacific Fi - sheries Council，IPFC）根据粮农组织《组织法》第14条规定，于1948年成立，总部设在泰国曼谷（Bangkok，Thailand）粮农组织区域办公室。参加国（地区）有澳大利亚、孟加拉国、缅甸、柬埔寨、法国、印度、印度尼西亚、日本、马来西亚、新西兰、巴基斯坦、菲律宾、韩国、越南、斯里兰卡、泰国、英国、美国、尼泊尔。管辖区域是印度洋—太平洋区域的海洋和内陆水域。主要职责是从事系统的海洋、生物和有关技术的开发和合理利用渔业资源的研究、收集和发放渔业情报，提出有关渔业资源保护措施的建议等。

国际太平洋鲑渔业委员会（International Pacific Salmom Fisheries Commission，IPSFC）于1937年成立，总部设在加拿大不列颠哥伦比亚省威廉姆斯湖（Williams Lake）。参加国有加拿大和美国。管辖范围是弗雷塞河及其分支流、领海和河口外的公海中有关红大麻哈鱼和大鳞大麻哈鱼。主要职责是从事调查研究和采取渔具和渔获量限制、分配等养护措施。该组织是太平洋鲑鱼委员会的前身。

日苏西北太平洋渔业委员会（Japanese-Soviet Fisheries Commission for the North-West Pacific, JSFC）于1956年成立。成员国轮流召开会议，不设总部。参加国有日本和苏联。管辖范围为太平洋西北部，包括日本海、鄂霍次克海和白令海的渔业资源，尤其是鲑、鳟、鲱。主要职责是协调联合调查方案，采取联合养护措施，包括总渔获量的规定。1977年因双方实施专属渔区，有关职责也作了调整。

黑海渔业混合委员会（Mixed Commission for Black Sea Fisheries, MCBSF）于1960年成立。成员国轮流召开会议，不设总部。参加国有保加利亚、罗马尼亚和苏联。管辖区域为黑海。主要职能为进行科学研究的合作、发展捕捞技术、拟订养护措施等。

北太平洋海狗委员会（North Pacific Fur Seal Commission, NPFSC）成立于1957年，总部设在美国首都华盛顿（Washinyton, United States of America）。参加国有加拿大、日本、美国、苏联。管辖区域为北太平洋。主要职责是拟订和协调调查方案，提出有关猎捕海狗性别、年龄组成等养护措施和猎捕方法等的建议。

东北大西洋捕海豹委员会（Sealing Commission for the North-East Atlantic, SCNEA）于1957年成立，在成员国轮流召开会议，不设总部。参加国有挪威和苏联。管辖范围是费尔韦尔角以东的东北大西洋的海豹类。主要职责是提出科学研究和养殖措施的建议，包括禁猎期和禁猎区、总捕获限量等。

斯卡格拉克-卡特加特甲壳类委员会（Shell Fish Commission for the Skagerak-Kattegat, SCSK）于1952年成立，在成员国轮流召开会议，不设总部。参加国有丹麦、挪威和瑞典。管辖范围为斯卡格拉克-卡特加特海域的深海对虾、龙虾和蟹类等。主要职责是协调科学研究和实际调查、提出养护措施建议。

南太平洋海洋资源使用和养护会议常设委员会（Permanent Commission of Conference on the Use and Conservation of the Marine Resources of the South Pacific, SPPC）于1952年成立。秘书处每四年轮流设在一个成员国。参加国有智利、厄瓜多尔、秘鲁。管辖范围是南太平洋所有渔业资源。主要职责是为了实行200海里的管理，促进调查，采取保护鱼种、禁渔期和禁渔区、开捕期和可捕区、限制渔具等养护措施。

# 附表

表一　　　　　　　　国家/地区名中英对照表

| 中文 | 英文 |
| --- | --- |
| 阿尔巴尼亚 | Albania |
| 阿尔及利亚 | Algerie |
| 安提瓜岛和巴布达 | Antigua and Barbuda |
| 安哥拉 | Angola |
| 阿根廷 | Argentina |
| 澳大利亚 | Australia |
| 奥地利 | Austria |
| 巴哈马 | Bahamas |
| 孟加拉国 | Bangladesh |
| 巴巴多斯 | Barbados |
| 伯利兹 | Belize |
| 比利时 | Belgium |
| 贝宁 | Benin |
| 玻利维亚 | Plurinational State of Bolivia |
| 波斯尼亚和黑塞哥维那 | Bosnia and Herzegovina |
| 巴西 | Brazil |
| 保加利亚 | Bulgaria |
| 佛得角 | Cabo Verde |
| 柬埔寨 | Cambodia |
| 加拿大 | Canada |
| 中国 | China |
| 哥伦比亚 | Colombia |
| 刚果（金） | Democratic Republic of Congo |
| 刚果（布） | Congo |
| 哥斯达黎加 | Costa Rica |

续表

| | |
|---|---|
| 科特迪瓦 | Côte d'Ivoire |
| 克罗地亚 | Croatia |
| 古巴 | Cuba |
| 库拉索岛 | Curacao |
| 塞浦路斯 | Cyprus |
| 捷克 | Czechia |
| 丹麦 | Denmark |
| 多米尼克 | Dominica |
| 多米尼加 | Dominican Republic |
| 厄瓜多尔 | Ecuador |
| 萨尔瓦多 | El Salvador |
| 埃及 | Egypt |
| 欧盟 | European Union |
| 赤道几内亚 | Equatorial Guinea |
| 厄立特里亚 | Eritrea |
| 爱沙尼亚 | Estonia |
| 法国 | France |
| 芬兰 | Finland |
| 加蓬 | Gabon |
| 冈比亚 | Gambia |
| 德国 | Germany |
| 加纳 | Ghana |
| 格林纳达 | Grenada |
| 危地马拉 | Guatemala |
| 几内亚 | Guinea |
| 几内亚比绍 | Guinea-Bissau |
| 圭亚那 | Guyana |
| 海地 | Haiti |
| 洪都拉斯 | Honduras |
| 匈牙利 | Hungary |
| 冰岛 | Iceland |
| 印度 | India |
| 印度尼西亚 | Indonesia |

续表

| | |
|---|---|
| 爱尔兰 | Ireland |
| 伊朗 | Islamic Republic of Iran |
| 以色列 | Israel |
| 意大利 | Italy |
| 日本 | Japan |
| 牙买加 | Jamaica |
| 韩国 | Republic of Korea |
| 肯尼亚 | Kenya |
| 基里巴斯 | Kiribati |
| 老挝 | Lao People's Dem. Rep |
| 利比里亚 | Liberia |
| 利比亚 | Libya |
| 立陶宛 | Lithuania |
| 卢森堡 | Luxembourg |
| 马达加斯加 | Madagascar |
| 马来西亚 | Malaysia |
| 马尔代夫 | Maldives |
| 马里 | Mali |
| 摩洛哥 | Marocco |
| 马绍尔群岛 | Marshall Islands |
| 毛里塔尼亚 | Mauritania |
| 墨西哥 | Mexico |
| 密克罗尼西亚联邦 | Federated States of Micronesia |
| 摩尔多瓦 | Republic of Moldova |
| 摩纳哥 | Monaco |
| 蒙古国 | Mongolia |
| 莫桑比克 | Mozambique |
| 缅甸 | Myanmar |
| 纳米比亚 | Namibia |
| 瑙鲁 | Nauru |
| 尼泊尔 | Nepal |
| 荷兰 | Kingdom of the Netherlands |
| 新西兰 | New Zealand |

续表

| | |
|---|---|
| 尼加拉瓜 | Niçaragua |
| 尼日尔 | Niger |
| 挪威 | Norway |
| 阿曼 | Oman |
| 巴基斯坦 | Pakistan |
| 帕劳 | Palau |
| 巴拿马 | Panama |
| 秘鲁 | Peru |
| 菲律宾 | Philippines |
| 波兰 | Poland |
| 葡萄牙 | Portugal |
| 韩国 | Republic of Korea |
| 罗马尼亚 | Romania |
| 俄罗斯 | Russian Federation |
| 圣基茨和尼维斯 | Saint Kitts and Nevis |
| 圣卢西亚 | Saint Lucia |
| 圣文森特/格林纳丁斯 | Saint Vincent/Grenadines |
| 圣马力诺 | San Marino |
| 圣多美和普林西比 | Sao Tome and Principe |
| 塞内加尔 | Senegal |
| 塞尔维亚 | Serbia |
| 塞舌尔 | Seychelles |
| 塞拉利昂 | Sierra Leone |
| 斯洛伐克 | Slovakia |
| 斯洛文尼亚 | Slovenia |
| 所罗门群岛 | Solomon Islands |
| 索马里 | Somalia |
| 南非 | South Africa |
| 西班牙 | Spain |
| 斯里兰卡 | Sri Lanka |
| 苏里南 | Suriname |
| 瑞典 | Sweden |
| 叙利亚 | Syrian Arab Republic |

续表

| | |
|---|---|
| 坦桑尼亚 | United Republic of Tanzania |
| 多哥 | Togo |
| 特立尼达和多巴哥 | Trinidad and Tobago |
| 突尼斯 | Tunisia |
| 土耳其 | Türkiye |
| 图瓦卢 | Tuvalu |
| 泰国 | Thailand |
| 东帝汶 | Timor-Leste |
| 英国 | United Kingdom |
| 美国 | United States of America |
| 乌拉圭 | Uruguay |
| 瓦努阿图 | Vanuatu |
| 委内瑞拉 | Boliv Rep of Venezuela |
| 越南 | Viet Nam |
| 也门 | Yemen |
| 沙特阿拉伯 | the Kingdom of Saudi Arabia |
| 文莱 | Brunei Darussalam |
| 布隆迪 | Burundi |
| 巴林 | Bahrain |
| 中国香港 | Hong Kong, China |
| 智利 | Chile |
| 中非 | Central African Republic |
| 喀麦隆 | Cameroon |
| 科摩罗 | Comoros |
| 吉布提 | Djibouti |
| 斐济 | Fiji |
| 伊拉克 | Iraq |
| 约旦 | Jordan |
| 科威特 | Kuwait |
| 尼日利亚 | Nigeria |
| 巴拉圭 | Paraguay |
| 卡塔尔 | Qatar |
| 新加坡 | Singapore |

续表

| 苏丹 | Sudan |
|---|---|
| 萨尔瓦多 | El Salvador |
| 瑞典 | Sweden |
| 乌干达 | Uganda |
| 坦桑尼亚 | United Republic of Tanzania |
| 赞比亚 | Zambia |
| 乌克兰 | Ukraine |
| 阿拉伯联合酋长国 | United Arab Emirates |

## 表二　区域性渔业管理组织名中英文对照表

| | | |
|---|---|---|
| 1 | 《信天翁和海燕保护协定》 | Agreement on the Conservation of Albatrosses and Petrels, ACAP |
| 2 | 渔业研究咨询委员会 | Advisory Committee on Fishery Research, ACFR |
| 3 | 亚太渔业委员会 | Asia-Pacific Fishery Commission, APFIC |
| 4 | 大西洋接壤的非洲国家间渔业合作部长级会议 | Ministerial Conference on Fisheries Cooperation among African States Bordering the Atlantic Ocean, COMHAFAT-ATLAFCO |
| 5 | 《本格拉洋流公约》 | Benguela Current Convention, BCC |
| 6 | 孟加拉湾计划政府间组织 | Bay of Bengal Programme Inter-Governmental organization, BOBP-IGO |
| 7 | 中亚和高加索渔业和水产养殖委员会 | Central Asia and Caucasus Regional Fisheries and Aquaculture Commission, CACFISH |
| 8 | 南极海洋生物资源养护委员会 | Commission for the Conservation of Antarctic Marine Living Resources, CCAMLR |
| 9 | 《中白令海狭鳕资源养护与管理公约》 | Convention on the Conservation and Management of the Pollock Resources in the Central Bering Sea, CCBSP |
| 10 | 南方蓝鳍金枪鱼养护委员会 | Commission for the Conservation of Southern Bluefin Tuna, CCSBT |
| 11 | 中东大西洋渔业委员会 | Fishery Committee for the Eastern Central Atlantic, CECAF |
| 12 | 非洲内陆渔业和水产养殖委员会 | Committee for Inland Fisheries and Aquaculture of Africa, CIFAA |
| 13 | 拉丁美洲和加勒比小规模渔业和水产养殖委员会 | Commission for Small-Scale and Artisanal Fisheries and Aquaculture of Latin America and the Caribbean, COPPESAALC |
| 14 | 几内亚湾区域渔业委员会 | Regional Fisheries Commission for the Gulf of Guinea, COREP |

续表

| | | |
|---|---|---|
| 15 | 南太平洋常设委员会 | Permanent Commission for the South Pacific, CPPS |
| 16 | 加勒比区域渔业机构 | Caribbean Regional Fisheries Mechanism, CRFM |
| 17 | 海事联合技术委员会 | Joint Technical Commission of the Maritime Front, CTMFM |
| 18 | 欧洲内陆渔业和水产养殖咨询委员会 | European Inland Fisheries and Aquaculture Advisory Commission, EIFAAC |
| 19 | 渔业统计协调工作组 | Coordinating Working Party on Fishery Statistics, CWP |
| 20 | 几内亚湾中西部渔业委员会 | Fisheries Committee for the West Central Gulf of Guinea, FCWC |
| 21 | 太平洋岛屿论坛渔业局 | Pacific Islands Forum Fisheries Agency, FFA |
| 22 | 渔业和资源监测系统 | Fisheries and Resources Monitoring System, FIRMS |
| 23 | 海洋环境保护科学联合专家组 | Joint Group of Experts on the Scientific Aspects of Marine Environmental Protection, GESAMP |
| 24 | 地中海渔业总理事会 | The General Fisheries Commission for the Mediterranean, GFCM |
| 25 | 五大湖渔业委员会 | Great Lakes Fishery Commission, GLFC |
| 26 | 美洲间热带金枪鱼委员会 | Inter-American Tropical Tuna Commission, IATTC |
| 27 | 国际大西洋金枪鱼养护委员会 | International Commission for the Conservation of Atlantic Tunas, ICCAT |
| 28 | 国际海洋考察理事会 | International Council for the Exploration of the Sea, ICES |
| 29 | 印度洋金枪鱼委员会 | Indian Ocean Tuna Commission, IOTC |
| 30 | 国际太平洋大比目鱼委员会 | International Pacific Halibut Commission, IPHC |
| 31 | 国际捕鲸委员会 | International Whaling Commission, IWC |
| 32 | 乍得湖流域委员会 | The Lake Chad Basin Commission, LCBC |
| 33 | 坦噶尼喀湖管理局 | Lake Tanganyika Authority, LTA |
| 34 | 维多利亚湖渔业组织 | Lake Victoria Fisheries Organization, LVFO |
| 35 | 湄公河委员会 | Mekong River Commission, MRC |
| 36 | 亚太水产养殖中心网 | Network of Aquaculture Centers in Asia-Pacific, NACA |
| 37 | 西北大西洋渔业组织 | Northwest Atlantic Fisheries Organization, NAFO |
| 38 | 北大西洋海洋哺乳动物委员会 | North Atlantic Marine Mammal Commission, NAMMCO |
| 39 | 北大西洋鲑鱼养护组织 | North Atlantic Salmon Conservation Organization, NASCO |
| 40 | 东北大西洋渔业委员会 | North-East Atlantic Fisheries Commission, NEAFC |

续表

| | | |
|---|---|---|
| 41 | 北太平洋溯河鱼类委员会 | North Pacific Anadromous Fish Commission, NPAFC |
| 42 | 北太平洋渔业委员会 | North Pacific Fisheries Commission, NPFC |
| 43 | 拉丁美洲渔业发展组织 | Latin American Organization for Fisheries Development, OLDEPESCA |
| 44 | 中美洲渔业和水产养殖组织 | Central America Fisheries and Aquaculture Organization, OSPESCA |
| 45 | 红海和亚丁湾环境保护区域组织 | Regional Organization for the Conservation of the Environment of the Red Sea and Gulf of Aden, PERSGA |
| 46 | 北太平洋海洋科学组织 | North Pacific Marine Science Organization, PICES |
| 47 | 太平洋鲑鱼委员会 | Pacific Salmon Commission, PSC |
| 48 | 美洲水产养殖网 | Aquaculture Network for the Americas-Red De Acuicultural De Las Americas, RAA |
| 49 | 渔业区域委员会 | Regional Commission for Fisheries, RECOFI |
| 50 | 东南亚渔业发展中心 | Southeast Asian Fisheries Development Center, SEAFDEC |
| 51 | 东南大西洋渔业组织 | South East Atlantic Fisheries organization, SEAFO |
| 52 | 南印度洋渔业协议 | South Indian Ocean Fisheries Agreement, SIOFA |
| 53 | 太平洋共同体 | Pacific Community, SPC |
| 54 | 南太平洋区域性渔业管理组织 | South Pacific Regional Fisheries Management organization, SPRFMO |
| 55 | 分区域渔业委员会 | Sub-regional Fisheries Commission, SRFC |
| 56 | 西南印度洋渔业委员会 | Southwest Indian Ocean Fisheries Commission, SWIOFC |
| 57 | 中西太平洋渔业委员会 | Western and Central Pacific Fisheries Commission, WCPFC |
| 58 | 中西大西洋渔业委员会 | Western Central Atlantic Fishery Commission, WECAFC |
| 59 | 《中华人民共和国政府和大韩民国政府渔业协定》 | Agreement between the Government of the People's Republic of China and the Government of Republic of Korea for Fisheries |
| 60 | 《中华人民共和国政府和日本国政府渔业协定》 | Agreement between the Government of the People's Republic of China and the Government of Japan for Fisheries |
| 61 | 《中华人民共和国政府和越南社会主义共和国政府北部湾渔业合作协定》 | Agreement on Fisheries Cooperation in the Beibu Gulf between the Government of the People's Republic of China and the Government of the Socialist Republic of Vietnam |